BEN ALDRIDGE

MACH DIE HÄRTE DES LEBENS ZU DEINER HÄNGEMATTE

43 ausgefallene, wunderbare und nützliche Wege
zu mehr Resilienz und einem starken Mindset

BEN ALDRIDGE

MACH
DIE **HÄRTE**
DES LEBENS
ZU DEINER

HÄNGE
MATTE

43 ausgefallene,
wunderbare und
nützliche Wege
zu mehr Resilienz
und einem starken
Mindset

Bibliografische Information der Deutschen Nationalbibliothek
Die Deutsche Nationalbibliothek verzeichnet diese Publikation in der Deutschen
Nationalbibliografie. Detaillierte bibliografische Daten sind im Internet über
http://dnb.d-nb.de abrufbar.

Für Fragen und Anregungen
info@finanzbuchverlag.de

1. Auflage 2022
© 2022 by Finanzbuch Verlag, ein Imprint der Münchner Verlagsgruppe GmbH
Türkenstraße 89
80799 München
Tel.: 089 651285-0
Fax: 089 652096

Übersetzung: Thomas Gilbert
Redaktion: Lucia Rojas
Korrektorat: Dr. Manuela Kahle
Umschlaggestaltung: Marc-Torben Fischer
Umschlagabbildung: shutterstock.com/Leremy; shutterstock.com/Elena Li
Satz: Carsten Klein, Torgau
Druck: GGP Media GmbH, Pößneck
Printed in Germany

ISBN Print 978-3-95972-505-7
ISBN E-Book (PDF) 978-3-96092-957-4
ISBN E-Book (EPUB, Mobi) 978-3-96092-958-1

Wir produzieren
nachhaltig
www.m-vg.de

Weitere Informationen zum Verlag finden Sie unter

www.finanzbuchverlag.de

Beachten Sie auch unsere weiteren Verlage unter www.m-vg.de

INHALT

EINLEITUNG

Im »Caesars Palace Hotel« zu liegen mit der panischen Angst, gerade einen Herzinfarkt zu erleiden, war nicht gerade das, was ich mir für meinen Urlaub vorgestellt hatte. Schon gar nicht in Las Vegas. Zum gefühlt hundertsten Mal innerhalb von zwei Wochen dachte ich, ich würde gleich sterben. Mein Herz raste, mein Körper zitterte und ich schwitzte, als gäbe es kein Morgen. Das Schlimmste aber war die Angst. Die Angst war so greifbar und überwältigend, dass es sich anfühlte, als würde mein Kopf explodieren. Das Adrenalin schoss mir durch den Körper und ich konnte nicht klar denken. Meine Freundin Helen saß neben mir. Sie versuchte alles, um mich zu beruhigen, aber ich hatte Mühe, ihre Worte zu verstehen. Ich war praktisch unfähig, irgendetwas zu erkennen. Ich hatte das Gefühl, die Außenwelt um mich herum würde immer kleiner, während ich auf unserem absurd riesigen Bett lag. Ich starrte an die Decke und schloss meine Augen. Was war mit mir geschehen? Was war hier los?

Helen und ich waren in den vorangegangenen zwei Wochen von San Francisco nach Las Vegas gefahren mit der Idee, einen »entspannten« und »vergnüglichen« Urlaub in den Staaten zu verbringen. Doch mir war es gründlich gelungen, diesen Plan zu vereiteln – wenn auch ohne Absicht. Scheinbar aus heiterem Himmel wurde ich von einem Ansturm heftiger Symptome heimgesucht. Zuerst vermutete ich, es sei der Jetlag, aber es wollte einfach nicht besser werden. Sobald wir in den Staaten gelandet waren, ging es los – eine

Mischung aus Übelkeit, Herzklopfen und Anflügen von Schüttelfrost. Hinzu kam ein unterschwelliges, mulmiges Gefühl der Angst, das nie verschwand. Zeitweise war es so schlimm, dass ich dachte, ich würde gleich zusammenbrechen. Diese Zustände überkamen mich in Wellen und ließen mich völlig ausgelaugt und erschöpft zurück. Ich verstand nicht, was da mit mir geschah, und ich hatte wirklich Angst.

Unsere gesamte Rundreise war von diesen Episoden geprägt; oft waren es ganz normale Sachen, die meine Symptome verstärkten. Zu Beginn des Urlaubs wohnten wir in San Franciscos »Tenderloin«-Distrikt. In diesem berüchtigten Viertel gab es eine Menge Drogendealer und Junkies. Der Aufenthalt dort ließ meinen Adrenalinspiegel in die Höhe schnellen. Jedes Mal, wenn wir das Hotel verließen, wurde uns geraten, einen großen Bogen um bestimmte Straßen zu machen. Die Gestalten, die sich in der Nachbarschaft herumtrieben, wirkten einschüchternd. Also klar, dass du dich unwohl fühlst, wenn direkt neben deinem Hotel Leute im Drogen- oder Alkoholrausch bewusstlos auf dem Boden liegen und andere aggressiv herumpöbeln. Aber in meinem Fall löste das extreme Stressreaktionen aus und meine Symptome wurden immer schlimmer.

Ein anderes Mal musste ich in L.A. auf einer achtspurigen Schnellstraße fahren, was mich *total* überforderte. Normalerweise wäre ich mit so etwas gut zurechtgekommen, aber diesmal hatte ich wirklich Mühe, die Ruhe zu bewahren.

Ich fühlte mich komplett hilflos und fand das ganze Erlebnis unerträglich. Ich dachte allen Ernstes, dass ich einen Unfall bauen würde und das Flammenmeer meines explodierenden Autos alle Menschen in der Nähe mit in den Tod reißen würde. In meinem Kopf spielte ich gegen meinen Willen die extremsten Szenarien durch und ich wusste nicht, was ich dagegen unternehmen sollte.

Eines Tages fuhr ich mit unserem Mietwagen in der Wüste von Arizona mitten in einen Gewittersturm. Es sah wirklich so aus, als würde die Welt untergehen, als das Gewitter den Horizont mit einem schwarzen Vorhang aus Wolken und Blitzen überzog. Das Unwetter lag genau über der Straße – als wollte es uns herausfordern. Es gab keine Ausfahrten auf dem Highway und nichts, wo wir hätten wenden können. Die einzige Möglichkeit war, direkt in das Auge des Sturms zu fahren. Furchteinflößend? Absolut.

Da ich in Großbritannien aufgewachsen bin, war ich auf die Heftigkeit amerikanischer Stürme nicht vorbereitet. Als sich das Auto dem Zentrum des Sturms näherte, fuhren wir in den strömenden Regen hinein. Die Scheibenwischer konnten nicht mehr mithalten und es war kaum noch etwas zu erkennen. Ich war ein nervöses, angespannt zitterndes Wrack. Zu allem Übel schlugen überall um uns herum Blitze ein. Mehrmals pro Minute erhellten riesige Blitze den gesamten Himmel. Das ganze Auto vibrierte und wir konnten die statische Elektrizität in der Luft spüren. Die Härchen auf meinen Armen stellten sich auf, als wir durch das Gewitter fuhren. So etwas hatte ich noch nie in meinem Leben erlebt und ich war völlig verängstigt.

Als wir endlich das Ende des Sturmtiefs erreicht hatten und der Himmel aufklarte, jauchzte ich vor Freude. Die Intensität des Moments war sehr real und das Adrenalin, das durch meinen Körper schoss, ließ meine Hände wieder zittern. Die Erleichterung war jedoch nur von kurzer Dauer und meine unterschwellige Angst kehrte schnell zurück.

In jener Nacht konnte ich nicht schlafen und spürte, wie meine Symptome schlimmer wurden. Die Angst schien allgegenwärtig zu sein und ich war von all dem völlig verunsichert. Helen hatte mehrmals die Vermutung geäußert, dass es vielleicht meine Psyche war, die diese Probleme verursachte, aber ich wollte diesen Gedanken nicht eine Sekunde lang zulassen. Wie konnte meine Psyche solche Reaktionen in meinem Körper hervorrufen? Ich war überzeugt davon, dass es sich um eine *rein* körperliche Angelegenheit handelte und dass ich mich im Flugzeug mit irgendetwas angesteckt hatte. Ich war mir zu 100 Prozent sicher, dass mit meiner Psyche alles in Ordnung war ... aber irgendetwas stimmte nicht.

Die Reise endete in Las Vegas, wo ich am Ende das Hotelzimmer gar nicht mehr verlassen wollte. Der Urlaub war nicht das tolle Abenteuer, das er hätte sein sollen, und ich wollte nur noch weg, nach Hause. Ich war überzeugt davon, dass es mir gut gehen würde, sobald ich wieder in London wäre. Aber da lag ich falsch.

Nach meiner Rückkehr nach Großbritannien wurde es immer schlimmer. Ich wurde mitten in der Nacht vom Herzrasen geweckt, das Blut schoss mir wie wild durch die Adern. In unregelmäßigen Abständen wachte ich mehrmals pro Nacht in totaler Panik auf, an erholsamen Schlaf war nicht mehr zu denken. Das starke Herzklopfen wurde mein ständiger Begleiter, mir war andauernd übel und ich sah sehr blass aus. Ich traute mich nicht mehr aus dem Haus und war kontinuierlich angespannt. Die ganze Zeit drinnen zu bleiben, half mir jedoch auch nicht weiter und ich spürte, wie meine Welt zu schrumpfen begann.

Meine Eltern waren mit Helen einer Meinung und vermuteten, dass ich mich vielleicht in diese wahnsinnigen Zustände hineinsteigerte. Sie versuchten sanft zu suggerieren, dass die Ursache vielleicht psychischer Natur sei ... Ich aber war immer noch davon überzeugt, dass dies nicht der Fall sei.

Ich gehe nicht gerne zum Arzt (wer tut das schon?), aber ich musste etwas an meiner Situation ändern. Ich musste herausfinden, was los war, und suchte verzweifelt nach einer Lösung. Also ließ ich mir bei meinem Hausarzt einen Notfalltermin geben, fest entschlossen, der Sache auf den Grund zu gehen. Ich dachte immer noch, ich hätte irgendeine körperliche Krankheit und war daher wirklich überrascht, als der Arzt meine Symptome als Angstzustände diagnostizierte. Für alle anderen – den Arzt, Helen und meine Eltern – muss es offensichtlich gewesen sein, aber ich sah es einfach nicht. Ich konnte es nicht. Aus irgendeinem Grund war ich unfähig zu erkennen, was los war. Vielleicht hatte ich mich so sehr davor gefürchtet, dass mit meinem Verstand etwas »nicht stimmte«, dass ich es geschafft hatte, diese Option als mögliche Ursache völlig auszuschließen. Ich glaube, das lag sowohl an Unwissenheit (ich wusste nichts über Angstzustände) als auch an der Angst, »verrückt« zu sein. Mir war nicht klar, dass die psychische Gesundheit ein so breites Spektrum an Erkrankungen umfasst. Mir war nicht klar, dass es etwas ist, das jeden zu jeder Zeit betreffen kann. Ich dachte, es gäbe nur schwarz oder weiß, und man sei entweder »in Ordnung« oder müsse in eine psychiatrische Klinik eingewiesen werden. Unwissenheit war in diesem Fall alles andere als ein Segen.

Ich brauchte eine Weile, um meine Diagnose zu verarbeiten und zu akzeptieren, dass ich unter Panikattacken und akuten Angstzuständen litt (die offizielle Diagnose des Arztes). Nachdem ich mich damit abgefunden hatte, kam ich zu einer wichtigen und verblüffenden Erkenntnis – vereinzelt hatte ich schon früher Ähnliches erlebt: Zustände, die ganz klar Panikattacken oder angstbedingte Erscheinungen gewesen waren. Ich erinnerte mich, wie ich vor vielen Jahren beim Betreten eines Flugzeugs gedacht hatte, ich würde zusammenbrechen vor Angst. Ich konnte nicht richtig atmen und begann zu hyperventilieren. Das dauerte ein paar Minuten und dann wurde es wieder besser. Ich hatte mich abgelenkt und nicht weiter darüber nachgedacht, aber das war eindeutig eine Panikattacke gewesen.

Einige weitere Erfahrungen dieser Art tauchten in meiner Erinnerung auf – in Zügen, Bussen und Einkaufszentren. In der Vergangenheit war es nie so intensiv gewesen, aber ich hatte offensichtlich schon früher Angstzustände erlebt. Interessant. Ich wollte unbedingt verstehen, was da vor sich ging und warum es in Amerika so schlimm geworden war. Ich bin ein ziemlich ausgeglichener Mensch und dieses Ausmaß an Angst in meinem Leben war nicht normal. Ich musste eine Lösung finden.

Angstzustände sind etwas, das jeden betrifft, und abhängig von den jeweiligen Umständen tauchen sie auf und verschwinden dann wieder. Wenn wir uns besorgt oder ängstlich fühlen, können wir eine Reihe von physischen Symptomen im Körper feststellen – ein erhöhter Herzschlag, Adrenalin schießt uns durch die Adern, wir fühlen Schwindel und Benommenheit, Schwitzen, Übelkeit und allgemeines Unbehagen – dies sind einige der am häufigsten auftretenden Empfindungen. Angst ist ein Teil der menschlichen Natur und wird manchmal als »Kampf-oder-Flucht«-Reaktion bezeichnet. Wenn ein Bär plötzlich durchs Fenster in dein Haus klettern würde, bin ich mir ziemlich sicher, dass du all die eben aufgeführten Symptome durchleben würdest. Das ist zu erwarten (nein, nicht dass ein Bär durchs Fenster klettert). Diese Reaktion unseres Körpers ist im Wesentlichen unser Überlebensinstinkt und etwas, für das wir äußerst dankbar sein sollten. Seit Tausenden von Jahren ermöglicht sie uns das Überleben als Spezies und hilft uns, erfolgreich akute Gefahren zu umschiffen. Doch leider verursacht dieses System in der modernen Welt auch Probleme.

Sich Sorgen um die Zukunft zu machen ist völlig normal und wir alle nehmen manchmal als Reaktion auf kleine oder eingebildete Bedrohungen diese »Kampf-oder-Flucht«-Symptome wahr. Ebenso würden die meisten Menschen Angst bekommen, wenn sie überraschend zu einem Fallschirmsprung aufgefordert würden. Wenn man jedoch anfängt, solche Empfindungen ohne offensichtliche Ursache zu erleben, oder wenn die Symptome einen zu überwältigen drohen, wird dies allgemein als »Angststörung« bezeichnet. Dann ist es höchste Zeit, dass man etwas dagegen unternimmt. Man muss für sich einen Weg finden, mit den Emotionen und Empfindungen, die man verspürt, umzugehen.

Panikattacken sind etwas anders als Angstzustände. Man erlebt sie als Augenblicke äußerst intensiver Angst; man fühlt sich völlig überfordert und denkt, man wird gleich sterben (das ist kein Scherz). Wenn du noch nie zuvor eine Panikattacke erlebt hast und zum ersten Mal in einen solchen Zustand gerätst, ist es nicht unüblich, dass du den Notarzt ruft und ins Krankenhaus fährst, weil du denkst, du erleidest gerade einen Herzinfarkt. So intensiv und angsteinflößend können Panikattacken sein.

Auch wenn eine Panikattacke es rein medizinisch betrachtet nicht erfordert, dass man ins Krankenhaus fährt, kann sie sich doch sehr unangenehm anfühlen. Solche Attacken können durch einen bestimmten, offensichtlichen Auslöser verursacht werden, wie zum Beispiel den Bären, der durchs Fenster klettert, oder durch etwas, das dein Verstand übermäßig aufbauscht, wie zum Beispiel die Befürchtung, der Bus könne zu voll sein (was vielleicht nicht ganz so beängstigend ist wie ein Bär). Panikattacken können ein einmaliges Ereignis sein oder immer wieder auftreten. Sie dauern in der Regel nur ein paar Minuten an, sind aber heftige Erlebnisse, deren Intensität extreme körperliche Auswirkungen haben kann.

Panikattacken und Angstzustände – das war es also, was ich auf meiner Autoreise durch die USA erlebt hatte. Sie schlichen sich an mich heran und hauten mich dann völlig um. Ich beherrschte keine Bewältigungsstrategien und wusste nur wenig über psychische

Gesundheit. Damals hatte ich keine Ahnung, woher diese Angst kam und warum sie in meinem Leben aufgetaucht war. Eigentlich gab es nichts, worüber ich mir Sorgen machen musste – ich hatte einen tollen Job, eine wunderbare, langjährige Partnerin, eine Reihe großartiger Freunde und eine liebevolle Familie. Woher kam dieser Stress und warum erlebte ich eine so gewaltige Angst? All diese Fragen führten mich schließlich in ein Abenteuer, das mein Leben verändern sollte und von dem ich dir in diesem Buch erzählen möchte. Darauf komme ich später noch zurück – jetzt erst einmal zurück zur Arztpraxis und meiner Geschichte …

Der Arzt schlug mir vor, zunächst einmal mit einer Gesprächstherapie zu beginnen. Ich war mir nicht sicher. Ich bin ein ziemlich zurückhaltender Mensch und glaubte nicht, dass ich eine Therapie bräuchte (vielleicht war mein Verstand damals noch zu sehr blockiert, um diesen Vorschlag akzeptieren zu können). Aus irgendeinem Grund wollte ich das Problem selbst lösen. Ich schätze, die Tatsache, dass ich ein ziemlicher Kontrollfreak bin, hat es auch nicht besser gemacht. Ich könnte immer noch zur Therapie gehen, falls es mir nicht gelänge, mir selbst zu helfen, und dieser Gedanke gab mir Zuversicht. Ich mag es, Dinge selbst herauszufinden, und war schon immer gut darin, mich in Projekte zu stürzen. Etwas über Ängste zu lernen und wie ich damit umgehen kann, wurde zu meiner neuen Obsession und das Sammeln von praktischen Tipps und Bewältigungsmechanismen zu meinem neuen Hobby.

Ich begann, alles zu lesen, von dem ich dachte, es könnte helfen – unzählige Bücher über Philosophie, Psychologie, KVT (kognitive Verhaltenstherapie), Selbsthilfe und inspirierende Biografien. Meine Wohnung sah aus wie eine chaotische Bibliothek, überall lagen halbgelesene Bücher herum. (Ich habe wirklich eine Menge Geld für Bücher ausgegeben und unglaublich viel Zeit investiert, um alles über den menschlichen Geist zu lernen). Zusätzlich schaute ich mir On-line-Dokumentationen und Videos an, um zu verstehen, was mir da gerade widerfuhr. Zu allem, was ich lernte, machte ich mir Notizen. Ich fühlte mich wie ein verrückter Wissenschaftler auf der Suche nach einem Wundermittel gegen Angstzustände (wahrscheinlich sah ich auch so aus). Helen war eine fantastische Hilfe: Sie suchte Bücher und Artikel zu meinem Thema heraus und ermutigte mich, alles so weit wie möglich zu ergründen.

In den nächsten Wochen wurde mir nach und nach klarer, was mit mir geschehen war, was in meinem Verstand vor sich ging und was ich tun konnte, um die Kontrolle zurückzugewinnen. Meine Nachforschungen erschlossen mir viele Theorien und Ideen, über die ich nachdenken konnte.

Ganz besonders ansprechend fand ich das Konzept der »Komfortzone«. Wir alle haben Komfortzonen, und sie unterscheiden sich je nach unserer Persönlichkeit. Tatsächlich gibt es so viele Komfortzonen, wie es Menschen gibt. Milliarden. Im Lauf unseres Lebens nehmen sie unterschiedliche Formen an, während wir heranwachsen und uns verändern. Ich sehe die Komfortzone als etwas, das sich ständig weiterentwickelt – ihre Form passt sich an unsere Erfahrungen an.

Stellen wir uns vor, dass eine Komfortzone wie ein Kreis aussieht. (Du kannst deine auch wie eine Banane aussehen lassen, was immer für dich passt.) Wenn du dich in dem Kreis (oder der Banane) befindest, fühlst du dich sicher und geborgen. Wenn du ihn jedoch verlässt, fühlst du dich ängstlich, verwundbar und unbehaglich. Das ist ganz normal und ist das Erklärungsmodell, mit dem die meisten von uns vertraut sind. Hier ein Beispiel: Du fühlst dich vielleicht sehr wohl, wenn du mit Freunden und Kollegen sprichst, aber wenn du gebeten wirst, auf der Arbeit eine Präsentation vor ein paar hundert Leuten zu halten, beginnst du, dich unwohl zu fühlen. Solche Anlässe können Menschen leicht aus ihrer Komfortzone herauskatapultieren, während ein lockeres Gespräch das nicht unbedingt tun würde.

Man sollte bedenken, dass wir alle unterschiedliche Komfortzonen haben können, je nachdem, was wir gerade tun. Wenn wir in einem Sport antreten, mit dem wir sehr vertraut sind, befinden wir uns wahrscheinlich innerhalb unserer eigenen Komfortzone, während andere gleichzeitig damit zu kämpfen haben könnten. Es wird nicht viel Mühe erfordern, um Bereiche in deinem Leben zu finden, in denen deine Komfortzonen größere Kreise ziehen und du dich entspannt und wohlfühlst. Das kann mit deiner Arbeit, deinen Hobbys oder deinem sozialen Leben zu tun haben. Sicherlich hast du einige Bereiche in deinem Leben, in denen du dich selbstsicher fühlst.

Man darf dabei nicht vergessen, dass jeder seine eigenen Komfortzonen hat, abhängig von dem, was er tut. Wenn wir in einer Sportart, in der wir geübt sind, an einem Wettkampf teilnehmen, bewegen wir uns möglicherweise ganz bequem in unserer Komfortzone, während andere dabei schon aus ihrer Zone herauskatapultiert werden. Du wirst sicher leicht Lebensbereiche ausmachen können, in denen du ganz entspannt bist und dich wohlfühlst, dort bildet deine Komfortzone einen großen Kreis. Vielleicht betrifft das dein Arbeitsumfeld, dein Hobby, dein Sozialleben. Ohne Zweifel gibt es auch in deinem Leben Umstände, die dir diese Sicherheit vermitteln.

Interessant ist jedoch, dass es für uns sehr einfach ist, innerhalb dieser Kreise zu bleiben und nicht den »dunklen und angsteinflößenden« Bereich außerhalb unserer Komfortzone zu erkunden. Daran sind wir alle selbst schuld und es ist etwas, an dem wir bewusst hart arbeiten müssen, um es zu ändern. Um die Konturen unserer Komfortzonen tatsächlich zu erweitern, müssen wir sie verlassen.

Wir müssen die Bereiche erforschen, die direkt hinter den Grenzen und im Unbekannten liegen. Indem wir das tun, erweitern wir unseren Horizont und verschieben die Grenzen dessen, was wir als komfortabel empfinden.

Meine Komfortzone wurde nach dem Amerika-Roadtrip sehr klein und ich hatte das Gefühl, jede Kleinigkeit schubste mich über die Grenze. Alles Mögliche verursachte mir ein ungutes Gefühl und meine Welt wurde immer kleiner. Ich fand das extrem frustrierend und lähmend und die Vorstellung, meine Komfortzone bewusst zu verlassen, um sie neu zu gestalten und zu erweitern, gefiel mir überhaupt nicht. Das heißt, bis ich anfing, über die Stoiker zu lesen …

Während meiner umfangreichen Recherchen darüber, was ich persönlich tun könnte, um die Kontrolle über mein Leben zurückzuerlangen, stieß ich auf eine Gruppe von Denkern, die sogenannten Stoiker. Die stoischen Philosophen der griechischen und römischen Antike sahen es als sinnvoll an, sich in Widrigkeiten zu üben, um eine stärkere und widerstandsfähigere Mentalität zu entwickeln. Sie taten dies auf vielerlei Art und Weise: über das Verringern ihrer Essensrationen, den direkten Kontakt mit den Urkräften der Natur und das Leben in Armut bis hin zum Tragen von Kleidung oder Farben, die sie bewusst vor ihren Mitmenschen in Verlegenheit brachten. Keine Schuhe? Kein Problem. Barfuß zu laufen wurde als charakterstärkende Herausforderung angesehen.

Ich fand diese Konzepte toll und war von deren Kühnheit beeindruckt. Diese Art von »stoischem Training« inspirierte mich. Ich bin ein introvertierter Mensch und der Gedanke, absichtlich etwas Ausgefallenes zu tragen, ließ mich erschaudern. Ich hasse ausgefallene Kleidung und die Vorstellung, mich absichtlich aus meiner Komfortzone herauszuzwingen, faszinierte und ängstigte mich zugleich.

Ich untersuchte diese Konzepte und Vorschläge genauer und dachte über Wege nach, wie ich persönlich mich in Widrigkeiten üben könnte. Was könnte ich tun, um meine Komfortzone zu verlassen? Würde ich an Selbstvertrauen gewinnen und meine Angst überwinden, wenn ich mich selbst herausforderte? Würde ich, wie die Stoiker, meine mentale Stärke vergrößern können? Würde das Verlassen meiner Komfortzone mir helfen, meine Welt wieder zu erweitern?

Jede Menge Fragen schwirrten mir im Kopf herum, also beschloss ich, ein Experiment zu wagen. Ich schrieb all das auf, was mir eine Heidenangst einjagte, und entwickelte daraus eine Liste von Aufgaben. Sie enthielt bald nicht mehr nur die Sachen, die ich für beängstigend hielt, sondern auch solche, die ich schwierig und herausfordernd fand. Einige der Ideen waren richtig albern und es machte Spaß, sie im Kopf und auf dem Papier durchzuspielen. Die länger werdende Liste brachte mich auf immer neue und interessante Möglichkeiten, mich aus meiner Komfortzone herauszuwagen. Die Ideen prasselten nur so auf mich ein und binnen kürzester Zeit saß ich mit einer riesigen Liste von schwierigen, beängstigenden und aufregenden Herausforderungen und Aufgaben da. Tatsächlich waren es Hunderte. Mein Gehirn spielte verrückt und ich hatte nun eine Reihe von Dingen, die ich tun könnte, um mich abzuhärten, wenn ich den Mut fände, hinauszugehen und sie auszuführen. Die Idee für dieses Projekt war geboren.

In jenem Moment beschloss ich, Furcht und Angst ins Gesicht zu sehen und meine ehrgeizige Liste von Aufgaben abzuarbeiten, alles im Namen der Selbstoptimierung. Ich wusste nicht, wie lange es dauern würde, aber ich beschloss, möglichst viele innerhalb eines Jahres anzugehen. Ich hatte das Gefühl, ein Jahr wäre eine gute Zeitspanne, um die Theorie richtig auszutesten und zu beobachten, wie sich meine psychische Verfassung verändern würde. Falls es nicht funktionieren sollte, könnte ich jederzeit aufhören und einen anderen Ansatz ausprobieren. Die »Komfortzonen-Challenges« waren bereit, in die Tat umgesetzt zu werden, und ich erklärte dieses Projekt zu meinem persönlichen »Jahr der Widrigkeiten«. Stellt euch eine von *Rocky* inspirierte Trainingssequenz vor. Das ist so ziemlich das, was als Nächstes passierte. Na ja, so ungefähr …

Im Laufe eines Jahres stürzte ich mich in so viele irrwitzige und herausfordernde Situationen wie möglich. Am Anfang ging das sehr langsam, da ich durch meine ängstliche und panische Verfassung nicht in der besten Ausgangssituation war. Tatsächlich brauchte ich etwa sechs Monate, um mich auf mein Jahr der Widrigkeiten vorzubereiten, während ich langsam mit kleinen Herausforderungen das Terrain sondierte. Zu dieser Zeit war es schwierig, alltägliche Aufgaben zu erledigen, ohne in Panik zu geraten, also musste ich mit winzigen Schritten beginnen. Als ich schließlich bereit war, begann ich, mich richtig herauszufordern und nutzte jedes Wochenende oder jede mögliche Gelegenheit, um meine Aufgaben anzugehen und die Liste abzuarbeiten. Ich fing langsam und leicht an, aber mit der Zeit gewann ich an Schwung und wagte mich an größere und mutigere Sachen. Mein Selbstvertrauen kam zurück und die Panikattacken hörten auf. Ein Fortschritt!

Ich war wirklich stolz darauf, wie ich es geschafft hatte, mein Leben zu verändern, und meine engen Freunde und meine Familie bemerkten, dass meine Lebenseinstellung sich gewandelt hatte. Sobald mir klar wurde, dass es mir besser ging, gab es für mich kein Halten mehr. Ich spürte, wie sich die Dinge veränderten, also stürzte ich mich mit voller Kraft in mein Konzept – innerhalb relativ kurzer Zeit hatte sich mein Leben komplett umgekrempelt. Nach einigen Monaten voller Arbeit an den Challenges hatte ich endlich wieder das Gefühl, die Kontrolle über meine Gedanken zu besitzen. Was war das für eine Erleichterung!

Das Jahr der Widrigkeiten war bisher das wichtigste in meinem Leben. Dank dieser Herausforderungen habe ich jetzt eine Reihe ungewöhnlicher Hobbys und interessanter Fähigkeiten. Außerdem habe ich einen Haufen verrückter und wunderbarer Erfahrungen gemacht, die ich nie vergessen werde. Zu diesen unzähligen tollen Erinnerungen gehören einige fantastische Geschichten, mit denen man jede Tischgesellschaft unterhalten kann. So viel habe ich in meinem Jahr erreicht: von Marathonläufen über Bergbesteigungen bis hin zu einer viertägigen Wanderung über 160 Kilometer auf dem Cotswold Way. Ich habe ein offizielles japanisches Sprachzertifikat erworben und kann mich jetzt in dieser Sprache unterhalten. Etwas, was ich mir nie hätte vorstellen können, da ich mich in Sprachen immer als hoffnungsloser Fall gefühlt habe. Ich habe gelernt, Schlösser zu knacken, einen Rubik's Cube in weniger als einer Minute zu lösen und mir die Reihenfolge eines Kartenspiels zu merken, nachdem ich es nur einmal gesehen habe (der ultimative Partytrick). Ich bin im britischen Winter im Meer geschwommen, habe Eisbäder genommen und mitten in einem Gewitter in einem Biwaksack am Strand geschlafen. (Das war eine *sehr* interessante Erfahrung.) Ich bin viel gereist und habe unterwegs einige eklige Insekten gegessen. Zudem habe ich mir eine neue Morgenroutine zugelegt und stehe nun sehr früh auf, um zu meditieren und insgesamt mehr zu erreichen. In der gewonnenen Zeit konnte ich ein Buch schreiben (das, das du gerade liest). Doch mit Blick auf meine Veränderungen in diesem Jahr ist das ist nur die Spitze des Eisbergs …

Das schönste Resultat ist jedoch, dass ich nicht mehr von Angst erfüllt bin und mich mental stark fühle. Meine Angstgefühle haben sich verändert und ich bin jetzt in der Lage, offen darüber zu sprechen. Ich kenne eine Menge Methoden und Tricks, die ich anwenden kann, wenn es schwierig wird, und ich habe das Selbstvertrauen, mit den Problemen, die das Leben mir beschert, fertig zu werden. Dank dieser ganzen Erfahrungen habe ich viel über mich selbst gelernt und für diese Einsicht bin ich sehr dankbar.

Das Absolvieren der »Komfortzonen-Challenges« ließ mich einen Weg finden, mit stressigeren Emotionen umzugehen. Als menschliche Wesen erleben wir ein riesiges Spektrum an Emotionen, mit denen wir uns auseinandersetzen müssen. Angst und Furcht gehören dazu und wie bei allen Emotionen gibt es effektivere und weniger effektive Wege, mit ihnen zu arbeiten. Diese Emotionen in einer relativ kontrollierten Umgebung zu erforschen, war für mich der Schlüssel zu einem großen Maß an persönlichem Wachstum. Ich würde lügen, wenn ich sagen würde, dass ich nie mehr ängstlich bin, aber ich kenne jetzt eine ganze Reihe von Möglichkeiten, damit umzugehen. Das Gefühl ist nicht mehr so lähmend und befremdlich, wie es früher war. Es ist jetzt einfach eine weitere Emotion, die ich als Mensch habe, genau wie jeder andere auf diesem Planeten, und sie zu spüren ist für mich kein Problem mehr.

Ich schreibe das alles, um dir zu verdeutlichen, wie wirkungsvoll es für uns sein kann, unsere Komfortzone zu verlassen. Selbst wenn du jemand bist, der nicht besonders ängstlich ist, kannst du diese Methode der Selbstentwicklung nutzen, um deine mentale Stärke zu trainieren. Es lohnt sich ohne Zweifel, einen Bewältigungsmechanismus zu haben, um mit Stress und Schwierigkeiten umzugehen. In der Tat ist das eine der wichtigsten Fähigkeiten, die man lernen kann, und es wird dein Leben möglicherweise vollkommen verändern. Für mich hat es das auf jeden Fall getan! Wenn es hart auf hart kommt und das Leben dich vor eine Vielzahl von Herausforderungen stellt, ist es wichtig, die richtige Einstellung zu haben und die Kontrolle zu behalten.

Das Hauptanliegen des Buches ist es, dir (ja, dir) zu helfen, deine mentale Stärke zu aufzubauen. Ich werde dir von 43 der seltsamsten und wunderbarsten Herausforderungen erzählen, die ich auf diesem abenteuerlichen Weg gemeistert habe, und dich ermutigen, sie auszuprobieren. Indem du diese Aufgaben angehst, entwickelst du eine persönliche Strategie für den Umgang mit Schwierigkeiten und Widrigkeiten. Während du all die Tipps ausprobierst, die ich dir im nächsten Teil des Buches gebe, kannst du lernen, so ruhig zu sein wie ein Zen-Meister in einer Ryanair-Warteschlange.

Ich garantiere dir, dass du verrückte und aberwitzige Erfahrungen machen wirst, wenn du dich mit mir auf diese Reise der Selbstentdeckung begibst. Du wirst eine Fülle faszinierender Geschichten sammeln, die du weitererzählen (oder mit denen du prahlen) kannst, und du wirst mehr über dich selbst erfahren, während du Herausforderungen von der Liste abhakst und lernst, wie effektiv du agieren kannst, wenn du dich auf das Unbekannte einlässt.

Im Wesentlichen wird dieses Buch dir beibringen, wie du dich mit dem Unwohlsein wohlfühlen kannst. Ich hoffe, du genießt diese Erfahrung.

WIE MAN MENTALE
WIDERSTANDSKRAFT AUFBAUT

Es gibt viele Möglichkeiten, mentale Stärke zu entwickeln – ein Blick auf Denkansätze aus der Philosophie und der Populärpsychologie ist ein guter Einstieg. Philosophie hat den Ruf, ein trockenes und akademisches Fach zu sein. Das geht so weit, dass ich früher dachte, Philosophie sei nur etwas für Pfeife rauchende, Tweed-Jacke tragende, ältere, bärtige Männer – bis ich anfing, mich darin einzulesen. In Wirklichkeit ist die Philosophie das ultimative und beste Selbsthilfe- und Geistestrainingswerkzeug, das es gibt. Es ist überwältigend, mit welcher Weisheit die unterschiedlichen Philosophen ihre Einsichten in die Natur unserer menschlichen Existenz beschreiben. Viele dieser Ideen sind extrem praktisch und haben sich über Jahrhunderte bewährt. Natürlich gibt es auch die akademische Philosophie, die politische Systeme, Ideologien und die Natur des Daseins diskutiert, aber daneben findet man ungemein viele handfeste Ratschläge, die man nutzen kann, um ein besseres Leben zu führen. Dabei ist die Zahl der verschiedenen Ansätze in der Philosophie so groß, dass ich eine Auswahl treffen musste. Ich habe mich auf meine zwei Lieblingsschulen beschränkt: Stoizismus und Buddhismus. Ich werde diese beiden philosophischen Schulen kurz vorstellen und dir dann einige praktische Tipps und Tricks mit auf den Weg geben. Klingt gut, oder?

Populärpsychologie ist ein Gebiet, in dem leicht verständliche Überlegungen vorherrschen. Das »Populäre« bezieht sich darauf, wie Menschen ohne einen akademischen Hintergrund in Psychologie auf diese Ideen zugreifen können. Die klassischen Lehrbücher wurden über Bord geworfen (natürlich nicht im wahrsten Sinne des Wortes), damit wir uns nicht zu sehr anstrengen müssen, um hochkomplexe und komplizierte Psychologieansätze zu entschlüsseln. Populärpsychologie ist im Wesentlichen wie eine vorgekochte Mahlzeit für unseren Verstand. Jedenfalls in gewisser Weise. Die beiden Ideen, die wir uns ansehen werden, sind die kognitive Verhaltenstherapie (KVT) und das Konzept des »Mindset«. Diese können hilfreich sein, wenn wir uns den schwierigeren Herausforderungen in diesem Buch stellen wollen.

Indem du diese Ideen studierst und verinnerlichst, baust du deine mentale Widerstandsfähigkeit auf. Eine Denkweise zu kultivieren, die mit Widrigkeiten und Herausforderungen mühelos umgeht, ist nicht einfach, aber diese Ideen werden dir dabei helfen.

Mein Buch beginnt mit praktischen Konzepten und endet mit Herausforderungen, den Challenges. Es beginnt mit dem antiken Griechenland und endet damit, dass du in einem Eisbad sitzt und mich verfluchst. Dies ist meine Theorie. Ich hoffe, du lässt dich von einigen der folgenden Ideen inspirieren.

Stoizismus

Der Stoizismus hat seinen Ursprung im antiken Griechenland, um etwa 300 v. Chr. Ein Mann namens Zeno gründete diese Bewegung, nachdem er erkannt hatte, wie wichtig Selbsterkenntnis, Selbstverbesserung und Selbstdisziplin für unser Leben sind. Er wollte eine

Philosophie, die praktisch war und die man täglich anwenden konnte, um den Herausforderungen des Lebens zu begegnen. Was für ein großartiger Mensch! Seine Ideen verbreiteten sich und auch im antiken Rom gab es noch viele Anhänger und passionierte Vertreter des Stoizismus. Der Erfolg des Stoizismus hielt eine Weile an, wurde dann aber vom Christentum abgelöst. Dann gab es eine Lücke, in der im Hinblick auf neue Entwicklungen in der Philosophie nicht wirklich viel passierte. Es war eher so eine Art Warteschleife. Fast hätte der Stoizismus ein Comeback erlebt, als Justus Lipsius (1547–1606) versuchte, Christentum und Stoizismus zu verschmelzen, aber das war nicht von Dauer. So entstand erneut eine große Lücke in der Geschichte des Stoizismus, eine weitere Warteschleife.

Wenn wir dann einen großen Sprung nach vorne machen, in die jüngste Zeit, wirst du feststellen, dass das Interesse am Stoizismus wieder stark zugenommen hat. Er ist inzwischen unglaublich populär geworden: Heutzutage hört man von NFL-Teams, Regierungschefs und Silicon-Valley-Unternehmern, die die Ideen des Stoizismus nutzen, um ihre Entscheidungen und Denkprozesse zu begleiten.

Es gab viele stoische Philosophen und du kannst Unmengen von Büchern zu diesem Thema finden. Die drei Hauptakteure – Legenden des Stoizismus, wenn du so willst – sind Mark Aurel, Seneca und Epiktet. Sich mit diesen Figuren zu beschäftigen ist ein großartiger Ausgangspunkt und wenn dein Interesse geweckt ist, lege ich dir ihre Werke ans Herz.

Lucius Annaeus Seneca (4 v. Chr. – 65 n. Chr.), auch bekannt als Seneca der Jüngere (meiner Meinung nach ein großartiges Alter Ego für einen Rap-Star), war ein römischer Stoiker, ein Philosoph, der mehrere bedeutende Werke des Stoizismus verfasste. Manche davon beruhen auf einer Sammlung von Briefen, in denen er seinen Freunden und seiner Familie Ratschläge erteilte. Mir kommt Seneca wie ein römisches Pendant zu Oprah Winfrey vor, aber vielleicht sehe nur ich das so. Der Band *Briefe an Lucilius* ist eine großartige Einführung in seine Philosophie und bietet Ratschläge, die auch für unsere moderne Welt relevant sind. Der notorische Despot und römische Kaiser Nero ernannte Seneca zu seinem Berater. Das ging nicht gut aus: In einem Wutanfall befahl Nero Seneca, sich das Leben zu nehmen. Gefasst und stoisch akzeptierte Seneca sein Schicksal und beging wie befohlen Suizid, ohne zu klagen. Keine leichte Leistung – ich hätte den einen oder anderen Einwand gehabt!

Die nächste »stoische Legende« ist Epiktet (55 n. Chr. – 135 n. Chr.). Epiktet wurde als Sklave geboren, doch da sein Besitzer ihm erlaubte zu studieren, hatte er die Chance, die Philosophie für sich zu entdecken. Später erlangte er seine Freiheit und gründete schließlich eine Philosophenschule in Griechenland. Epiktets Hauptwerk, das man unbedingt lesen sollte, ist das *Enchiridion* (*Handbüchlein der Moral*). Das Buch dient als philosophischer Ratgeber für Lebensführung und legt sein Hauptaugenmerk darauf, wie wir in bestimmten Situationen reagieren. Epiktets Ideen gelten als sehr bedeutsam für die Entwicklung der kognitiven Verhaltenstherapie (KVT), auf die wir später noch eingehen werden.

Mark Aurel (121 n. Chr. – 180 n. Chr.) ist eine der wichtigsten Figuren der stoischen Philosophie. Er war von 161 bis 180 n. Chr. römischer Kaiser und ist berühmt für sein Buch *Selbstbetrachtungen*. Dieses Buch war nie zur Veröffentlichung vorgesehen: Es war Aurels persönliches Tagebuch, in dem er seine Ideen über den Stoizismus darlegte. Er schreibt kurze Passagen und Maximen, daher ist es ein Buch, in das man sehr leicht eintauchen kann.

Am Stoizismus interessiert mich am allermeisten, wie die Stoiker uns dazu ermutigen, mentale Stärke aufzubauen. Das lässt sich in einer schönen und prägnanten »Goldenen Regel« zusammenfassen.

> **Die Goldene Regel des Stoizismus: Das Einzige, worüber man Kontrolle hat, ist, wie man auf äußere Ereignisse reagiert.**

In Kurzversion ist das die Essenz des Stoizismus. Es geht darum, wie du auf die Welt um dich herum reagierst – du hast die Wahl. Die Stoiker akzeptierten, dass du wenig oder keine Kontrolle über äußere Ereignisse hast. Das Leben ist eben unvorhersehbar und das Unerwartete passiert ständig. Wenn dir zum Beispiel dein Toast mit der Marmeladenseite nach unten fällt, hast du tatsächlich die Wahl, ob du wütend wirst und dich ärgerst oder nicht. Natürlich ist der Boden jetzt mit Marmelade bedeckt und dein Toast ist ruiniert, aber du hast die Wahl: Du kannst dich entscheiden, cool zu bleiben und dich nicht zu ärgern. Du kannst dich entscheiden, dir einen neuen Toast zu machen. Es ist ja nicht wirklich schlimm.

»Es kommt nicht darauf an, was dir widerfährt, sondern wie du darauf reagierst.«

Epiktet

Wenn etwas Schlechtes, Herausforderndes oder Unangenehmes passiert, entscheidest du selbst, wie du damit umgehen willst. Das gilt natürlich auch für größere Probleme als einen Toast auf dem Fußboden. Womit auch immer du konfrontiert wirst, du kannst leicht Öl ins Feuer gießen und es schlimmer machen, indem du herumjammerst und dich auf das Negative konzentrierst. Die Stoiker versuchten stattdessen, sich auf die Lösung zu konzentrieren. Entschließt du dich, trotz der erkennbaren Probleme, die dir begegnen, positiv zu bleiben? Gibt es für dich einen besseren Weg, mit der Situation fertig zu werden? Wie fällt deine Reaktion in dieser Situation aus? Diese Art von Fragen können dir dabei helfen, deine Reaktion zu analysieren und zu sehen, ob sie in deiner aktuellen Situation hilfreich ist oder sie verschlimmert. So würde ein Stoiker all das betrachten.

Es ist nicht einfach, so zu handeln, und man muss das einüben. (Genau das ist der Zweck der Challenges in diesem Projekt.) Tatsächlich haben schon die Stoiker ihre Haltung immer wieder in der Praxis erprobt. Cato (ein nicht ganz so berühmter Stoiker) zum Beispiel trug Kleidung in sehr auffallenden Farben, um auszutesten, wie er reagieren würde, wenn er sich unwohl, beobachtet und bloßgestellt fühlte. Auch Mark Aurel analysiert in seinem Tagebuch, das unter dem Titel *Selbstbetrachtungen* erschienen ist, seine Reaktionen auf äußere Einflüsse. Dabei ist er ohne Unterlass auf der Suche nach Wegen, sich zu verbessern. Dies ist die stoische Haltung, die wir kultivieren wollen, wenn wir uns mit Schwierigkeiten in unserem Leben konfrontiert sehen.

Das mag auf den ersten Blick nicht als bahnbrechende Idee erscheinen, aber bei näherer Betrachtung wirst du feststellen, wie ermutigend diese Sichtweise sein kann. Es liegt in deiner Verantwortung, die Kontrolle über deine Reaktionen zu behalten, ganz gleich, was dir widerfährt. Und das Bewusstsein, immer die Kontrolle zu haben, gibt dir ein Gefühl der Macht. Dabei ist es von enormer Bedeutung zu realisieren, was du kontrollieren kannst und was nicht. Stellen wir uns Folgendes vor:

Beispiel 1: Du brichst dir ein Bein. Autsch!
Tja, da stehst du also mit einem gebrochenen Bein. Plötzlich ist deine Welt geschrumpft und du tust dir selbst leid. Vielleicht hast du Schmerzen und ärgerst dich, dass du überhaupt versucht hast, auf diesem blöden buckelnden Wildpferd zu reiten. Du bist nun

für einen Monat krankgeschrieben und deine Vorbereitung auf den Marathon kannst du vergessen. All deine privaten Verabredungen haben sich erledigt (deiner Meinung nach) und das Festival, auf das du am Wochenende gehen wolltest, ist für dich jetzt auch gestrichen. Du humpelst in die Küche und schnappst dir die Pralinen. Du nimmst dir auch die Speisekarte des Lieferservice und humpelst damit zurück zum Sofa. »Das ist mir jetzt auch egal«, denkst du, während du die Karte der Pizzeria nach etwas »Herzhaftem« durchsuchst, das mindestens 30 Zentimeter Durchmesser haben sollte. In letzter Zeit hattest du auf gesunde Ernährung geachtet, aber jetzt hast du beschlossen, das dranzugeben. Der Weg zum Bioladen ist mit deinem gebrochenen Bein zu weit. Du hast den Willen verloren, diszipliniert zu leben, und fühlst dich mies. Du reißt die Pralinenschachtel auf und bereitest dich auf eine epische Fressorgie vor, um etwas gegen deine miserable Situation zu tun. Du weißt, dass dir schlecht werden wird, aber das ist dir jetzt auch egal. Du nimmst die erste Praline in die Hand und kannst förmlich riechen, wie lecker sie ist. Dir läuft das Wasser im Mund zusammen. Du hebst die Schokolade zum Mund, aber bevor du deine Zähne darin versenken kannst, hörst du lauten Krach in der Küche. Du drehst dich hastig um und siehst …

… Epiktet stolpert auf dich zu. (Er war tatsächlich lahm und hatte Mühe zu laufen.) Du bist natürlich überrascht, weil Epiktet schon seit Tausenden von Jahren tot ist, aber dann erinnerst du dich, dass dies nur ein hypothetisches Beispiel ist, also entspannst du dich.

Epiktet schlägt dir die Pralinen aus der Hand und starrt dir tief in die Augen. »Reagierst du so darauf, dass du ein gebrochenes Bein hast, das wieder heilen wird? Das geht doch vorüber! Warum tust du dir selbst leid? Das, was dir passiert ist, kannst du nicht mehr ändern, es ist Vergangenheit. Du musst die Konsequenzen deines Handelns akzeptieren und dich auf die Zukunft konzentrieren. Hier zu sitzen und dich selbst zu bemitleiden, wird nichts besser machen! Du solltest diese Zeit sinnvoll nutzen. Such dir Lesestoff. Stärke deinen Geist für den Marathon. Halte dich fit und schau, welche Übungen du machen kannst. Trainiere vor allem die Muskulatur deines Oberkörpers. Wenn du dich gesund ernährst, wird dir das helfen, dich schneller zu erholen. Geh in den Bioladen und mach nicht so ein Gewese darum, wie schwierig das ist. Du solltest auch das Festival besuchen. Triff dich mit deinen Freunden. Ein gebrochenes Bein bedeutet nicht, dass du nicht reden kannst. Nimm die Sachen in Angriff und hör auf herumzujammern. Stell dir vor, wie viel schlimmer es hätte kommen können. Konzentriere dich auf das, was du tun kannst, und sei dankbar, dass du eine Auszeit von der Arbeit bekommst. DU SCHAFFST DAS!« Epiktet starrt dich weiter an, während du langsam ungläubig nickst und versuchst, die Praline wieder in die Schachtel zu legen.

Beispiel 2: Jemand ist sehr unfreundlich zu dir
Stellen wir uns vor, dass jemand, den du nicht kennst, ohne jeden Grund extrem unfreundlich zu dir ist. Die Person sagt etwas Beleidigendes und das verärgert dich sehr. Man kann sich diese Situation leicht vorstellen, da wir so etwas Ähnliches alle schon erlebt haben. Mark Aurel würde die Situation vielleicht so einschätzen: »Du musst nicht darauf reagieren. Die Unhöflichkeit dieser Menschen spiegelt wider, wie sie sind. Dies ist ein Test für dich. Du darfst dich nicht auf dieses Niveau herablassen. Behalte die moralische Überlegenheit und halte dein Ego in Schach. Dies ist nicht das erste oder letzte Mal, dass so etwas passiert. Warum hast du es nicht verdient, unhöflich behandelt zu werden? Bist du etwas Besonderes? Das ist ein Teil der menschlichen Erfahrung und es liegt

an dir, dich dafür zu entscheiden, dich davon nicht beeinflussen zu lassen.«

Wenn du diesen Rat bedacht hast, kannst du dich entweder auf die Unhöflichkeit einlassen und dich darüber aufregen oder du kannst konstruktiv damit umgehen. Deinem Gegenüber verächtlich ins Gesicht zu schnauben ist wohl eher nicht die Art von Reaktion, die ein Stoiker wie Aurel bevorzugt hätte.

Diese beiden Beispiele zeigen die Art von innerer Zwiesprache, die ein Stoiker halten könnte, um seine Reaktionen auf die Außenwelt zu hinterfragen. Sie zeigen genau, wie die goldene Regel des Stoizismus auf das Leben angewandt werden kann, und obwohl es anfangs sicher nicht einfach ist, so zu reagieren, kannst auch du mit der Zeit in deinen Reaktionen stoisch werden. Ich feiere dich jetzt schon dafür.

Wir können diese Vorstellung auch noch ein bisschen weiterspinnen und extrem schwierige Situationen durch die stoische Brille betrachten, um zu sehen, wie diese Grundgedanken dem Druck noch standhalten. Es gibt zum Beispiel zahllose Kriegsgefangene, die unter entsetzlichen Bedingungen überlebt haben, indem sie sich weigerten, sich von der äußeren Situation entmutigen zu lassen. Für einen Einblick in diese Haltung und Erfahrung empfehle ich sehr das Buch *Man's Search for Meaning* (*… trotzdem Ja zum Leben sagen: Ein Psychologe erlebt das Konzentrationslager*) von Viktor Frankl, in dem er seine Zeit in einem Nazi-Konzentrationslager während des Zweiten Weltkriegs schildert. Frankl war vor dem Krieg Psychiater und nutzte seine fachlichen Kenntnisse, um die Gräueltaten des Lagers zu ertragen. Es ist eine unglaubliche Lektüre (wenn auch ziemlich heftig, aus offensichtlichen Gründen), die veranschaulicht, wie wirkmächtig der eigene Verstand und die eigene Einstellung sein können. Obwohl er streng genommen kein Stoiker ist, sind seine

Handlungen es sehr wohl. Das Einzige, was Frankl kontrollieren konnte, war, wie er auf diese Hölle auf Erden reagierte. Er spricht darüber, wie andere Häftlinge mit den Strapazen des Lagers umgingen und wie machtvoll der menschliche Wille sein kann, wenn er richtig eingesetzt wird. Von der Geschichte dieses Mannes und seiner unglaublich starken Geisteshaltung kann man eine Menge lernen.

Indem wir verstehen, wie man solch schreckliche Ereignisse überleben konnte, können wir etwas über die mentale Widerstandsfähigkeit lernen. Es ist unwahrscheinlich, dass wir solche Schrecken je ertragen müssen – ich hoffe es jedenfalls nicht –, aber auf die Katastrophen, die uns treffen werden, vorbereitet zu sein, ist eine sinnvolle Art der Vorsorge. Keine der Challenges in diesem Buch wird ein solches Maß an mentaler Stärke erfordern, aber zu verstehen, wie Menschen in schwierigen Zeiten zurechtkommen, kann uns inspirieren und uns helfen, unsere eigene Stärke zu entwickeln.

Stoizismus ist eine großartige Philosophie, mit der man sich unbedingt beschäftigen sollte, und ich habe festgestellt, dass sie äußerst effektiv ist, wenn es darum geht, meine Denkweisen zu ändern und meine Ängste zu bekämpfen. Ich habe hier nur einen groben Abriss vorgestellt, aber ich hoffe, dass ich damit deine Neugierde geweckt habe.

Bevor wir uns jedoch vom Stoizismus verabschieden, möchte ich dir noch zwei sehr praktische Tipps mit auf den Weg geben, die du ausprobieren solltest. Behalte sie im Kopf, wenn dir Herausforderungen begegnen, die sich für dich als wirklich schwierig erweisen. Die Tipps funktionieren auch sehr gut, wenn du mit Widrigkeiten und Problemen in deinem Leben konfrontiert wirst oder aber wenn dein Toast mit der Marmeladenseite nach unten auf den Boden fällt.

Stoische Schnelltipps zum Ausprobieren

1. Verhalten: Versuche, deine Reaktionen auf unliebsame äußere Ereignisse zu kontrollieren und zu beobachten. Wende die stoische goldene Regel auf das Chaos des Lebens an und werde dir deiner Reaktionen auf Sachen, die außerhalb deiner Kontrolle liegen, bewusst. Diese Haltung einzunehmen, ist nicht einfach, aber außerordentlich wirksam. Stell dir vor, dass Epiktet hinter dir steht, er redet dir nochmal ernsthaft ins Gewissen, um dich zu ermutigen. Konzentrier dich jetzt auf das, was du tun kannst, anstatt auf das, was du nicht tun kannst. Das ist stoisches Gold!

2. Tagebuch führen: Um Selbstbewusstsein zu entwickeln und mentale Widerstandsfähigkeit aufzubauen, ist es wichtig, seine Fortschritte zu erkennen. Mit einem Tagebuch können wir dies auf sehr praktische Weise tun. Schreib auf, was im Laufe des Tages gut gelaufen ist und was nicht. Untersuche und reflektiere nachdrücklich, wie du auf äußere Ereignisse reagiert hast. Mach dir Notizen über deine Versuche, die stoische goldene Regel auf alles anzuwenden, was dir begegnet.

3. Aurelius' Buch der Selbstbetrachtungen war im Wesentlichen ein selbstreflektierendes Tagebuch, in dem er seine Emotionen sowie seine Reaktionen auf die Unbilden des Lebens festhielt. Wir sollten versuchen, dies nachzuahmen, indem wir uns hinsetzen und regelmäßig unsere Gedanken aufschreiben. Es liegt etwas unglaublich Kraftvolles in dieser Praxis. Probiere es aus und du wirst sehen, was passiert.

Buddhismus

Der Buddhismus entstand vor etwa 2500 Jahren in Indien und verbreitete sich nach China, Korea, Südostasien und Japan, wo sich viele verschiedene Ausprägungen dieser Religion entwickelten. Heute findet man den Buddhismus in allen möglichen Formen und Größen. Es existiert eine Vielzahl von unterschiedlichen Ritualen und Auffassungen innerhalb der Praxis. Am einen Ende der Skala haben wir die tibetische Himmelsbestattung, bei der die Knochen der Toten mit Steinen pulverisiert und in den Bergen verstreut werden; am anderen Ende treffen wir auf die Zen-»Koans«, die im Grunde genommen Rätsel sind, die jeder Logik entbehren. Fragen wie: »Was ist das Geräusch einer einzelnen klatschenden Hand?« und »Wie sah dein ursprüngliches Gesicht aus, bevor du geboren wurdest?« können für diejenigen, die sie das erste Mal hören, extrem verwirrend sein. Um fair zu sein: Sie sind auch verwirrend, wenn man sie kennt. Und darum geht es eigentlich auch. Sieht man einmal ab von der Vielfalt der Ideen, sind die grundlegende Philosophie und der Kern des Buddhismus extrem hilfreich, wenn wir mit Widrigkeiten umgehen müssen. Im Buddhismus wird viel Wert auf Achtsamkeit gelegt und wir werden immer wieder dem Thema der Meditation begegnen, dessen Erkundung für uns besonders interessant ist.

Nur damit das klar ist: Ich werde nicht versuchen, dich zum Buddhismus zu bekehren. Ich selbst bin kein Buddhist, aber ich liebe diese Philosophie. Außerdem glaube ich, dass die Anregungen, die uns der Buddhismus beschert, jedem Menschen unabhängig von Alter, Geschlecht oder Herkunft zugutekommen können. Welche Religion du auch immer praktizierst (ob Gläubiger, Atheist oder Jedi-Anhänger), du kannst den philosophischen Buddhismus zu deinem Vorteil nutzen. Ich sage philosophischer Buddhismus, weil wir uns nur mit den Ideen und Philosophien beschäftigen werden und nicht mit den mystischen, rituellen und religiösen Aspekten.

Der Buddhismus basiert auf den Lehren des Siddhartha Gautama – er wurde später als Buddha bezeichnet –, der von vielen als Philosoph, Vorbildfigur und weiser Mann bewundert wird. Nach Jahren der Selbsteinkehr entdeckte er ein System, um das menschliche Leiden zu lindern. Siddhartha verbrachte den Rest seines Lebens damit, dieses Wissen und diese Weisheit an seine Schüler weiterzugeben. Seine Ideen haben den Test der Zeit bestanden und heute wird der Buddhismus rund um den Globus von etwa 500 Millionen Menschen praktiziert, was ihn zur viertgrößten Religion der Welt macht.

Ich werde mich hier auf das konzentrieren, was ich im Hinblick auf die mentale Widerstandskraft für die relevanteste buddhistische Philosophie halte. Schauen wir uns also eine weitere goldene Regel an:

> **Die Goldene Regel des Buddhismus: Unser Geist ist die Quelle unseres Leidens.**

Wenn uns etwas unangenehm ist und wir uns schwertun damit klarzukommen, sollten wir unserem Geist die Schuld geben. Unser Geist ist dafür verantwortlich, wie wir uns bei all dem fühlen. Wir können leicht aus dem Nichts eine unangenehme Situation herbeiführen. (Auch wenn es in der Hitze des Gefechts vielleicht nicht wie nichts aussieht.) Unser Geist ist *unglaublich* machtvoll und das dürfen wir nie vergessen.

Das Interessante ist jedoch, dass unser Geist unser Leiden nicht nur erschaffen, sondern auch lindern kann. Im Buddhismus gibt es einen systematischen Weg, Seelenqualen zu überwinden. Diesen zentralen Dreh- und Angelpunkt der gesamten Philosophie nennt man die Vier Edlen Wahrheiten. Sie sehen in etwa so aus:

1. Das Leiden existiert – das wusstest du wahrscheinlich schon.
2. Begierde ist die Quelle unseres Leidens – vielleicht wusstest du das auch, du Schlaumeier.
3. Dieses Leiden kann gelindert werden – puh!
4. Indem wir ein ausgeglichenes Leben führen und hart arbeiten, können wir das Leid überwinden – bist du bereit, es auszuprobieren?

Lass mich das genauer erklären.

Die erste Edle Wahrheit besagt, dass es im Dasein Leiden gibt. Im Leben werden wir auf unterschiedliche Weise Leiden erfahren. Leben ist gleichbedeutend mit Leiden. Dieses »Leiden« kann in vielerlei Form auftreten: vom Überdenken einer Unterhaltung bis hin zum Umgang mit tatsächlichen körperlichen Unannehmlichkeiten. Vielleicht hast du bei der Arbeit einen Witz gemacht, der nicht wirklich lustig war, und kannst nicht aufhören, darüber nachzugrübeln, ob er nicht doch lustig ist. Das ist Leiden. Dass wir Qualen erleben, muss nicht immer so schmerzhaft sein, wie auf einen Reißnagel zu treten.

Die zweite Edle Wahrheit beschäftigt sich mit der Frage, warum wir leiden. Die Hauptursache für unser Leiden liegt im »Verlangen«. Dies kann weiter aufgeschlüsselt werden in Begehrlichkeit, Gier und Unwissenheit als die Quelle unserer Probleme. Das Verlangen nach materiellen Objekten oder danach, dass Situationen anders sein sollten, kann uns große Probleme bereiten. In der Tat kann es äußerst problematisch sein, nicht zu akzeptieren, wie die Sachen wirklich sind (im Buddhismus oft als Unwissenheit bezeichnet). Ich finde diesen Aspekt der zweiten Edlen Wahrheit besonders interessant.

Unser Verstand ist so einflussreich und oft machen wir die Sache schlimmer, als sie ist, indem wir Ereignisse als »schlecht«, »katastrophal« oder »schrecklich« abstempeln, obwohl sie es in Wirklichkeit nicht sind. Unser Verstand kann unser schlimmster Feind sein und das Elend größer machen, als es ist. Die Fokussierung auf Negativität vergrößert unser Leiden und macht uns das Leben schwer. Ich habe so viel Zeit damit verschwendet, mir über unnütze Sachen Gedanken zu machen und habe bei vielen Gelegenheiten überflüssiges Leid verursacht – das ist völlig selbstverschuldet und unnötig. Das perfekte Beispiel ist der Stau im Straßenverkehr. Wenn ich früher im Stau stecken blieb, habe ich unnötig stark gelitten, indem ich das Problem immer wieder in meinem Kopf durchgespielt habe. Ich bin jetzt viel besser darin, im Stau zu stehen und fluche viel weniger (zur Erleichterung aller, die mit mir im Auto sitzen). Dank des buddhistischen Ansatzes kann ich, wenn ich merke, dass ich mich aufrege, einmal tief durchatmen und versuchen, präsenter zu werden. Mehr dazu später (s. S. 201).

Die dritte Edle Wahrheit betont, dass Leiden überwunden werden kann. Es gibt Hoffnung in der Dunkelheit und es gibt einen Weg für uns, unser Leben vom Leiden zu befreien. Das sind doch wirklich gute Nachrichten! Du darfst dich freuen. Mich ereilte diese Erkenntnis, als ich begann, mir all der Methoden bewusst zu werden, durch die ich die Kontrolle über mein Leben zurückerlangen konnte. Diese Wahrheit steht für die Tatsache, dass man etwas gegen unangenehme Situationen unternehmen kann. Der Computer ist kaputt, aber der Techniker hat uns gerade gesagt, dass er repariert werden kann. Ausgezeichnet! Wie können wir das Problem beheben?

Die vierte und letzte Edle Wahrheit zeigt einen Weg zur Überwindung des Leidens auf. Diese Lösung respektive Heilung wird in einer Reihe von sehr praktischen Schritten beschrieben. Diese Schritte werden als der »Achtfache Pfad« bezeichnet und zeigen uns eine Vielzahl von Möglichkeiten auf, »Erleuchtung« oder Freiheit vom Leiden zu erlangen. Es handelt sich im Wesentlichen um eine Reihe von Leitlinien, die wir befolgen müssen, um ein ausgeglichenes Leben zu führen: Sachen wie das Bewusstwerden der Art und Weise, wie wir mit anderen sprechen, die Art und Weise, wie wir denken, die Art und Weise, wie wir die Welt und unsere Handlungen betrachten, werden alle im »Achtfachen Pfad« detailliert behandelt. Hierbei wird großer Wert auf Meditation und Präsentsein gelegt. Beim Meditieren konzentrieren wir uns auf den gegenwärtigen Moment und werden uns unserer Empfindungen bewusst. Die Sachen so zu erleben, wie sie wirklich sind, ohne sie in irgendeiner Weise zu etikettieren, zeigt uns eine andere Seite der Realität – reine Erfahrung und Empfindung. Vieles ist gar nicht so schlecht – bloß die Etiketten, die wir den Ereignissen geben, scheinen uns Probleme zu bereiten. Indem wir im gegenwärtigen Moment leben und uns weder auf die Vergangenheit noch auf die Zukunft konzentrieren, erfahren wir wirklich, was gerade geschieht.

Meinem Verständnis nach geht es beim »Achtfachen Pfad« darum, die innere Balance zu finden. Wenn wir ein ausgeglichenes Leben führen und unseren Fokus darauf legen, einen »mittleren Weg« zu finden, geht es uns besser. Nicht zu viel zu konsumieren, nicht zu viel zu essen (bei mir gilt das vor allem für Pizza), einen gesunden Lebensstil anzustreben mit Bewegung, sozialen und kreativen Zielen und so weiter, ist extrem wichtig. Das Hauptaugenmerk liegt darauf, ein Gleichgewicht zu erreichen. Wenn wir diese Schritte befolgen und uns darauf konzentrieren, einen sehr präsenten Geist zu entwickeln, können wir »Erleuchtung« erlangen.

Im Buddhismus ist viel von »Erleuchtung« die Rede, dem ultimativen Ziel der Religion. Das ist ein sehr überladener Begriff. Als ich ihn zum ersten Mal hörte, hatte ich ein Bild vor mir von jemandem in einer Art jenseitigen Trance, der alle Antworten kennt und womöglich auch noch so einen bunten Hut aufhat. Mittlerweile ist mein Bild davon ein komplett anderes. Es scheint mir bei diesem Konzept darum zu gehen, das Leiden im Leben zu lindern und ein Meister darin zu werden, Gegebenheiten zu akzeptieren. Wenn du mit deiner Situation zufrieden bist, selbst wenn die Situation eigentlich schrecklich ist, dann ist das eine »erleuchtete« Geisteshaltung. Wie gut es dir gelingt, eine solche Geisteshaltung einzunehmen, hängt davon ab, wie sehr du bereit bist, dich auf die Grundprämissen dieser Philosophie einzulassen. Für mich entpuppte es sich als ausgesprochen hilfreich, diese Denkweise zu praktizieren oder es zumindest zu versuchen.

Die Lotusblume ist im Buddhismus das Symbol für »Erleuchtung«. Die Blume wächst im schlammigen Sumpf und steht als Sinnbild dafür, wie aus dem trüben Schlamm etwas Schönes entstehen kann. Mit anderen Worten: Aus schwierigen Situationen, die vollkommen hoffnungslos erscheinen, können Schönheit und Leben erwachsen – »Stärke durch Widrigkeiten«. Selbst in den schlimmsten Situationen gibt es Hoffnung und Möglichkeiten zu wachsen. Das Lotussymbol kann verwendet werden, um genau das darzustellen, worum es bei den Herausforderungen in diesem Buch geht. Wir versuchen, durch Widrigkeiten zu wachsen und besser mit schwierigen Bedingungen klarzukommen.

Wenn ich mir jemals ein Tattoo stechen lassen würde (sag es nicht meiner Mutter), würde ich ernsthaft eine Lotusblume in Betracht ziehen. Die Symbolik ist so aussagekräftig und hebt so schön plastisch hervor, wie wir durch die Schwierigkeiten, denen wir begegnen, wachsen können. Angst ist mein Sumpf und dieses Projekt und das, was ich damit verbinde, ist die Lotusblume.

Die Vier Edlen Wahrheiten können auf verschiedene Weise sehr hilfreich sein. Sich darüber im Klaren zu sein, wie wir an unserem eigenen »Leiden« beteiligt sind, ist von enormer Bedeutung. Erst wenn wir uns dessen bewusst werden, können wir beginnen, unser Verhalten zu ändern und damit die Sachen, die uns überhaupt zum Leiden bringen.

Es ist schon interessant, wie ähnlich sich Buddhismus und Stoizismus in bestimmten Bereichen sind. Das ist besonders auffällig mit Blick auf unsere Erlebnisse und unsere Art und Weise, diese zu interpretieren. Unser Verstand kann aus einer Mücke einen Elefanten machen und ebenso aus einem Berg einen Maulwurfshügel. Obwohl sie Tausende von Meilen voneinander entfernt lebten, kamen die Begründer dieser Philosophien zu ähnlichen Schlussfolgerungen über diesen Aspekt unseres persönlichen Leidens.

Der Buddhismus umfasst eine immense Menge von Denkansätzen und obwohl ich auch hier kaum an der Oberfläche gekratzt habe, hoffe ich, deutlich gemacht zu haben, wie diese philosophischen Konzepte für dich von Nutzen sein können. Es gibt so viele großartige Tipps und Tricks, die man aus den Ideen des Buddhismus ableiten kann. Weiter unten sind meine zwei liebsten. Probier es selbst aus und nutze die Herausforderungen als Plattform, um mit diesen Vorstellungen zu experimentieren.

Buddhistische Schnelltipps zum Ausprobieren

1. Atmen: Das Erste, was einem in der Mönchsschule beigebracht wird, ist – dem wunderbaren Jay Shetty zufolge (besuche ihn online für einige positive Denkanstöße und Weisheiten) –, wie man atmet. Zu lernen, wie man tief und bewusst atmet, kann einen unglaublichen Einfluss auf unser Leben haben. Wenn du

etwas Beängstigendes tun musst, nimm einen tiefen Atemzug; das kann einen sehr gut erden. Ich habe das immer wieder angewandt, wenn ich mich in diesem Projekt meiner Angst gestellt habe. Ein gut platzierter, tiefer Atemzug kann unglaublich wirkungsvoll sein. Es ist einfach, aber höchst effektiv. Um diesen Effekt auf die nächste Stufe zu heben, solltest du dich mit Meditation beschäftigen.

2. Unbeständigkeit: Ein weiteres großes Konzept im Buddhismus ist das des »Flusses« oder der »Unbeständigkeit«. Demzufolge befindet sich alles fortwährend in einem Zustand der Veränderung. Nichts bleibt wie es ist. Niemals. Dies zu akzeptieren ist der einzige Weg, das emotionale Leid zu lindern, das durch das Festhalten an Dingen entsteht. Veränderungen anzunehmen ist essenziell, und sich klarzumachen, dass sich selbst die verzweifeltsten Situationen schließlich ändern werden, ist eine entscheidende Einsicht, an die man sich immer wieder erinnern sollte. Ich fand diese Idee sehr hilfreich für den Umgang mit meinen Ängsten. Zu erkennen, dass sich diese Empfindungen und Gefühle ändern werden, hat mir geholfen, ihnen nicht so viel Gewicht beizumessen. Veränderungen in meinem Leben zu akzeptieren und anzunehmen war ein sehr wirksames Werkzeug für meine Weiterentwicklung. Zu wissen, dass sich der Schmerz verändern wird, hat mir auch geholfen, anstrengendere körperliche Herausforderungen zu überstehen, und mir erlaubt, Beschwerden auf konstruktivere Weise anzunehmen (ein Marathonlauf ist das perfekte Beispiel). Leiden ist ein vorübergehender Aspekt der Existenz, der immer vergehen wird. Sich darin zu üben, das Vorübergehende zu akzeptieren, ist zutiefst hilfreich.

KVT (Kognitive Verhaltenstherapie)

Die KVT, kurz für kognitive Verhaltenstherapie, ist eine Gesprächstherapie, die dir helfen soll, deine gedankliche Bewertung einer Situation in einen anderen Zusammenhang zu stellen. Wenn jemand
unter Ängsten, lähmenden Phobien oder Depressionen leidet, wird
die erste Empfehlung seines Arztes wahrscheinlich eine KVT sein.
Sie kann zur Behandlung einer ganzen Reihe von psychischen Problemen eingesetzt werden und wurde auch mir angeboten, als ich das
erste Mal wegen meiner Ängste zum Arzt ging. Meist werden mehrere Sitzungen mit einem KVT-Therapeuten vereinbart, um das spezifische Problem eines Patienten zu behandeln. Am Ende der Therapie
wird der Patient eine Reihe von Bewältigungsmechanismen gelernt
haben, die er zur Bekämpfung seiner Probleme einsetzen kann. Das
geht schnell und ist effektiv.

Die KVT entwickelte sich in den 1950er- und 1960er-Jahren und
ist eine Kombination aus verschiedenen Verhaltenstherapien und
der gängigen Psychologie der damaligen Zeit. Durch ihre praktische
Herangehensweise und die relativ schnellen Resultate gewann sie an
Popularität und wurde zur »angesagten« Therapie für viele Probleme.

KVT und Stoizismus sind sich tatsächlich sehr ähnlich. In gewisser Weise kann man KVT als eine verfeinerte, zugespitzte Version
der stoischen Philosophie sehen, die sich auf die Veränderung von
Sichtweisen konzentriert. Wenn du die beiden vergleichst, wirst du
zweifellos sehen, wo die KVT dem Stoizismus über die Schulter ge-
schaut hat, um dessen Antworten zu kopieren.

Konzentrieren wir uns auf die Kernidee der KVT.

> **Die Goldene Regel der KVT: Ändere dein Denken, dann ändert sich dein Fühlen.**

Die grundlegenden Ideen in der KVT basieren darauf, dass man sich der Art und Weise, wie man über Sachen denkt, bewusst werden soll. Die Art und Weise, wie du eine Situation in Gedanken betrachtest, bestimmt dein Verhalten, und dein Verhalten beeinflusst, wie du dich tatsächlich fühlst. Indem du dir deiner Denk- und Verhaltensmuster bewusst wirst, eröffnest du dir Möglichkeiten, negative wiederkehrende Muster zu verändern. Dadurch wirst du dich bei allem, was du erlebst, viel besser fühlen. Es geht um das Reframing, das Umdeuten einer Situation. Kommt dir das bekannt vor? Hm, tja … Stoizismus, na klar.

Die KVT hat zwei klare Schritte, um dir zu helfen, dein Denken zu ändern:

Schritt 1. Werde dir deiner Denkweise bewusst.
Schritt 2. Wende Logik an, um deine Gedanken zu hinterfragen.

Ich werde nun auf diese beiden Schritte näher eingehen.

Schritt 1: Werde dir deiner Denkweise bewusst
Der erste Schritt, um etwas zu ändern, ist, sich bewusst zu machen, dass etwas geändert werden muss. Sich der Art und Weise, wie man über Sachen denkt, gewahr zu werden, kann sehr aufschlussreich sein. Vielleicht bist du tatsächlich negativer eingestellt, als du annimmst. Ich war es auf jeden Fall. Mir war nicht ganz klar, wie negativ meine Gedanken waren, bis sie zu akuter Angst führten.

Negatives Denken und negative Gedanken sind normal. Jeder erlebt sie – das ist Teil des Menschseins. Das Problem ist allerdings, dass es ziemlich schwer ist, einen negativen Gedanken zu ignorieren. Je mehr du versuchst, nicht daran zu denken, desto stärker wird der Gedanke. Okay, lass uns ein Experiment machen. Ich möchte, dass du dir einen Elefanten in gelben Badeshorts vorstellst. Der Elefant sieht lächerlich aus und die Badeshorts passen nicht richtig. Er versucht, mit seinem Rüssel »Happy Birthday« zu trompeten und scheitert kläglich; er macht nur ein komisches, krächzendes Geräusch. Halte jetzt inne und versuche, nicht daran zu denken. Gönn dir eine zehnsekündige Pause und versuche, nicht mehr an den Elefanten in den gelben Badeshorts zu denken. Ganz genau. Der Gedanke lässt sich nur schwer aus deinem Kopf verdrängen. So ist es auch mit negativen Gedanken.

Das Interessante an negativen Gedanken ist, dass sie wie ein loser Faden an Großmutters selbstgestricktem Pullover sind. Wenn du daran ziehst, wird sich der Pullover unter deinen Händen aufribbeln und du wirst eine Menge zu erklären haben. Je mehr du an negativen Gedanken zupfst und sie mit deiner Aufmerksamkeit fütterst, desto stärker werden sie. Das Ziel ist es also, nicht weiter Öl ins Feuer zu gießen. Dazu musst du dir allerdings die Existenz dieser Gedanken eingestehen und ihnen in die Augen blicken.

Das ist wichtig, damit du sie in Schritt 2 in Angriff nehmen kannst. Negative Gedanken wird es immer geben, aber es kommt darauf an, wie viel Gewicht du ihnen beimisst. Wenn ich beispielsweise mit einem Freund unterwegs bin und mich dann plötzlich ohne jeden Grund frage, ob ich vielleicht vergessen habe, meine Haustür zu schließen, habe ich zwei Möglichkeiten: Ich kann den negativen Gedanken abtun, ihn in der Realität nicht weiter berücksichtigen und fortfahren, den Abend zu genießen (die vernünftige Option). Die Alternative wäre, mich mit dem Gedanken weiter zu beschäftigen, was dann dazu führt, dass ich den Abend nicht genießen kann, weil ich so abgelenkt bin. Ich könnte mich sogar gezwungen fühlen, meine Freizeitpläne vorzeitig aufzugeben, um nach der Wohnung zu sehen. Das ist es, wozu negative Gedanken in der Lage sind. Es ist daher äußerst wichtig, sich ihrer bewusst zu werden, wenn sie auftauchen. Wenn man sich ihrer bewusst wird, kann man sie mit den Methoden in Schritt 2 bewältigen.

Ich kann dir garantieren, dass du auf negative Gedanken stoßen wirst, wenn du die Herausforderungen in diesem Buch angehst. Du denkst vielleicht, dass etwas »lächerlich« oder »zu schwer« ist. Ob du die Herausforderung trotzdem meistern oder sie auslassen wirst, wird davon abhängen, wie viel Gewicht du diesen negativen Gedanken gibst.

Wenn du dich negativ über etwas äußerst, bevor es passiert, ist das ein klassisches Beispiel dafür, dass deine Einschätzungen und Gedankenmuster die Art und Weise beeinflussen, wie du dich bei einem zukünftigen Ereignis fühlen wirst. Wenn du objektiv bleibst oder es zumindest versuchst, kannst du die Welt etwas anders sehen. Das wird besonders hilfreich sein, wenn du die Herausforderungen aus diesem Buch bewältigen willst, die dir besonders mühsam oder herausfordernd erscheinen. Glaube mir, die Strategie hat mir sogar geholfen, als ich im Eisbad saß!

Schritt 2: Wende Logik an, um deine Gedanken zu hinterfragen
Das Ziel von Schritt 2 ist nicht, negative Gedanken zu beseitigen, sondern sie in Logik zu ersticken. Wenn man seine negativen Gedanken einem Verhör unterzieht, um zu sehen, ob sie tatsächlich auf Tatsachen beruhen, beginnt man, ihnen die Macht zu nehmen, die sie über einen haben. Wenn du einen negativen Gedanken oft genug hinterfragst, verliert er seine Macht. Und wenn du dies konsequent tust, wirst du schließlich so gut darin werden, dass sich der Prozess automatisiert. Wenn das nächste Mal ein negativer Gedanke

auftaucht, wirst du ihm kein Gewicht mehr beimessen, da du weißt, dass er einer logischen Überprüfung nicht standhalten wird.

Die Verwendung von Logik und schlüssigen Argumenten, um deine Meinung über etwas zu ändern, ist ein guter Weg, um an die Wurzel eines Problems zu gelangen. Ein Beispiel: Der Gang zum Zahnarzt hat mich um den Verstand gebracht. Ist der Gang zum Zahnarzt wirklich eine schlimme Erfahrung für mich? Nein. Werde ich sterben, wenn ich zum Zahnarzt gehe? Nein. Wird es wehtun? Nicht wirklich, im Großen und Ganzen. Werde ich dabei in Ohnmacht fallen? Eher unwahrscheinlich. Warum macht es mir dann so viel Angst? Indem ich Logik und rationale Selbstgespräche anwende, kann ich meinen inneren Widerstand steuern und meine Wahrnehmung des Zahnarztbesuches verändern. Ich habe ein ähnliches Selbstgespräch benutzt, um mir beim Umgang mit dieser Angst zu helfen, und es hat funktioniert. Es ist viel leichter gesagt als getan, aber ich hoffe, du verstehst, was ich meine. Bedenke, dass manche Sachen konsequentes Hinterfragen erfordern!

Lass uns ein anderes Beispiel betrachten. Stell dir vor, du hast dir den Film *Der weiße Hai* angeschaut – und am nächsten Tag fährst du mit deiner Familie in den Strandurlaub nach Spanien. Das war nicht besonders clever, oder? Über Nacht hast du Angst vor dem Meer bekommen und bringst es nicht über dich, auch nur einen Zeh ins Wasser zu stecken. Noch schlimmer ist aber, dass du auch nicht willst, dass deine Tochter ins Wasser geht. »Warum habe ich mir diesen blöden Film angesehen?«, fragst du dich. Du bist von Angst erfüllt und kannst nicht aufhören, an Haie zu denken. Die Viecher erscheinen in deinen Träumen und du kannst ihnen nicht entkommen. Glücklicherweise erinnerst du dich daran, irgendwo etwas über KVT gelesen zu haben und wie es Menschen helfen kann, genau diese Art von Problemen zu überwinden. Du informierst dich weiter über den Umgang mit zwanghaften

Gedanken und wendest dein neues Wissen direkt an. Zuerst wirst du dir deiner Hai-Obsession bewusst und erkennst an, dass all diese Gedanken über Haie negativ sind und bekämpft werden müssen. Logik und logisches Denken können dir helfen, den Teufelskreis zu durchbrechen, also beginnst du, die negativen Gedanken zu hinterfragen. Du holst dein Handy aus der Tasche und schaust schnell im Internet nach, ob es an der Costa Del Sol Haie gibt. Du liest, dass dort nur sehr selten Haie gesichtet werden, weil es wirklich kein Ort ist, der bei Haien besonders beliebt ist. Die Wahrscheinlichkeit, dort einen Hai zu sichten, ist also *sehr* gering. Du schaust dir die Fakten an und konzentrierst dich auf die Aussagen zu deinen Gunsten. Du beschließt, ins Wasser zu gehen – erstmal nur bis zur Hüfte. Die negativen Gedanken tauchen wieder auf. Wieder musst du diesen Gedanken fest in die Augen schauen und sie hinterfragen. Konzentriere dich auf die Tatsache, dass du nur, weil du einen Spielfilm über Haie gesehen hast, jetzt gerade an Haie denkst. Jedes Mal, wenn du einen negativen Gedanken hast, setze ihm Logik und positive Gedanken entgegen. Schließlich hörst du auf, dir übermäßig Sorgen über Haie zu machen und beginnst, dich im Wasser zu entspannen. Herzlichen Glückwunsch! Du hast soeben KVT eingesetzt, um deinem negativen Denken entgegenzuwirken.

Genau dieses Modell kannst du anwenden, um die Challenges in diesem Buch anzugehen, und ich ermutige dich sehr, Logik und eine positive Einstellung zu nutzen, um gegen jeden mentalen Widerstand anzugehen, der auftaucht. Manche Challenges werden dich ganz schön herausfordern. Einige sind geistig und körperlich anspruchsvoll. Es wird Challenges geben, vor denen du dich drücken willst. In solchen Momenten ist es leicht, sich von negativen Gedanken leiten zu lassen, und genau dann musst du dich an die kognitive Verhaltenstherapie erinnern und daran, wie sie dir helfen kann, dich gegen all diese Widerstände zu wehren.

Um negative Gedanken zu hinterfragen und in der Therapie voranzukommen, schlagen KVT-Therapeuten ihren Patienten oft vor, ein Tagebuch zu führen, um eine selbstanalytische Denkweise zu entwickeln. Wo ist dir das schon einmal begegnet? Ja genau, bei Mark Aurels *Selbstbetrachtungen*. Das Tagebuchschreiben ist ein sehr praktischer Weg, den Überblick zu behalten, und hilft dabei, sich seiner Gedanken bewusst zu werden.

Es kann tatsächlich eine lange Zeit dauern, bis man seine Denkweise ändert (bei mir war es jedenfalls so), aber es ist möglich. Es mag anfangs schwierig sein, aber mit etwas Erfahrung und konsequentem Training kann man ein System entwickeln, die Dinge objektiv und nicht subjektiv zu betrachten.

Doch die kognitive Verhaltenstherapie ist nicht nur sinnvoll für Menschen, die unter Ängsten, Phobien oder Depressionen leiden, sondern jeder kann von ihren Erkenntnissen profitieren. Man muss auch keine Therapie machen, um die Kernprinzipien der KVT zu verstehen. Viele der Tricks aus dem Werkzeugkasten dieses Therapieansatzes kann man sich durch Lektüre aneignen, um sie dann in schwierigen Situationen anzuwenden.

Mancher liest vielleicht auch lieber über kognitive Verhaltenstherapie, als dass er in die griechische Philosophie oder den Buddhismus eintaucht. Es gibt viele Wege, die zum gleichen Ziel führen, daher ist es wichtig, einen Ansatz zu finden, mit dem du dich wohlfühlst. Obwohl sich Stoizismus, Buddhismus und KVT sehr ähnlich sind, ist die Art und Weise, wie über sie geschrieben wird und wie sie in der modernen Welt angewendet werden, sehr unterschiedlich. Mach deine eigenen Erfahrungen damit, um herauszufinden, welcher Weg am besten zu dir passt.

Im Folgenden gebe ich dir zwei praktische Tipps. Viel Spaß!

KVT Schnelltipps zum Ausprobieren

1. Hinterfrage dein Denken: Beginne damit, dir aller negativen Gedanken bewusst zu werden, die in deinem Kopf auftauchen. Wenn du ihnen begegnest, widerlege sie mit Logik. Wende dabei bewusst die oben erläuterten Schritte an, bis diese Denkmethode irgendwann ganz von selbst in deinem Kopf abläuft.
2. Positive Bestärkung: Ein intensiver innerer Dialog kann lebensverändernd sein. Oft ist es extrem hilfreich, ein paar feste Formulierungen zu haben, die man wiederholen kann, wenn man sich mit Schwierigkeiten konfrontiert sieht. Sätze wie »Ich schaffe das« oder »Ich habe das im Griff«, die man immer wieder innerlich aufsagen kann, wirken wie ein Mantra. Dies kann dir helfen, dich auf etwas Positives zu konzentrieren und deine innere Einstellung zu ändern. Probier es einfach aus!

Mindset

Der letzte Punkt, den wir betrachten, bevor wir uns den Challenges stellen, ist die Idee, eine positive Denkweise, sprich: das richtige Mindset zu kultivieren. Unsere Einstellung hat einen großen Einfluss darauf, wie wir mit Widrigkeiten umgehen, also ist es wichtig, daran zu arbeiten.

Bei der Recherche, wie man mentale Stärke aufbauen kann, bin ich auf ein wunderbares Buch namens *Mindset (Selbstbild: Wie unser Denken Erfolge oder Niederlagen bewirkt)* gestoßen. Es stammt aus der Feder von Dr. Carol Dweck und ist eine absolute Pflichtlektüre. Diese unglaubliche Autorin beschreibt in ihrem hervorragenden Werk, wie man eine stärkende Denkweise entwickeln kann. Die Prämisse des Buches ist, dass es zwei Denkweisen gibt und Menschen im Allgemeinen einer von beiden folgen. Durch die Wahl der stärker positiv unterstützenden Denkweise erleichtern sie sich das Leben – auch angesichts von Herausforderungen und Schwierigkeiten. Das Konzept ist an Schulen sehr populär, da Lehrer damit ihre Schüler ermutigen können, beim Lernen die optimale Denkweise anzuwenden.

> **Die Goldene Regel des Mindsets: Es gibt zwei Denkweisen – »Fixed Mindset«, starres Denken, und »Growth Mindset«, dynamisches Denken.**

Die erste Denkweise wird als »Fixed Mindset« bezeichnet. Bei dieser Einstellung geht man davon aus, dass alles bereits festgelegt ist. Wenn du etwas jetzt nicht tun kannst, wirst du es nie tun können. Wenn sich etwas schwierig anfühlt, geben Menschen mit dieser Einstellung oft auf, um die Schwierigkeit zu vermeiden. Eine starre Denkweise kann auch bedeuten, dass man neuen Ideen gegenüber verschlossen ist. Menschen mit einer starren Denkweise sind nicht daran interessiert, ihre Meinung zu ändern, und denken, dass sie es am besten wissen. Arrogant? Ja. Starrköpfig? Ja.

Eine Person mit einer starren Denkweise wird also ihre Pizza immer im selben Restaurant bestellen. Die Möglichkeit, dass andere Restaurants auch gute Pizzen machen, kommt ihr gar nicht in den Sinn. Entweder »Sloppy Joe's Pizzapalast« oder gar nichts. Eine andere Pizza kommt nicht in Frage, basta. Es muss Pizza Hawaii sein, bis zum bitteren Ende. Das war's. Keine Widerrede.

Menschen mit einer starren Denkweise sagen Sachen wie: »Nein, Judith, ich stelle die Mülltonnen nicht am Donnerstagabend raus.

Entweder Freitagmorgen oder gar nicht!« Und: »Auf keinen Fall werde ich jemals in der Lage sein, auf dem Einrad zu fahren. Meine Träume, ein Clown zu werden, sind passé.«

Diese negative Einstellung zum Leben kann das Potenzial eines Menschen dramatisch einschränken. Diese Menschen halten sich wahrscheinlich für »Realisten«, wenn sie ständig Wörter wie »unmöglich«, »kann nicht« und »zu schwer« verwenden, aber es ist nichts Realistisches daran, eine Niederlage einfach so hinzunehmen oder eine total negative Einstellung zu einem Ereignis zu haben, bevor es überhaupt eintritt. Eine starre Denkweise geht davon aus, dass bestimmte Dinge es nicht einmal wert sind, versucht zu werden, denn: »Wenn du X nicht kannst, wie kommst du dann darauf, dass du Y schaffen könntest?«

Ist dir das schon bei jemandem begegnet, den du kennst? Oder kennst du es vielleicht von dir selbst?

Die zweite Denkweise wird als »Growth Mindset« bezeichnet, als dynamische Denkweise. Bei dieser Einstellung ist der wichtigste Punkt, es immer wieder zu versuchen. Wenn etwas schwierig ist, darf man nicht aufgeben. Der Fokus liegt nicht unbedingt auf dem Endergebnis, sondern auf dem Umfang der Bemühungen, die du in eine Angelegenheit steckst. Indem du dein Bestes gibst, wirst du im Lauf des Prozesses dazulernen, und das ist der Schlüssel zum Fortschritt. Die wichtigste Erkenntnis aus dieser Denkweise ist, dass man in allem, insbesondere in schwierigen Situationen, die Chance erkennt, etwas zu lernen.

Menschen mit einer dynamischen Denkweise freuen sich über Herausforderungen. Es ist ihnen egal, dass ihr selbstgemachter Gazpacho nach vergammelten Gurken und muffigen Tomaten schmeckt – sie sind einfach nur glücklich, dass sie es geschafft haben, einen Gazpacho komplett allein gemacht zu haben. Sie können es kaum erwarten, es wieder zu versuchen, dann hoffentlich mit einem besseren Ergebnis. Sie legen sich ins Zeug, um die Suppe zu verbessern, und sind *stolz* darauf, dass es nicht einfach war.

Menschen mit einem solchen Growth Mindset betrachten eine Herausforderung mit den Worten: »Versuchen wir es einfach mal!« Sie geben alles und scheren sich nicht um Fehler. Tatsächlich wollen sie sogar Fehler machen, weil sie dadurch wertvolle Lektionen lernen. »Was soll's, wenn ich den Test vermasselt habe? Ich habe dabei eine Menge gelernt.«

Sie sind immer bereit, neue Sachen auszutesten und nach Wegen zu suchen, sich zu verbessern. Sie sind gewillt, Stand-up-Paddle-Boarding auszuprobieren, ohne sich Gedanken darum zu machen, ob sie es schaffen werden. Sie wollen ungewöhnliche Speisen probieren, neue Orte besuchen und sich im Fitnessstudio bis zum Umfallen anstrengen. Sie arbeiten hart daran, sich zu verbessern. Ständig. Vielleicht hast du diese Einstellung schon bei dir selbst beobachtet, oder bei Menschen, die du kennst und/oder bewunderst.

Es ist ziemlich offensichtlich, welche dieser Denkweisen im Hinblick auf die Selbstwirksamkeit effektiver ist. Die Kultivierung eines Growth Mindsets kann enorm hilfreich sein – nicht nur bei den Herausforderungen, denen du auf diesen Seiten begegnen wirst, sondern überhaupt im Leben.

Manche Menschen neigen eher zu einer starren Denkweise. Manche Menschen neigen eher zu einer dynamischen Denkweise. So ist das Leben. Die Denkweise, zu der wir von Natur aus neigen, wird größtenteils von Faktoren bestimmt, auf die wir keinen Einfluss haben: Genetik, Kindheitserfahrungen, Lehrer, Eltern, demütigende Erlebnisse, Umwelt, kulturelle Einflüsse, das eine Mal, als Peter wütend auf dich war, als du versucht hast, seine Ming-Vase wieder zusammenzukleben … Du verstehst schon. Auch wenn du von Natur aus zu einer starren Denkweise neigst, ist es wichtig zu wissen, dass du dies ändern könnest. Einstellungen können sich *ändern* und wenn du im Abschnitt über die kognitive Verhaltenstherapie aufgepasst hast, weißt du, wie wir das logische Denken nutzen können, um diese Wandlung zu unterstützen.

Mach dir klar, dass wir je nach Lebensbereich entweder eine starre oder eine dynamische Denkweise einnehmen können. Wir können bei der Arbeit eine dynamische Denkweise kultivieren, aber eine sehr starre Denkweise, wenn es um Sport geht. Wir denken vielleicht, dass wir in Fremdsprachen unbegabt sind (Fixed Mindset), wollen aber unbedingt unsere Nähkünste verbessern (Growth Mindset). Das zeigt, dass jemand zwar in einem Bereich seines Lebens eine festgelegte Haltung haben mag, aber vielleicht nicht in allen Bereichen.

Es ist wichtig, sich bewusst zu machen, wo man eine starre und wo eine dynamische Denkweise hat. So kannst du die Art und Weise, wie du an Schwierigkeiten herangehst, bewusst ändern. Der Grund, warum ich das Thema »Mindset« näher beleuchten wollte, ist, dass es so relevant ist für viele der Herausforderungen, denen du jetzt begegnen wirst. Ins kalte Wasser geworfen zu werden, sich wie ein Anfänger zu fühlen und Unwohlsein zu verspüren, kann natürlich eine starre Reaktion in uns hervorrufen. Aber wenn du dir bewusstmachst, wie sich das anfühlt, was es mit dir macht und wie destruktiv diese Haltung ist, kannst du erkennen, wenn du in diese Art von Denken abrutschst.

Bei den Challenges für dieses Buch habe ich die Erfahrung gemacht, dass ich viel mehr von dem ganzen Prozess hatte, wenn ich eine dynamische Denkweise kultivierte. Sobald Sachen schwierig wurden, versuchte ich herauszufinden, warum sie schwierig waren. Ich schaute mir den Grund für diese Schwierigkeiten genauer an und konnte so eine Strategie entwickeln, damit umzugehen.

Es lohnt sich wirklich, sich mit diesem Konzept intensiver zu beschäftigen, und ich kann Dr. Dwecks Buch nicht genug empfehlen. Es gibt ebenfalls eine Menge Online-Videos, die das Thema weiter vertiefen. Fang einfach schon mal an, im Internet zu surfen – wir sehen uns dann in ein paar Stunden hier wieder. Oder ... warte noch einen Moment. Vielleicht googelst du doch lieber erst später ... Es lohnt sich aber auf jeden Fall, Zeit zu investieren, um diese Art von mentaler Einstellung zu entwickeln. Wer mit einem Growth Mindset an die Challenges in diesem Buch herangeht, wird dabei viel über sich selbst lernen.

Mindset-Schnelltipps zum Ausprobieren

1. **Suche nach Fixed Mindsets:** Mach dich auf die Suche nach Bereichen in deinem Leben, in denen du eine starre Denkweise anwendest. Achte auch bei anderen darauf und beobachte, wie hinderlich dies sein kann. Ändere deine Denkweise in ein Growth Mindset! Das ist leichter gesagt als getan, ich weiß, aber der Unterschied ist gewaltig, wenn du es geschafft hast.
2. **Freu dich über deine Fehler:** Wenn Sachen schiefgehen und nicht klappen, konzentriere dich darauf, was du aus der ganzen Erfahrung lernen könntest. Suche immer nach dem Lernerfolg und freu dich jedes Mal, wenn du einen Fehler machst. Ich gebe dir die Erlaubnis zu jubeln, wenn du das nächste Mal einen Teller zerbrichst oder einen vollen Joghurtbecher auf den Boden fallen lässt.

Siehst du? Du wurdest gerade mit Philosophie und Psychologie bombardiert und hast es überlebt. Das war eine ganz schöne Menge an Konzepten, mit denen ich dich hier auf so wenigen Seiten überschüttet habe, aber ich hoffe, dass etwas davon bei dir hängen geblieben ist. Das Umsetzen dieser Ideen aus Stoizismus, Buddhismus, kognitiver Verhaltenstherapie und Mindset kann dein Leben wirklich entscheidend beeinflussen. Mein Leben haben diese Konzepte tiefgreifend verändert und ich hoffe aufrichtig, dass sie auch für dich so wirksam sein werden.

Ich empfehle dir dringend, dich mit all diesen Ideen näher zu beschäftigen. Was ich hier geliefert habe, war ein Vorgeschmack auf die wichtigsten Ansätze und wenn dir einer davon gefällt, schau auf die Leseliste am Ende des Buches, um das Thema weiter zu vertiefen. Du findest dort einige großartige Bücher, die dir hoffentlich gefallen werden.

Ich würde empfehlen, einige der kurzen Tipps so schnell wie möglich auszuprobieren. Bei der Bewältigung der Challenges werden sie dir wie nützliche Werkzeuge zur Seite stehen. Sie können dir zeigen, wie du mit eventuell auftretenden Schwierigkeiten umgehen kannst, um das Beste aus diesem ganzen Experiment herauszuholen. Wenn etwas für dich gut funktioniert, kannst du es anschließend auf andere Bereiche in deinem Leben übertragen. Wenn dir zum Beispiel das bewusste Atmen (Buddhismus-Schnelltipp 1) hilft, dich geerdet zu fühlen, wenn du mit Angst konfrontiert wirst, dann versuche, es auch in Alltagssituationen anzuwenden.

Jetzt, wo du mit einer Vielzahl von Werkzeugen und Tipps ausgestattet bist, um schwierige Situationen zu meistern, gibt es nur noch eines zu tun: Akzeptiere die Herausforderungen, verlasse deine Komfortzone, stelle dich deinen Ängsten und stärke deine mentale Widerstandskraft!

ÜBER DIE CHALLENGES

Die Challenges in diesem Buch sind sehr unterschiedlich. Es gibt viele verschiedene Formate, die dich auf unterschiedliche Weise auf die Probe stellen sollen. Sie basieren auf einer subjektiven Auswahl und variieren daher individuell im Schwierigkeitsgrad, je nachdem, wer sie ausführt. Ich zeige diverse Möglichkeiten auf, wie du jede einzelne Aufgabe schwieriger gestalten kannst, wenn du das Gefühl hast, dass etwas zu leicht ist, aber scheu dich im Gegenzug auch nicht, eine Aufgabe abzuändern, wenn sie dir zu schwer erscheint. Das Wichtigste ist, sie tatsächlich zu absolvieren.

Die Challenges sind in drei Kategorien unterteilt: Fähigkeiten, körperliche Kraft und mentale Kraft. Sie sind so konzipiert, dass sie dich alle auf unterschiedliche Weise aus deiner Komfortzone herauslocken werden.

Der Bereich **Fähigkeit** konzentriert sich auf die Entwicklung deiner Fähigkeit, neue Dinge zu lernen: von praktischen Fähigkeiten bis hin zu lustigen und ungewöhnlichen Tricks. Diese Art von Aufgaben wird dein Gedächtnis schulen und verbessern und dir helfen, die Art und Weise, wie du lernst, zu verstehen. Du wirst dich wahrscheinlich mit Frustration, Irritation und vielen anderen Emotionen auseinandersetzen müssen, wenn du versuchst, einige der Fähigkeiten zu erlernen – das ist eine großartige Möglichkeit, deine innere Einstellung und deine Geduld zu testen. Wie lange du brauchen wirst, um dir eine Fähigkeit anzueignen, variiert: Einige können sehr schnell erlernt werden, für andere wirst du länger brauchen und sie intensiver einüben müssen.

Der Bereich **körperliche Kraft** konzentriert sich auf körperliche Herausforderungen. Diese Kategorie wird dir helfen, deine persönlichen Grenzen und deine Komfortzone auszuweiten und dir aufzeigen, wozu dein Körper fähig ist. Du wirst hier aufgefordert, neue Sportarten und körperliche Aktivitäten auszuprobieren, die deine Koordination, Ausdauer und Willenskraft testen. Die meisten dieser Challenges erfordern ein gewisses Maß an Engagement. Sie basieren auf einem ausgewogenen und aktiven Lebensstil; einige der Challenges erfordern ein spezifisches, sich über einen gewissen Zeitraum erstreckendes Training.

Im Bereich **mentale Kraft** geht es darum, Ängste und unangenehme Situationen zu überwinden. Dies wird dir enorm helfen, mentale Stärke zu entwickeln und deine Strategien für den Umgang mit Widrigkeiten auf die Probe zu stellen. Einige dieser Challenges sind ziemlich bizarr und erfordern eine große Aufgeschlossenheit, um sie überhaupt anzunehmen. Ich kann schon hören, wie du fluchst, wenn du die Aufgaben liest! Die Challenges in dieser Gruppe sind oft einmalige Aufgaben und erfordern kein Vorwissen oder Training, um sie zu bewältigen.

Innerhalb dieser drei Kategorien gibt es unterschiedlich große Herausforderungen. Einige sind im Handumdrehen erledigt, während andere ein konstantes Engagement über einen längeren Zeitraum erfordern. In jeder Gruppe findest du diese verschiedenen Typen, um die Challenges in ein ausgewogenes Verhältnis zu setzen.

Während meines Jahrs der Widrigkeiten habe ich darauf geachtet, die Abfolge meiner persönlichen Herausforderungen abwechslungsreich zu gestalten. Ich war nicht in der Lage, zu viele gigantische

Challenges anzunehmen (aufgrund beruflicher Verpflichtungen und so weiter), also habe ich mir genau überlegt, welche längerfristigen Herausforderungen gut wären, um daran zu arbeiten. Am Ende hatte ich eine Auswahl an größeren Challenges, die ich dann mit weniger anspruchsvollen durchsetzt habe, die ich an einem Wochenende oder in ein oder zwei Stunden erledigen konnte. Die richtige Balance zu finden war schwierig, aber eine Mischung aus neuen und ungewöhnlichen Dingen, die ich verschiedentlich ausprobieren musste, zusammen mit meinen langfristigeren Zielen, erlaubte es mir, mich auf vielfältige Weise herauszufordern. Dieser Kontrast war ein großartiges Training für meine allgemeinen mentalen Einstellungen und half mir, diese Reihe von selbst auferlegten Schwierigkeiten zu bewältigen. Er hat mir auch geholfen, meine Zeit richtig einzuteilen, denn zu viele hochgesteckte Ziele zu haben, kann durchaus kontraproduktiv sein.

Einige der Challenges mögen dir nicht gefallen. Vielleicht liest du die Beschreibung und denkst, dass die Challenge dumm, zu leicht oder zu schwer ist. Ich möchte jedoch, dass du genau darüber nachdenkst, warum du so empfindest. Erinnerst du dich an die kognitive Verhaltenstherapie? Nutze deren Logik, um diese ersten Reaktionen zu hinterfragen. Versuche, all diese Challenges als Möglichkeiten zu sehen, dich weiterzuentwickeln. Wenn dir etwas sinnlos erscheint, versuche herauszufinden, was genau an dieser Challenge deiner Meinung nach sinnlos ist. Es geht um das Lernen und Tun um des Lernens und Tuns willen. Du forderst dich selbst heraus und tust all dies, um deinen Horizont zu erweitern. Gehe immer von diesem Standpunkt aus an die Dinge heran, dann wirst du weniger Widerstand gegen diejenigen Challenges entwickeln, die dir nicht relevant erscheinen. Wenn eine Aufgabe dir nicht passend vorkommt, ist dies für dich eine noch bessere Gelegenheit, das Sich-unwohl-Fühlen zu üben. Du wirst gegen noch mehr Widerstand arbeiten müssen, was die Challenge noch schwieriger macht.

Ich habe versucht, Herausforderungen auszuwählen, die möglichst wenig kosten. Deshalb gibt es hier keine Aufgaben wie »Bedecke dich mit Blattgold« oder »Buche einen Erste-Klasse-Flug auf die Malediven« (was für ein Quatsch wäre das auch!). Du solltest in der Lage sein, die Challenges mit wenig oder gar keinem finanziellen Aufwand zu erfüllen. Allerdings gibt es einige, bei denen es darum geht, eine neue Sportart oder Aktivität auszuprobieren, die Kosten verursachen könnten. Wenn dies für dich ein Problem ist, müsstest du kreativ werden, um eine Lösung zu finden. Kennst du vielleicht jemanden, der dir die Ausrüstung ausleihen könnte, dich unterrichten, dich begleiten beziehungsweise dir die neue Aktivität zeigen könnte? Ein einfacher Weg, Materialien zu beschaffen, ist über E-Bay, Charityshops, Secondhandläden oder Flohmärkte.

Eine gute Möglichkeit, Geld zu sammeln, sind Sponsorengelder für eine Wohltätigkeitsorganisation deiner Wahl. Dies ist sehr beliebt für Wettläufe, man kann es aber auch einfach auf einige der Challenges aus diesem Buch übertragen.

Der strukturelle Aufbau der Challenges

Jede Challenge ist in elf Unterpunkte aufgeteilt, die die Aufgabe genauer beschreiben und dir erklären, wie du sie in Angriff nehmen kannst. Es gibt jeweils folgende Unterpunkte:

Kategorie: Fähigkeit, körperliche Kraft oder mentale Kraft

Klassifizierung: Eine Challenge ist entweder *monumental* (eine ultimative Herausforderung, die großen Einsatz verlangt, um sie zu absolvieren), sie *erfordert Ausdauer* (und meistens ein gewisses Maß an Hingabe und Durchhaltevermögen) oder sie ist eine Challenge, die *schnell erledigt* ist.

Schwierigkeitsgrad: Ich habe jeder Challenge eine Bewertung zwischen 1 und 10 gegeben. 1 steht für sehr leichte, 10 für die schwersten Aufgaben. Ich habe versucht, den Schwierigkeitsgrad so allgemein wie möglich einzuschätzen, doch was für einen Menschen eine 9 ist, kann für einen anderen eine 2 sein.

Zeitaufwand: die ungefähre Zeit, die man einplanen muss, um die jeweilige Herausforderung zu absolvieren.

Worum es geht: was genau die Challenge beinhaltet und umfasst.

Was das Ziel ist: In diesem Abschnitt versuche ich zu erklären, warum du genau diese Aufgabe annehmen und absolvieren solltest (auch wenn der Hauptgrund die Verbesserung deiner mentalen Stärke ist und dies auf alle Challenges zutrifft).

Wie du es anpacken solltest: Hier wird die jeweilige Herangehensweise an die Aufgabe erläutert.

Extra-Challenge: In diesem Abschnitt werden Vorschläge gemacht, um die jeweilige Challenge noch schwieriger zu machen.

Tiefer einsteigen: Hier sind Empfehlungen aufgelistet, wo du weitere amüsante Fakten rund um diese Aufgabe findest und wie du dich eingehender damit beschäftigen kannst, wie etwa Buchtipps, Webseiten, Zeitschriften, Clubs, Videos, wichtige Personen und so weiter.

Meine Erfahrung: Mein persönlicher Bericht über die jeweilige Challenge und wie ich sie gemeistert habe.

Was ich gelernt habe: Der letzte Abschnitt beschreibt, was ich durch das Meistern der Challenge gelernt habe.

Wie du die Challenges einsetzen kannst

Es gibt unzählige Möglichkeiten, wie du die Herausforderungen in diesem Buch angehen kannst – letztendlich musst du herausfinden, was für dich am besten funktioniert. Jede Herangehensweise ist in Ordnung, aber das Wichtigste ist, dass du einige der erwähnten Ideen tatsächlich ausprobierst und aus deiner Komfortzone herauskommst. Dies ist schließlich ein praxisorientiertes Buch!

Wenn du dir die Challenges in diesem Buch ansiehst, solltest du auf Sachen achten, die dir ins Auge springen – Sachen, die du gerne ausprobieren würdest, und Sachen, die du eigentlich auf gar keinen Fall machen möchtest, sind ein guter Anfang. Während du dir alles über die Challenges durchliest, schreib dir diejenigen raus, die du in Angriff nehmen möchtest.

Ein anderer Ansatzpunkt besteht darin, dich von den Challenges inspirieren zu lassen und einige großen Ziele in den Blick zu nehmen. Wenn du dich erst einmal für ein paar der »monumentalen« Herausforderungen entschieden hast, die deutlich zeitaufwendiger sind, kannst du für die restliche Zeit noch »schnelle« Challenges einplanen. Auf diese Weise wirst du konstant mit dem Meistern von Challenges beschäftigt sein, aber das Unterfangen abwechslungsreich gestalten, indem du einige der schnelleren Aufgaben einschiebst, wann immer sich die Zeit dazu bietet. Alles unter einen Hut zu bringen, kann eine eigene Herausforderung sein, aber das ist Teil der ganzen Sache. Ich habe es geschafft, all diese Challenges in etwas mehr als einem Jahr zu bewältigen, während ich einen Vollzeitjob hatte und ein intaktes Sozialleben samt Freunden und Familie. Keine Frage, mit der Zeit wurde es einfacher, als ich in Fahrt kam und es zu einer Priorität machte, an meiner Selbstentwicklung zu arbeiten. Es gibt keinen Grund, dich unter Druck zu setzen und all diese Aufgaben in einer bestimmten Zeit zu erledigen.

Wenn du besonders mutig bist, kannst du auch einen guten Freund bitten, einige Challenges für dich auszuwählen. Was dabei raus kommt, hängt wahrscheinlich von dem Freund ab und davon, wie nett du in letzter Zeit zu ihm warst. Erinnerst du dich, als du dich über ihn lustig gemacht hast, weil er sich im norwegischen Löffelschnitzen versucht hat? Nun, jetzt rächt sich das …

Falls du diese Verantwortung lieber nicht einem anderen Menschen übertragen möchtest, könntest du auch das Schicksal um Hilfe bitten. Schlag das Buch zufällig auf einer Seite auf und nimm die erste Herausforderung an, die dir ins Auge fällt. Das bedeutet, dass du keine bewusste Kontrolle über die Auswahl hast und auch niemandem die Schuld dafür geben kannst.

Am Ende des Buches befindet sich ein Index mit allen Herausforderungen als kurzes Nachschlagewerk. Du kannst die Herausforderungen abhaken, wenn du sie erledigt hast, und dir gleichzeitig dafür auf die Schulter klopfen.

In Wirklichkeit gibt es viele Methoden, die du anwenden kannst, um Challenges in diesem Buch anzugehen. Einige Leute werden alle

Challenges abschließen wollen, während andere nur an einigen wenigen arbeiten möchten. Das Wichtigste ist, Spaß zu haben und ein System zu entwickeln, wie man mit Widrigkeiten, Schwierigkeiten und dem Chaos des Lebens zurechtkommt. Du weißt, was ich meine.

Wenn du am Ende etwas Neues ausprobiert und dich zumindest einmal aus deiner Komfortzone herausgewagt hast, dann war dieses Buch ein Erfolg. Die Stärkung deiner Willenskraft und mentalen Widerstandsfähigkeit ist etwas, das viel Anstrengung erfordert. Aber es lohnt sich auf jeden Fall und kann das Leben nachhaltig verändern!

Mach dir eine Liste mit persönlichen Challenges

Bevor wir uns die Challenges ansehen, möchte ich, dass du dich an einer kleinen Übung versuchst. Ja, gerade jetzt, es wird nicht viel Zeit in Anspruch nehmen und dürfte für dich ganz interessant sein.

Ich möchte, dass du dir ein paar Gedanken über deine Komfortzone machst. Welche Form hat sie? Wie sieht sie aus? Welche Dinge machen dir Angst? Denk darüber nach, was dich aus deiner Komfortzone herauskatapultieren würde, wie ein Schleudersitz aus einem rasenden Jet. Was würde dich aufschreien lassen? Wobei würdest du dich unwohl fühlen? Nimm dir etwas Zeit, darüber nachzudenken.

Such dir nun einen Stift und ein Blatt Papier (oder benutze dein Handy) und schreibe eine Liste mit persönlichen Challenges auf. Diese sollte eine Mischung enthalten aus Themen, die dich körperlich und geistig herausfordern, und Sachen, die dir möglicherweise unangenehm sind. Wie wäre es für dich, Blut zu spenden oder eine Vogelspinne zu halten? Wie wäre es mit Fallschirmspringen oder Schwimmen mit Haien? Auch einen Marathon zu laufen oder ein Instrument zu lernen, könnte auf die Liste kommen. Es gibt so viele

Möglichkeiten. Sei kreativ und nimm dir ein paar Minuten Zeit, um dir ein paar Dinge zu überlegen.

Nicht alles auf der Liste sollte dich zu Tode erschrecken (manches davon aber definitiv). Achte darauf, dass Herausforderungen dabei sind, die dich einschüchtern oder die für dich ungewohnt sind. Es ist wichtig, dass du dich auf Sachen konzentrierst, die für *dich persönlich* schwierig werden könnten. Denke an Challenges, die auf Geschicklichkeit oder anderen Fähigkeiten beruhen. Zieh auch körperliche Herausforderungen in Betracht. Vergiss nicht die mentalen Herausforderungen. Schau über den Tellerrand hinaus und sei so skurril und kühn wie möglich. Versuche, ebenso gewaltige Challenges miteinzubeziehen wie auch kleinere, schneller zu bewältigende. Betrachte es sowohl als »Bucket-List« als auch als »Anti-Bucket-List«. Die Challenges, für die du dich entscheidest, sollten dich zu gleichen Teilen ansprechen und abschrecken. Fange an, deine persönliche Liste zu schreiben. Es wird nicht lange dauern. Kein Papier? Kein Problem. Ich habe die nächste Seite leer gelassen, damit du deine Ideen aufschreiben kannst (du brauchst nur noch einen Stift).

Deine Komfortzone sieht bestimmt anders aus als meine, also wird es interessant sein, unsere Listen zu vergleichen, wenn du dir gleich meine Challenges durchliest. Ich frage mich, ob es Ähnlichkeiten geben wird … Ich bin zuversichtlich, dass es da einige Überschneidungen geben wird, aber ich bin mir auch sicher, dass du auf einige Ideen kommst, die einzig und allein auf dich zugeschnitten sind.

Wenn du jetzt deine persönliche Liste mit Herausforderungen erstellst, kannst du später unsere Listen kombinieren, um anhand einer Reihe von verrückten und wunderbaren Challenges, die dir zusagen, deine Komfortzone zu verlassen. So erhältst du garantiert eine lange Liste von Challenges, die dich wirklich ansprechen. Ich freue mich schon sehr für dich!

Hier ist dein leeres Blatt. Nutze diesen Platz, um Dinge aufzuschreiben, die dich aus deiner Komfortzone herausbringen würden. Auf die Plätze, fertig, los!

Challenge-Tracker

Beobachte deinen Fortschritt im Laufe des gesamten Experiments, indem du in dein Tagebuch oder Tagesprotokoll zu jeder Challenge, die du absolviert hast, etwas aufschreibst. Wenn du dir zu jeder Herausforderung Notizen machst, wird es dir leichter fallen, Bewältigungsstrategien für schwierige Zeiten zu entwickeln. Denke daran: Jedes bisschen Erfahrung im Umgang mit Widrigkeiten macht dich stärker.

Du kannst zum Beispiel die folgende Gliederung als Vorlage dafür verwenden, wie man Erfahrungen aufzeichnen kann. Wenn du jeden Absatz ausfüllst, kannst du nach einer Challenge eine erste Auswertung vornehmen und so besser erkennen, was du gelernt hast. Du kannst diese Gliederung entweder in dein Tagebuch übertragen oder eine kostenlose digitale Version von meiner Webseite *www.benaldridge.com* herunterladen (unter Downloads – Challenge Tracker, Vorlage ist auf Englisch).

Bezeichnung der Challenge:
Begonnen am:
Beendet am:
Geschätzter Schwierigkeitsgrad (1-10):
Meine Erfahrung:

Was ich gelernt habe:

DIE CHALLENGES

Bist du startklar? Wenn man sich diese Challenges durchliest, könnte man meinen, ihre Reihenfolge sei zufällig. Ich versichere dir aber, das ist nicht der Fall. Ich habe sie so angeordnet, dass du dich leichter informieren kannst und es nicht zu viele Herausforderungen des gleichen Typs hintereinander gibt. Du kannst das Buch natürlich auch in beliebiger Reihenfolge lesen, aber ich habe das Gefühl, dass es so am besten funktioniert. Schau einfach selbst.

Es gibt noch weitere Challenges, die ich zwar abgeschlossen habe, die es aber nicht ins Buch geschafft haben. Denn ich präsentiere dir hier nur eine Mischung aus den bedeutendsten, abwechslungsreichsten und ungewöhnlichsten Aufgaben, denen ich mich in meinem Jahr der Widrigkeiten erfolgreich gestellt habe. Ich hoffe, dass sie dich dazu inspirieren, rauszugehen und deine Komfortzone zu verlassen. Mit etwas Glück habe ich dich davon überzeugt, dass es eine unglaubliche Erfahrung für dich sein wird, dich auf diese Herausforderungen einzulassen.

Vergiss nicht, die eingangs erwähnten Werkzeuge und Tricks anzuwenden, um die anspruchsvolleren Challenges zu meistern. Sie sind wirklich sehr hilfreich für den erfolgreichen Umgang mit schwierigen Situationen. So, nun will ich dich nicht weiter aufhalten, Jetzt kommen die Challenges. Viel Spaß!

1. Lass es so richtig kalt werden

Kategorie: mentale Kraft
Klassifizierung: schnell erledigt
Schwierigkeitsgrad: 7 (schwer)
Zeitaufwand: 10 Minuten

Worum es geht: Stell dich unter die kalte Dusche.

Was das Ziel ist: Eine kalte Dusche kann helfen, deine Stimmung zu heben und dein Immunsystem zu stärken. Die Kaltwassertherapie wurde zur Behandlung von Depressionen, Angstzuständen und verschiedenen psychischen Erkrankungen eingesetzt. Sie hat auch viele andere gesundheitliche Vorteile: von der Linderung von Ekzemen bis zur Verbesserung der Durchblutung. Kaltduschen ist einfach großartig und es gibt viele Gründe, es auszuprobieren (google es doch mal, wenn du mir nicht glaubst). Das wichtigste Motiv für diese Challenge ist jedoch, dass es wirklich Überwindung kostet, sich kaltem Wasser auszusetzen. Die kalte Dusche ist also das perfekte Mindset-Training und eine tolle erste Aufgabe, die kostenlos und einfach zu absolvieren ist. Genau das, was wir uns gewünscht haben!

Wie du es anpackst: Die Anwendung ist sehr einfach.
Schritt 1: Dreh die Dusche auf.
Schritt 2: Achte darauf, dass in der Dusche kaltes Wasser läuft.
Schritt 3: Stell dich unter das kalte Wasser und halte durch. Versuche, mindestens fünf Minuten darunter stehen zu bleiben. Nach etwa einer Minute wird sich dein Körper daran gewöhnt haben. Du darfst natürlich während des Duschens prusten, schreien und quietschen.

Schritt 4: Geschafft! Feier diesen Erfolg mit einem kleinen Tänz-
chen, das macht schön warm. Vielleicht gönnst du dir
noch ein heißes Getränk, um deine Kerntemperatur wieder zu erhöhen.

Extra-Challenge: Stell dich eine Woche, einen Monat oder ein Jahr
lang morgens als Erstes unter die kalte Dusche. Du könntest es auch
mit einem kalten Bad versuchen. Das ist schon eine echte Herausforderung, dagegen ist die kalte Dusche ein Kinkerlitzchen.

Wenn du die Challenge auf das nächste Level bringen möchtest, versuch es mit einem Eisbad. Dafür kannst du deiner Kreativität freien Lauf lassen – du kannst zum Beispiel alte Eiscremedosen
oder andere Plastikbehälter mit Wasser füllen und in deinen Gefrier-
schrank stellen, um große Eisblöcke herzustellen. Vielleicht ist es
aber auch einfacher, einige Eisbeutel im Geschäft zu kaufen. Leg das
Eis in dein Kältebad und warte, bis die Temperatur noch weiter ab-
gekühlt ist, bevor du hineinsteigst. Du kannst deine in der Wanne
verbrachte Zeit aufzeichnen und dich dann langsam steigern, wenn
du Übung gewonnen hast im Umgang mit der Kälte.

Oder du wagst dich ans »wilde« Schwimmen in freier Natur –
versuche, so oft wie möglich draußen ins Wasser zu gehen (in Flüs-
se, Seen, Meere …).

Tiefer einsteigen: Zur Inspiration schlag die »Wim-Hof-Metho-
de« nach, um zu sehen, wie »The Iceman« es macht. Wim Hof hält
mehrere kältebezogene Weltrekorde (für einen Rekord bestieg Wim
den Kilimandscharo nur in Shorts) und ist, kaum überraschend,
ein großer Fan von Eisbädern und kalten Duschen. Es gibt mehrere
Dokumentarfilme im Internet, in denen Wim über seine Techniken
im Umgang mit der extremen Kälte spricht. Sein Buch *Die Kraft der*

Kälte: Wie du mit der Iceman-Methode gesünder, stärker und leistungs-fähiger wirst ist eine großartige Lektüre und wird dich in kürzester Zeit zu einem Kältemeister machen. Vielleicht willst du sogar ein Wim-Hof-Seminar oder ein Retreat besuchen, um seine Methode ganz praktisch zu erleben. Eine Alternative bieten ansonsten seine Online-Kurse.

Auch das Buch *Extrem gesund: Wie uns eiskaltes Wasser und extreme Höhe fitter und gesünder denn je machen* von Scott Carney ist faszinierend und erforscht die Vorteile der Kälte.

Suche online nach »Kryotherapie« (auch: Kältetherapie), um zu erfahren, warum Menschen sich in Kältekammern begeben, die auf enorme Minustemperaturen runtergekühlt werden. Es gibt viele Orte auf der Welt, die so etwas anbieten, also probiere es ruhig einmal aus!

Meine Erfahrung: Das erste Mal, als ich so richtig kalt geduscht habe, wurde es ziemlich laut. Man hörte mich zetern, fluchen und schnaufen – es fühlte sich definitiv an wie eine Bewährungsprobe. Ich stand außen vor der Dusche, während drinnen das kalte Wasser lief, und wollte partout nicht hineinsteigen. Ich konnte die Kälte des Wassers spüren, so nah war es, und das machte mich schon nervös. Mein Gehirn versuchte, mich davon zu überzeugen, dass ich mich erst einmal mit einer heißen Dusche an diese Herausforderung herantasten sollte.

Schließlich, nach vielen Zwiegesprächen mit mir selbst, brachte ich die Energie und den Enthusiasmus auf, direkt und schnell unter die Dusche zu springen. Der erste Kontakt mit dem kalten Wasser raubte mir fast den Atem. Es kostete mich wirklich große Willenskraft, unter der Dusche zu bleiben, aber interessanterweise verging das Schockgefühl ziemlich schnell. Nach etwa zwei Minuten hatte sich mein Körper an die Temperatur gewöhnt und es war nicht mehr so schwierig, unter dem kalten Wasserstrahl auszuharren. Als ich aus der Dusche trat, zitterte ich am ganzen Körper, aber ich spürte sofort ein tiefes Gefühl der Befriedigung, weil ich es geschafft hatte, eiskalt zu duschen. Ich fühlte mich durch diese Erfahrung energiegeladen und hellwach. Es dauerte allerdings eine Weile, bis mein Körper sich wieder aufwärmte. Doch eine große Tasse Tee wirkte Wunder und brachte meinen Körper wieder auf Normaltemperatur zurück.

Ich beschloss, mich von nun an jeden Morgen mit dieser Methode mental herauszufordern. Es ist nicht einfach, dich morgens, wenn du noch müde bist, als Erstes unter die kalte Dusche zu stellen, besonders im Winter, aber mittlerweile ist mir dieses Ritual heilig. Ich beginne jetzt jeden Tag mit einem »Erfolgserlebnis« und bereite mich so auf all das vor, was kommen mag. Ich dusche auch kalt, wenn ich einen Energieschub brauche, mich träge oder müde fühle. Es ist eine großartige Möglichkeit, mich in den gegenwärtigen Moment zurückzubringen und hat mir zudem bei der Arbeit an meinen Angstzuständen geholfen.

Um mich noch mehr zu pushen, habe ich dann angefangen, Eisbäder zu nehmen. Das ist wirklich eine Herausforderung! Zuerst zuckt mein Körper im Wasser heftig zusammen, bevor er sich schließlich beruhigt. Es ist eine allumfassende Kälte und ein Schmerz, mit dem man nur schwer umgehen kann. Nach dieser Erfahrung erscheinen mir die kalten Duschen im Vergleich ganz harmlos. Mein allererstes Eisbad hörte sich wahrscheinlich so an, als würde jemand in meiner Wohnung gefoltert! Masochistisch? Wahrscheinlich …

Ich liebe es auch, in der Natur ins kalte Wasser zu gehen, und nutze jede Gelegenheit, die sich mir dafür bietet. Ich erinnere mich, dass ich komische Blicke von Passanten erntete, als ich mitten im

Januar in der Nordsee schwimmen ging. Es war ein typischer, eiskalter Wintertag, aber ich beschloss, trotzdem ins Wasser zu gehen. Das Meer war tatsächlich viel wärmer als die Eisbäder, die ich genommen hatte, und ich war überrascht, wie »einfach« es war. Versteh mich nicht falsch, es war immer noch sehr kalt, aber nicht so brutal wie ein Eisbad.

Was ich gelernt habe: Ich habe gelernt, dass Kälte eine großartige Möglichkeit bietet, meinen Körper sowohl physisch als auch mental zu fordern. In der heutigen Zeit ist es sehr einfach, extreme Temperaturen zu vermeiden. Wenn uns kalt ist, drehen wir die Heizung auf. Wenn uns heiß ist, schalten wir die Klimaanlage ein oder benutzen einen Ventilator. Unsere Körper haben sich an ein mildes Klima gewöhnt und unsere Gesellschaft ist heutzutage meist so eingerichtet, dass wir uns in einem sehr moderaten Temperaturbereich bewegen können.

Für kurze Zeit zu frieren ist eigentlich kein Problem, aber man tendiert leicht dazu, sich darüber zu beschweren oder sich aufzuregen. Nachdem ich gelernt hatte, größere Kälte in meinem Leben zu tolerieren, habe ich festgestellt, dass es mich nicht mehr so sehr stört, wenn mir unterwegs zu heiß oder zu kalt ist. Das mag seltsam klingen, aber ich habe das Gefühl, dass sich mein Körper nun besser an eine größere Bandbreite von Temperaturen anpassen kann. Ich bin kein »Iceman«, aber ich genieße es definitiv, Kälte zu erleben – ebenso wie die Endorphinausschüttung, die das mit sich bringen kann.

Seit über einem halben Jahr beginne ich nun jeden Tag mit einer kalten Dusche. Trotzdem muss ich mich, kurz bevor ich unter die Dusche steige, immer noch selbst davon überzeugen, dass es eine gute Idee ist. Aber allmählich wird der mentale Widerstand schwächer. Ich fühle mich danach immer fantastisch und ich habe dabei gelernt, wie ich meinen Willen durchsetzen kann – trotz aller inneren Zweifel. Jedes Mal, wenn ich mich in die Kälte zwinge, werde ich besser im Umgang mit meinem mentalen Widerstand und das ist eine sehr wertvolle Lektion für mich. Diese Challenge war nicht leicht für mich, doch sie hat es mir ermöglicht, ohne viel Aufwand eine Situation des Unbehagens zu üben. Wenn ich im kalten Wasser bin, mache ich mir keine Gedanken über irgendetwas und nehme es einfach hin. Das ist eine Metapher dafür, wie ich mit den Schwierigkeiten in meinem Leben umgehen möchte. Anstatt mir Sorgen über das zu machen, was kommen wird, muss ich mich auf das konzentrieren, was jetzt geschieht. Wenn ich mit dem umgehen kann, was mir bevorsteht, dann sollte ich theoretisch in der Lage sein, wesentlich weniger zu leiden. Die Kälte zwingt uns in den gegenwärtigen Moment und das ist etwas, was der Buddhismus gutheißen würde. Ich bin zuversichtlich, dass sich die Eisbad-Meditation durchsetzen wird. Nun ja …

>>Jedes Mal, wenn ich mich in die Kälte zwinge, werde ich besser im Umgang mit meinem mentalen Widerstand.<<

2. Lerne eine Fremdsprache

Kategorie: Fertigkeit
Klassifizierung: monumental
Schwierigkeitsgrad: 10 (sehr schwer)
Zeitaufwand: ein Jahr

Worum es geht: Bei dieser Herausforderung geht es darum, eine neue Sprache zu lernen. Im Laufe eines Jahres wirst du die nötigen Fähigkeiten entwickeln und eine weitere Sprache beherrschen. Tägliches Üben ist unerlässlich, um diese Mammutaufgabe zu bewältigen.

Was das Ziel ist: Eine Fremdsprache zu lernen ist einfach beeindruckend. Das Lernen erfordert eine große Menge an Hingabe und Disziplin, aber die Auswirkungen sind enorm. Dein Gehirn bekommt ein richtig gutes Training und du wirst auf vielfältige Art und Weise aus deiner Komfortzone herausgeholt. Jeden Tag – oder so gut wie täglich – eine fremde Sprache zu üben, ist äußerst schwierig und kann manchmal frustrierend sein. Deshalb ist dies eine großartige Möglichkeit, sich selbst geistig zu fordern.

Dies ist die erste »monumentale« Challenge, also sei dir dessen bewusst. Es ist eine gewaltige Aufgabe, aber es kann eine lebensverändernde und bewusstseinsöffnende Erfahrung sein. Eine Herausforderung wie diese anzunehmen ist eine große Verpflichtung, aber ich bin davon überzeugt, dass solche Sachen uns den Wert von Beharrlichkeit, Disziplin und langfristiger Planung lehren können.

Wie du es anpackst: Das Geheimnis beim Lernen einer neuen Sprache ist dein Einsatz. Wenn du dem Erlernen einer Sprache jeden Tag Zeit widmest, wirst du bald besser werden. Tatsache. 30 Minuten am Tag dafür aufzubringen klingt nach viel, ist aber tatsächlich durchaus machbar, wenn du gut organisiert bist. Die einfachste Lösung ist, 30 Minuten früher als sonst aufzustehen, um deine gewünschte Sprache zu lernen. Das wäre eine schöne Art, den Tag zu beginnen.

Viele Menschen geben das Sprachenlernen auf, wenn sie die Schule verlassen. Sie behaupten dann, es sei »zu schwer«. Bei dieser Challenge geht es darum, solchen Menschen und möglicherweise auch dir selbst das Gegenteil zu beweisen (vielleicht denkst auch du, dass das Lernen einer Fremdsprache »zu schwer« ist).

Schritt 1: Entscheide dich für eine Sprache, die du gerne lernen würdest. Wähle eine Sprache, die dich reizt.

Schritt 2: Informiere dich über Möglichkeiten, diese Sprache zu lernen. Es gibt haufenweise Websites und YouTube-Videos darüber, wie man eine Sprache lernt, also mach dich einfach auf die Suche. Recherchiere ausführlich, wie du dich deiner neuen Sprache am besten annäherst, und entscheide dich dann, welche Lehrbücher, Online-Tools und so weiter du verwenden möchtest. Als Ausgangsbasis empfehle ich das Buch *Fließend in drei Monaten: Wie Sie in kürzester Zeit jede Sprache lernen* von Benny Lewis. Es wird dich inspirieren und dir den Weg zur fließenden Beherrschung der gewählten Sprache aufzeigen.

Schritt 3: Beginne deine Reise in die Welt der neuen Sprache und mache dich mit deren Grundlagen vertraut. Nimm dir Zeit, die Grammatik zu lernen und verwende dabei vielleicht ein Standardlehrbuch, um dein Studium zu strukturieren.

Schritt 4: Beginne mit regelmäßigen oder halbwegs regelmäßigen Unterrichtsstunden mit einem Lehrer. Dies wird dir in vielerlei Hinsicht helfen: So kannst du Fragen stellen und bekommst Feedback zu deinen Fortschritten.

Schritt 5: Unterhalte dich mit Muttersprachlern (finde neue Freunde in deiner Zielsprache) oder nutze die Website www.italki.com, um günstig stundenweise Konversationsübungen mit Muttersprachlern zu absolvieren. Ich kann diese Website total empfehlen!

Schritt 6: Verwende Apps, um die Sprache zu üben, wenn du unterwegs bist. In jeder freien Minute (zum Beispiel, wenn du auf den Bus oder die Bahn wartest) kannst du dein Smartphone zücken und ein paar Vokabeln lernen.

Schritt 7: Verpflichte dich, jeden Tag zu üben. Indem du mit einer Stoppuhr aufzeichnest, wie lange du lernst, kannst du deinen Fortschritt verfolgen und dein Tagesziel erreichen.

Schritt 8: Reise in ein Land, in dem diese Sprache gesprochen wird. Nach einem Jahr wirst du sie vielleicht schon fließend beherrschen!

Extra-Challenge: Wie wäre es, eine Prüfung in deiner neuen Fremdsprache abzulegen, um deine sprachlichen Fertigkeiten noch zu vertiefen?

Du könntest auch Romane in deiner neuen Sprache lesen oder dich in anspruchsvolle Sachtexte vertiefen. Einen echten Freund zu finden, der nur diese Sprache spricht, ist eine weitere gute Möglichkeit, sich selbst herauszufordern.

Warum erkundest du nicht Slang und regionale Dialekte, um diese Fähigkeit noch weiter auszubauen?

Für die ultimative Challenge könntest du noch eine dritte oder vierte Sprache erlernen.

Tiefer einsteigen: Kartei-Vokabelkarten sind der Schlüssel zum Lernen von neuen Worten, wenn du unterwegs bist. Es gibt unzählige Varianten, aber ich finde, dass Anki ein tolles System und eine praktische App hat.

Das Buch *Fluent Forever* von Gabriel Wyner und der bereits erwähnte Titel von Benny Lewis sind hervorragend geeignet, dir aufzuzeigen, wie man am besten eine neue Sprache lernt. Beide Bücher bieten jede Menge Tipps und Tricks und werden dir die richtige Einstellung und optimale Lerngewohnheiten vermitteln. Lies sie unbedingt von der ersten bis zur letzten Seite.

Die Website www.italki.com ist einfach genial. Über sie kannst du günstige Privatstunden mit Muttersprachlern online buchen. Der Unterricht findet in der Regel über Skype statt, aber es gibt auch eine Reihe anderer Formate. Dies wird dein Sprachenlernen sprichwörtlich auf die nächste Stufe bringen.

Suche auf YouTube nach »Sprachgenies« – du wirst staunen, wie viele Sprachen manche Menschen sprechen.

Meine Erfahrung: Für diese Herausforderung entschied ich mich, Japanisch zu lernen. Ich wusste, dass dies wahnsinnig schwer werden würde, aber das war ja der Sinn meines Jahres der Widrigkeiten. Ich wollte mir schwierige Dinge aussuchen, mit denen ich mich selbst herausfordern würde. Ich war bereits zweimal in Japan gewesen und hatte mich in das Land verliebt, also machte es Sinn, diese Sprache zu wählen. Ich wollte eine besondere Verbindung zu dem Land aufbauen und das Erlernen der Sprache würde definitiv dazu beitragen.

Ich recherchierte intensiv, wie ich diese monumentale Challenge angehen sollte, und entwarf danach einen Schlachtplan. Alles an der Sprache war so anders, dass ich lange brauchte, um herauszufinden, wo ich anfangen und wie ich die Herausforderung angehen sollte. Japanisch ist eine sehr schwer zu erlernende Sprache. Die grammatikalische Struktur ist völlig anders als im Englischen – es werden drei Arten von Schriftsystemen verwendet (von denen eines 2000 essentielle Symbole hat, die man lernen muss) und sie hat mehrere Ebenen von formeller und informeller Sprache. Es handelt sich dabei nicht nur um das eine oder andere Slang-Wort, sondern um einen kompletten Austausch von Wörtern und Konjugationen, je nachdem, mit wem du sprichst. Man benutzt andere Wörter, um mit seinen Freunden zu sprechen, andere Wörter für seinen Chef und andere Wörter für Fremde. Kurz und gut, man muss eine gewaltige Menge Vokabeln lernen. Habe ich schon erwähnt, dass es Dutzende (buchstäblich Dutzende) von Möglichkeiten gibt, »ich« zu sagen? Nun, die gibt es. Wir haben ein Wort im Englischen. Das Japanische hat Unmengen.

Ich war bald überfordert. Nach ein paar Wochen des Lernens fühlte ich mich völlig ausgelaugt und musste ernsthaft mit mir selbst kämpfen, um nicht aufzugeben. Tatsächlich kam das in den ersten sechs Monaten des Japanischlernens mehrmals vor. Schließlich gewöhnte ich mich zunehmend an den Gedanken, dass dies eben eine sehr anstrengende »Reise« sein würde und begann, jeden einzelnen meiner Schritte wertzuschätzen.

Ich habe während meiner Japanischstunden einige lustige Fehler gemacht, die sowohl mich als auch meinen Lehrer zum Lachen brachten. Das Entsetzen im Gesicht meines Lehrers, als ich ihm sagte, dass ich mit einer Neunjährigen liiert sei, war unbezahlbar. Ich wollte ihm eigentlich sagen, dass ich seit neun Jahren mit meiner Freundin zusammen bin! Der Ausdruck der Erleichterung auf seinem Gesicht war unvergesslich, als er schließlich verstand, was ich meinte. Ein anderes Mal verkündete ich, dass ich Hämorrhoiden habe, obwohl ich eigentlich sagen wollte, dass die Stunde fast zu Ende ist. Es gab noch viele weitere ähnlich absurde Fehler und ich bin sicher, dass es nicht die letzten sein werden.

Nach einem Jahr des Lernens kann ich mich jetzt sowohl in zwanglosem also auch in formellem Japanisch eine Stunde lang über relativ einfache Themen unterhalten, ohne dass mir der Kopf qualmt (na ja, fast). Ich kann einfache Artikel verstehen und arbeite mich langsam durch die Kanji (chinesische Schriftzeichen). Ich habe nach etwa sechs Monaten Sprachunterricht eine Prüfung abgelegt und habe nun eine offizielle Qualifikation in Japanisch (wenn auch nur auf einfachem Level). Ich habe ein paar beeindruckende Menschen kennengelernt, habe einige japanische Freunde gefunden und mich vollkommen in die japanische Kultur verliebt. Ich bin so froh, dass ich angefangen habe, diese Sprache zu lernen, und bin ganz glücklich, dass sie nun Teil meines Alltags ist.

Die japanische Kultur überrascht mich immer wieder und genau deshalb liebe ich sie. Neulich habe ich ein Video über ein Spa in Japan gesehen, in dem man in Nudeln baden kann. Ja, Nudeln. Das Spa bietet auch Wein-, Bier- und Teebäder an. Ich entdecke immer wieder solche Dinge und das lässt mich Japan noch mehr lieben. Ich bin fest entschlossen, eines Tages in so ein Nudelbad zu steigen.

Was ich gelernt habe: Abgesehen von dem offensichtlichen, grundlegenden Verständnis einer sehr komplexen Sprache, habe ich durch das Japanischlernen viele persönliche Erkenntnisse gewonnen. Ich bin viel besser darin geworden, den Lernprozess wertzuschätzen, denn es war die Erwartung sofortiger Ergebnisse, die mich frustriert hatte. Sobald ich den Prozess als das sah, was er war, und mich damit abfand, wie schwer er war, hörte ich auf, mich auf die Schwierigkeiten zu konzentrieren und begann, das Ganze zu genießen.

Meiner Meinung nach war die Beständigkeit beim Lernprozess der Schlüssel zum Erfolg. Sich zu verpflichten, jeden Tag zu lernen, war unglaublich schwer, aber die Ergebnisse waren es wert. Da ich mein tägliches Pensum aufgeschrieben habe, weiß ich jetzt, wie viele Stunden ich insgesamt mit Japanischlernen verbracht habe. Das erlaubt mir, grobe Berechnungen über meinen Gesamtfortschritt anzustellen, und meinen Erfolg so nachvollziehen zu können empfinde ich als sehr motivierend.

Eine der wichtigsten Lektionen, die ich aus dem Japanisch-studium mitgenommen habe, ist die Einstellung, die man braucht, um schwierige Dinge anzugehen. Nach jedem Schritt auf dem Weg gibt es eine weitere Hürde zu überwinden. Dieser ständige Kampf hat mich besser darin werden lassen zu kämpfen. Ich fühle mich immer wohler mit meinem Unbehagen und ich weiß, dass ich das auch auf andere Bereiche meines Lebens übertragen kann.

»Ich habe verkündet, dass ich Hämorrhoiden habe, obwohl ich eigentlich sagen wollte, dass die Stunde fast vorbei ist.«

3. Nimm an einer mehrtägigen Wanderung teil

Kategorie: körperliche Kraft
Klassifizierung: erfordert Ausdauer
Schwierigkeitsgrad: 8 (schwer)
Zeitaufwand: mehrere Tage

Worum es geht: Absolviere eine mehrtägige Wandertour.

Was das Ziel ist: Diese Challenge kann extrem schwierig sein. Morgens mit einem schmerzenden Körper aufzuwachen (ab dem zweiten Tag) und zu wissen, dass du einen ganzen Tag des Wanderns vor dir hast, ist sicherlich eine Herausforderung. Du musst entsprechend deines Erschöpfungsgrads planen und auf Fußprobleme und Blasen achten. Allerdings erlebst du dabei eine schöne Landschaft und testest deine Ausdauer auf interessante Weise.

Wie du es anpackst: Entscheide dich für eine Wanderung, die du gerne machen möchtest. Es sollte sich dabei um eine Tour mit mehreren Etappen handeln, für die du jeweils einen Tag benötigst. Such dir eine Wanderung von etwa 160 Kilometer Länge aus, die mehrere Tage in Anspruch nimmt. Eine Recherche mit dem Schlagwort »Langstrecken-Wanderwege« wird dir schnell eine große Auswahl bieten. Es gibt so viele Möglichkeiten auf der ganzen Welt, also lies dich ein wenig ein, um herauszufinden, welche für dich geeignet sind.

Die Durchführung der Wanderung ist nicht so kompliziert, erfordert aber Entschlossenheit, um das Ziel zu erreichen:

Schritt 1: Entscheide dich für eine Route und wähle den Termin, an dem du die Wanderung durchführen wirst. Bitte einen Freund, dich zu begleiten, wenn du Gesellschaft wünschst, oder versuche es allein, um deine Eigenständigkeit zu fördern. Informiere dich über Übernachtungsmöglichkeiten an der Strecke.

Schritt 2: Plane die Route, kaufe dir eine Wanderkarte oder einen Reiseführer, stelle sicher, dass du die richtige Ausrüstung hast (die richtigen Schuhe sind der wichtigste Faktor) und buche eine Unterkunft. Du musst auch planen, wie du zum Start der Route kommst und wie du vom Ziel zurückkehren willst.

Schritt 3: Wandere deine Route.

Schritt 4: Zeit zu feiern – und dann kannst du auch schon die nächste Tour planen.

Extra-Challenge: Absolviere eine längere Wanderung – du könntest eine Strecke in Angriff nehmen, die etwa 800 Kilometer lang ist und deutlich länger dauert. Der Jakobsweg in Nordspanien ist das perfekte Beispiel für diese Art von Route. Ziehe auch in Betracht, dein Zelt und Campingzubehör mit auf den Weg zu nehmen. Dies wird die Dinge logistisch schwieriger machen und mehr Planung erfordern.

Tiefer einsteigen: Levison Wood ist ein britischer Forscher, der einige bewundernswerte Langstreckenwanderungen absolviert hat. Er ist den ganzen Verlauf des Nils ohne Unterstützung entlanggewandert, hat eine unglaubliche Route entlang der gesamten Himalaya-Bergkette zurückgelegt und hat noch viele andere spannende Expeditionen vorzuweisen. Seine Bücher und Dokumentarfilme über diese Touren sind zweifelsohne inspirierend und man möchte gleich seine Wanderschuhe schnüren. Sein Dokumentarfilm *Levison Wood – Mein Traum vom Himalaya* und sein Buch *Walking the Himalayas* sind außergewöhnlich und höchst anspornend.

Es gibt viele Wandervereine und -verbände, denen du beitreten kannst, wenn du an einem Support-Netzwerk von ortsansässigen Wanderern interessiert bist. Das wäre eine gute Möglichkeit, Leute zu treffen, die sich auch für Wandertouren interessieren.

Ffyona Campbell ist eine englische Abenteurerin, die um die Welt gewandert ist. Ja, sie hat den ganzen Planeten umrundet! Sie hat viele Bücher geschrieben, von denen du dich inspirieren lassen kannst.

Meine Erfahrung: Ich wollte schon immer mal eine lange Wandertour machen, hatte mich aber nie dazu durchringen können. Deshalb hatte dieser Plan für mich oberste Priorität, als ich meine Challenge-Liste schrieb, und ich wusste, dass es eine großartige Möglichkeit sein würde, mich sowohl körperlich als auch mental herauszufordern.

Ich entschied mich für den Cotswold Way in Großbritannien. Diese Wanderstrecke beginnt in Chipping Campden und endet in Bath und ist 164 Kilometer lang. Ich wollte die Wanderung alleine machen und mich darauf konzentrieren, sie in einer guten Zeit zu schaffen. Die empfohlene Wanderdauer liegt zwischen sieben und zehn Tagen, aber ich beschloss, die Dinge ein wenig zu beschleunigen und die Strecke binnen vier Tagen zu bewältigen. Töricht? Vielleicht. Ehrgeizig? Auf jeden Fall.

Der erste Tag verlief gut, obwohl er anstrengend war. Die Strecke war mir halbwegs vertraut, da ich einige der Abschnitte schon einmal gelaufen war. Die Landschaft war atemberaubend und ich war begeistert von dem Abenteuer, das vor mir lag. Obwohl ich so vorausschauend (oder genial) gewesen war, eine Dose Vaseline mitzunehmen, hatte ich mir gegen Ende des Tages ziemlich stark die Haut aufgeschürft. Mit wund gescheuerten, ja schon blutigen Innenschenkeln hatte ich nicht gerechnet – die letzten Kilometer waren eine wahre Tortur. Alles in allem schaffte ich an diesem ersten Tag etwa 45 Kilometer, eine tolle Leistung.

Tag zwei begann denkbar schlecht: Ich hatte versehentlich meine Schuhe draußen stehengelassen und es hatte die ganze Nacht geregnet. Zu Beginn eines langen Wandertages klatschnasse Schuhe anziehen zu müssen war nicht gerade ideal. In der Tat, es war grauenhaft. Jeder Schritt, den ich tat, machte ein lautes, quietschendes Geräusch. Ich habe direkt meine Kopfhörer aufgesetzt!

Ich schaffte es, um 7 Uhr morgens loszulaufen, aber es dauerte eine gute Stunde, bis mein Körper aufgewärmt war und sich wieder funktionstüchtig anfühlte. Nach etwa drei Stunden des Wanderns spürte ich einen scharfen Schmerz hinten in meinem linken Fuß. Der Schmerz zog hinunter in die Ferse; es fühlte sich an wie eine Blase. Ich konnte aber keine Blase erkennen, nein, der Schmerz schien von der Achillessehne zu kommen. Ich lief weiter, aber ich begann, mir Sorgen zu machen. Irgendetwas stimmte da nicht. Nach etwa einer weiteren Stunde schmerzte meine Ferse so stark, dass ich zu zweifeln begann, ob ich die ganze Strecke überhaupt schaffen würde. Meine Stimmung sank und ich wurde immer frustrierter, was wirklich nicht hilfreich war. Ich nahm ein paar Ibuprofen, um den Schmerz zu lindern, und beschloss, ohne Rücksicht auf die Konsequenzen weiterzulaufen. Mein Fuß hielt den Rest des Tages durch und ich schaffte es, eine Strecke zu absolvieren, die knapp an einen Marathon heranreichte.

Als ich am dritten Tag aufwachte, hatten die Schmerzen in meinem Fuß stark nachgelassen, was eine gute Nachricht war. Die Dinge wurden jedoch nicht einfacher. Das Problem am dritten Tag war der Regen. Es regnete sechs Stunden lang ununterbrochen und ich war nach den ersten paar Kilometern nass bis auf die Knochen. Wir reden hier von sintflutartigem britischem Sommerregen, der einem keine Pause gönnt. Meine wasserdichte Hose riss und meine Beine wurden klatschnass. Die Bedingungen waren miserabel, aber ich versuchte, mich an die Maxime »Was mich nicht umbringt, macht mich stärker« zu halten. Das hat irgendwie geholfen. Am Ende des Tages sah mein Fuß aus wie die topografische Karte eines Gebirgszuges beziehungsweise eine sehr schmutzige Pflaume.

Tag vier war brutal und mein Körper kämpfte wirklich damit, seinen Rhythmus zu finden. Meine Fußschmerzen wurden unerträglich (sie waren mit aller Macht zurückgekehrt) und mein Körper flehte mich an abzubrechen. Ich setzte meine Kopfhörer auf, klickte zur Motivation eine Heavy-Metal-Playlist an, hielt den Blick vor mir auf den Boden gesenkt und konzentrierte mich auf das Ziel. Es war ein qualvoller Tag und ich musste hart daran arbeiten, all die negativen Gedanken aus meinem Kopf zu verscheuchen. Das funktionierte, und obwohl es ein Kampf war, schaffte ich es, die Wandertour am vierten Tag zu vollenden.

Insgesamt war ich fast 170 Kilometer gewandert, was in etwa dem Laufen von vier Marathons in vier Tagen entspricht. Der Gesamtanstieg betrug knapp 4000 Meter, so dass ich zwangsläufig viel Zeit damit verbracht hatte, Hügel hinaufzulaufen. In gewisser Weise war es, als würde man jeden Tag einen Berg besteigen und einen Marathon laufen. Ich war so erleichtert, als ich die Tour beendet hatte, und mein Körper war überglücklich, dass es endlich vorbei war. Es war eine großartige Leistung und ein Erlebnis, das ich nie vergessen werde.

Was ich gelernt habe: Ich hatte völlig unterschätzt, was es für mich bedeuten würde, diese Wanderung in vier Tagen zu absolvieren. Ich war zu diesem Zeitpunkt extrem fit, da ich gerade erst einen Marathon gelaufen war und mich an verschiedenen körperlichen Challenges versucht hatte. Ich fühlte mich stark und mein Körper war in guter Verfassung. Ich hatte angenommen, dass es ein Kinderspiel sein würde und ich keine Probleme haben würde. Es war ja schließlich »nur ein Spaziergang«. Wow, ich lag völlig falsch.

Das war zweifellos eine der härtesten körperlichen Challenges, die ich je unternommen habe, und mein Körper hat danach schwer gelitten. Ich zog mir eine leichte Achillessehnenentzündung im linken Fuß zu und konnte danach zwei Wochen lang keine Schuhe tragen.

Ich hätte wirklich gezielt für die Wanderung trainieren und diese besondere Art von Ausdauer aufbauen sollen. Zu wandern ist ganz anders als laufen und ich hätte anders trainieren müssen. Die wichtige Lektion hier ist, neue Dinge tatsächlich mit genügend Respekt vor dem anzugehen, was von einem verlangt werden könnte. Ich denke, dass mein übermäßiges Selbstvertrauen mich zu selbstsicher gemacht hatte. Eine gute Vorbereitung ist das A und O, wenn man sich großen Herausforderungen stellt.

Diese Challenge hat mich viel darüber gelehrt, wie man sich durch Unannehmlichkeiten durchkämpft, und ich musste tief in mich gehen, um sie zu bewältigen. Der kurzfristige Schmerz war ein großartiger Lehrmeister und zwang mich, alles an Philosophie umzusetzen, was ich gelernt hatte. Ich bin wirklich froh, dass ich es geschafft habe, und denke, dass ich bei diesem Erlebnis viel gelernt habe.

>>Diese Herausforderung hat mich viel darüber gelehrt, wie man sich durch Unannehmlichkeiten durchkämpft, und ich musste tief in mich gehen, um sie zu bewältigen.<<

4. Präge dir einen kompletten Satz Spielkarten ein

Kategorie: Fertigkeit
Klassifizierung: erfordert Ausdauer
Schwierigkeitsgrad: 7 (schwer)
Zeitaufwand: ein halber bis ein ganzer Tag

Worum es geht: Du lernst, einen Kartenstapel zu mischen, jede Karte einmal zu betrachten und dann die Reihenfolge des gesamten Stapels abzurufen.

Was das Ziel ist: Dies ist der ultimative Gedächtnistest. Und zudem ein sehr beeindruckender Partytrick, der jeden verblüffen wird, dem du ihn zeigst. Du wirst wirklich nicht glauben, dass du das schaffen kannst. Um dieses Kunststück zu vollbringen, musst du eine ganz bestimmte Methode anwenden. Wenn du diese Methode erlernst, wird dir klar, wie beeindruckend der menschliche Verstand ist. Die Methode ist zudem relativ anspruchsvoll und ermöglicht es dir, an deinem mentalen Widerstand gegen neue und herausfordernde Dinge zu arbeiten.

Wie du es anpackst: Auch wenn dies nach einer unmöglichen Aufgabe klingt, kann ich dir versichern, dass du es mit etwas Übung und der richtigen Methode schaffen wirst. Indem du jede Karte in Gedanken in eine Figur verwandelst und ihr eine bestimmte Handlung zuordnest, ordnest du sie in eine Geschichte ein (die Geschichte kann zum Beispiel vordefinierte Orte auf deinem Weg zur Arbeit umfassen), wodurch die Reihenfolge leichter zu merken ist. Ich erkläre dir mit einem Beispiel, wie ich es mache, dann wird die Methode vielleicht ein wenig klarer.

Schritt 1: Besorge dir ein Kartenspiel und nimm dir genug Zeit, um dich mit dieser Methode vertraut zu machen.

Schritt 2: Weise jeder Karte eine ausgedachte Figur zu. Insgesamt benötigst du 52 verschiedene Figuren, eine pro Karte. Diese Figuren können erfunden sein, es können Menschen sein, die du kennst, oder Berühmtheiten. Es ist einfacher, wenn du die Karten nach Spielfarben sortierst.

Für die Farbe Herz verwende ich Familie und Freunde. Die Herz-Dame ist meine Mutter, der Herz-König ist mein Vater, das Herz-Ass ist Helen und ich bin der Herz-Bube. Ich habe verschiedenen Familienmitgliedern und Freunden Zahlen zugeordnet, die ich mit ihnen in Verbindung bringen kann. Je offensichtlicher die Verbindung zwischen der Figur oder der Person und der Zahl ist, desto leichter kann ich sie mir merken.

Die Farbe Kreuz steht für Action-Filmstars (ich liebe Action-Filme), so dass sie Figuren wie Sylvester Stallone und Arnold Schwarzenegger darstellen. Arnold ist das Kreuz-Ass: Arnold – A – Ass. Du verstehst schon.

Die Farbe Pik ist eine musikalische Kategorie und enthält Michael Jackson, Elton John und John Coltrane. Was für eine Mischung!

Die letzte Farbe ist Karo und ich verwende sie für Personen, die Reichtum verkörpern. Jede berühmte Person mit einem ordentlichen Vermögen kann sich für diese Kategorie qualifizieren. Zu den Figuren gehören bei mir die Queen und Richard Branson.

Du bestimmst, wen die jeweilige Karte verkörpern soll. Dann versuche, eine bestimmte Verbindung zu dieser Figur herzustellen – hier musst du kreativ sein. Schreibe nun eine nach der anderen auf, für wen jede Karte steht.

Schritt 3: Weise jeder Figur eine Aktion oder einen Gegenstand zu. Meine Aktion ist zum Beispiel das Aufwickeln eines Kletterseils. Elton Johns Gegenstand ist eine ausgefallene Sonnenbrille und Arnold Schwarzeneggers Aktion ist Gewichtheben. Jede Figur hat einen einzigartigen Gegenstand oder eine Aktion, die lustig oder skurril sein sollte. Schreibe sie alle auf.

Schritt 4: Erstelle dir einen »Gedächtnispalast« mit 26 Orten. Ein Gedächtnispalast ist ein Mittel, das dir hilft, dich an eine lange Liste von Dingen zu erinnern, indem du das, was du abrufen willst, bestimmten Orten zuweist. Dies können Räume in deinem Haus sein oder eine Strecke, die du häufig zurücklegst. Wenn du Gegenstände oder Personen an einem bestimmten Ort in deinem Gedächtnis platzierst, fällt es dir viel leichter, dich an sie zu erinnern. Ich habe eine Menge Gedächtnispaläste für verschiedene Dinge angelegt, aber ich habe einen ganz speziellen für die Erinnerung an das Kartenspiel. Dieser Gedächtnispalast ist mein Weg zur Arbeit und besteht aus 26 interessanten und leicht zu merkenden Orte an dieser Strecke. Der erste Ort ist meine Haustür, der zweite ist die nächste Kneipe. Der dritte ist die Bushaltestelle. Du musst nun eine persönliche Reise mit 26 Orten erstellen. Schreibe sie auf.

Schritt 5: Nachdem du jeder Karte einen Charakter und eine Aktion zugeordnet, dir diese eingeprägt und einen Gedächtnispalast mit 26 Orten erschaffen hast, kannst du beginnen. Mische die Karten, suche dir eine aus und lege nun diese Figur in deinem Gedächtnispalast an den ersten Ort. Sagen wir, meine erste Karte ist das Kreuz-Ass (Schwarzenegger). Ich werde ihn nun an der ersten Stelle meines Gedächtnispalastes verorten, das ist meine Haustür. Bei der zweiten Karte, die ich ziehe, werde ich die Aktion der Karte nehmen und sie Schwarzenegger zuordnen. Wenn zum Beispiel die nächste Karte der Herzbube ist (ich), werde ich meine Aktion des Seilaufrollens verwenden. Jetzt steht Arnold Schwarzenegger vor meiner Haustür und wickelt ein Seil auf – urkomisch! Ich werde das nicht vergessen, weil es so surreal ist.

Ich gehe nun Schritt für Schritt durch meinen Gedächtnispalast, während ich Karten vom Stapel ziehe, und weise so den Orten Charaktere und ungewöhnliche Aktionen und Gegenstände zu. Die erste Karte, die für jeden neuen Ort im Gedächtnispalast ausgewählt wird, ist *immer* die Figur. Die zweite Karte wird *immer* die Aktion sein, die der Figur zugewiesen ist, wie in meinem Beispiel zuvor. Die Geschichte, die dabei entsteht, ist einzigartig und bringt mich oft zum Lachen. Es kann zu sehr bizarren Kombinationen kommen. Das Bild von meiner Mutter beim Gewichtheben in der örtlichen Kneipe kann ich nur schwer vergessen! Irgendwann habe ich jedem der 26 Orte einen Charakter mit einer ungewöhnlichen Aktion zugeordnet und dabei alle Karten im Stapel auswendig gelernt. Durch die Kombination verschiedener Aktionen mit den unterschiedlichen Charakteren ergeben sich unzählige Möglichkeiten, um sich von der Geschichte überraschen zu lassen. Je überraschter du bist, desto eher wirst du dich an den Ablauf der Geschichte erinnern.

Schritt 6: Jetzt rufe ich mir einfach die Geschichte ins Gedächtnis und nenne die entsprechenden Karten in der richtigen Reihenfolge. Am ersten Ort war Schwarzenegger (Kreuz-Ass) und er wickelte ein Seil auf (Herz-Bube). Der Methode folgend gehe ich so weiter durch jeden Ort mitsamt der jeweils einzigartigen Kombination der Karten.

Wenn bei meiner Erläuterung etwas unklar geblieben ist, schau dir unbedingt andere Beschreibungen im Internet an, da eine Vielzahl verschiedener Erklärungen helfen kann, ein stärkeres Bild in deinem Gedächtnis zu erzeugen.

Am Anfang kann der Prozess eine ganze Weile dauern, aber mit etwas Übung lässt sich diese Zeit drastisch reduzieren.

Extra-Challenge: Versuche, das Kartenspiel in weniger als fünf Minuten zu betrachten und abzurufen.

Stelle dein Erinnerungsvermögen auch in anderen Bereichen auf die Probe. Zu sehen, wie viele Ziffern der Zahl Pi du auswendig lernen kannst, ist eine weitere interessante Herausforderung.

Es gibt noch eine ganz andere Methode, sich lange Zahlenreihen zu merken, und diese kann in den unten erwähnten Büchern vertieft werden. Ich habe 100 Ziffern von Pi auswendig gelernt, ohne dass ich mich zu sehr anstrengen musste. Mal sehen, ob du das übertreffen kannst. Zum Zeitpunkt der Drucklegung dieses Buches lag der aktuelle Weltrekord bei 70.000 Ziffern – den hat Rajveer Meena aus Indien im Jahr 2015 aufgestellt.

Tiefer einsteigen: Das Buch *Der Weg zum Meister-Gedächtnis* von Dominic O'Brien ist ein hervorragender Startpunkt und wird dir helfen, diese Challenge zu bewältigen. Es umreißt die oben beschriebene Methode und gibt viele weitere Tipps und Tricks für die Entwicklung deines Gedächtnisses.

Moonwalk mit Einstein: Wie aus einem vergesslichen Mann ein Gedächtnis-Champion wurde von Joshua Foer ist ein weiteres faszinierendes Buch über das Gedächtnis.

Finde mehr über die Grand-Master-of-Memory-Meisterschaften (GMM) heraus und surfe online durch die wunderbare Welt der Gedächtnishilfen und Gedächtnispaläste. Es gibt unzählige Videos und Artikel zu entdecken, also mach dich auf die Suche.

Meine Erfahrung: Das Auswendiglernen des Kartenspiels hat weniger Zeit in Anspruch genommen, als ich erwartet hatte. Die Methode ist wundervoll. Ich saß mehrere Stunden in meinem Wohnzimmer und arbeitete an den Charakteren für jede Karte und stellte meine Liste zusammen. Als ich anfing, sie auszuprobieren, war ich erstaunt, wie leicht sie sich in meinem Gehirn festsetzten.

Nachdem ich gesehen hatte, dass die Methode wirklich funktionierte, konnte ich recht bald das gesamte Deck auswendig aufsagen. Am Anfang dauerte das jeweils extrem lange, aber nach ein paar Wochen täglicher Übung konnte ich ein ganzes Kartenspiel in weniger als fünf Minuten ansehen und abrufen. Mein Rekord liegt bei drei Minuten und das fühlt sich tatsächlich ziemlich schnell an, da man so nur ein oder zwei Sekunden Zeit hat, jede einzelne Karte zu betrachten.

Es ist ein großartiger Partytrick. Keiner, dem ich ihn vorgeführt habe, konnte glauben, dass ich mich tatsächlich an die Reihenfolge der Karten erinnern kann. Du wirst brillante Reaktionen von den Leuten bekommen, wenn du diese Challenge vorführst.

Was ich gelernt habe: Als ich das erste Mal las, dass ich ein ganzes Kartenspiel auswendig lernen sollte, während ich es mir nur einmal anschauen durfte, war ich mir sicher, dass ich das nicht schaffen würde (ein klarer Fall von Fixed Mindset). Es schien ein unmögliches Unterfangen zu sein und etwas, wozu ich nicht in der Lage wäre (noch mehr Fixed Mindset). Wie falsch ich doch lag! Diese selbstbegrenzende Überzeugung war dumm, da ich die Technik noch nicht einmal ausprobiert hatte. Interessanterweise war es viel einfacher, als ich dachte, und ich habe den Prozess sehr genossen. Es wäre ein Leichtes für mich gewesen, diese Fähigkeit als unmöglich abzuschreiben und es gar nicht erst zu versuchen.

Diese Herausforderung hat mich gelehrt, dem Erlernen neuer Fertigkeiten gegenüber aufgeschlossener zu sein. Die innere Einstellung ist hier immens wichtig – das erinnert mich an das berühmte Zitat von Henry Ford: »Ob du nun denkst, dass du es kannst, oder ob du denkst, dass du es nicht kannst – in beiden Fällen wirst du recht behalten.«

»Diese Herausforderung hat mich gelehrt, dem Erlernen neuer Fertigkeiten gegenüber aufgeschlossener zu sein.«

5. Akupunktur

Kategorie: mentale Kraft
Klassifizierung: schnell erledigt
Schwierigkeitsgrad: 5 (mittel)
Zeitaufwand: ein bis drei Stunden

Worum es geht: Das Ziel bei dieser Herausforderung ist es, sich einer Akupunktur-Sitzung zu unterziehen. Akupunktur ist eine jahrhundertealte Form der chinesischen Medizin, die heute auch im Westen weit verbreitet ist. Ein Akupunkteur setzt einem Patienten Nadeln, um den Energiefluss zu stimulieren und die Heilung beziehungsweise die (innere) Balance des Patienten zu fördern. Die Nadeln sind extrem dünn und werden am ganzen Körper platziert, je nachdem, was der Patient braucht. Und ja, das schließt dein Gesicht mit ein.

Was das Ziel ist: Akupunktur ist absolut sicher, aber die Vorstellung, sich viele Nadeln in den Körper stecken zu lassen, kann beängstigend sein. Selbst wenn du denkst, dass es lächerlich ist und nicht funktioniert, kannst du dennoch an der Challenge teilnehmen, da du Nadeln an ungewöhnlichen Stellen gesetzt bekommst. Du wirst dabei sicherlich einige sehr seltsame und ungewohnte Empfindungen erleben. Dies ist eine großartige Aufgabe, die dir hilft, die Angst vor Nadeln zu überwinden.

Wie du es anpackst: Auch wenn du vollkommen gesund bist, kannst du von einer Sitzung profitieren, da es immer etwas gibt, wobei die Nadeln dir helfen können.
Schritt 1: Erkundige dich nach den Möglichkeiten, in deiner Nähe eine Behandlung zu bekommen. Wäge die Kosten und die

Qualifikation des Praktizierenden ab, bevor du dich entscheidest, wohin du gehen willst. Je traditioneller, desto besser, würde ich sagen.

Schritt 2: Buche einen Termin. Dein Akupunkteur wird dich nach deinen gesundheitlichen Problemen fragen und mit dir besprechen, welche Bereiche du mit der Akupunktur behandeln möchtest.

Schritt 3: Gehe zu deinem Termin und erlebe das Gefühl, ein menschlicher Igel zu sein.

Schritt 4: Freue dich über den Abschluss einer weiteren Challenge.

Extra-Challenge: Ziehe in Erwägung, dich regelmäßig akupunktieren zu lassen, bis du dich mit der Erfahrung vertraut gemacht hast. Mit der Zeit wirst du dich daran gewöhnen, dass die Nadeln überall gesetzt werden.

Eine Alternative wäre, Therapien auszuprobieren, die für dich neu sind. Schröpfen und chinesische Ohrkerzen sind zwei Beispiele, die dich aus deiner Komfortzone bringen könnten, wenn du diese Behandlungen noch nie gemacht haben. Es gibt jede Menge lustige und interessante alternative Therapieformen, die du ausprobieren kannst.

Für diejenigen von euch, die absolut kein Problem mit Nadeln haben und denen eine wirklich schwierige Challenge vorschwebt, schlage ich die Kolonspülung als Therapie der Wahl vor. Wenn du nicht weißt, was das ist, google es. Aber sei gewarnt, die Google-Bilder sind nicht schön. Dies wird sicherlich die mentale Stärke derjenigen auf die Probe stellen, die eine Herausforderung suchen.

Tiefer einsteigen: Wenn du in Großbritannien ansässig bist, ist der British Acupuncture Council eine gute Anlaufstelle, um einen Therapeuten vor Ort zu finden. Nutze deren Website, um jemanden mit den richtigen Qualifikationen in deiner Nähe zu finden. Wenn du nicht in Großbritannien lebst, suche online nach der zuständigen Stelle in deinem Land für die Ausübung der Akupunktur, zum Beispiel die Deutsche Ärztegesellschaft für Akupunktur.

Es lohnt auch, sich mit der Fünf-Elemente-Akupunktur zu beschäftigen, einer etwas traditionelleren Art der Akupunktur.

Meine Erfahrung: Bevor ich zu meiner ersten Akupunktur-Sitzung ging, hatte ich große Angst vor Nadeln, aber ich war entschlossen, mich dieser Angst zu stellen. Ich hatte so viel Gutes über die Therapie gehört, dass ich sie unbedingt ausprobieren wollte. Da ich ganz in der Nähe eines traditionellen chinesischen Spas wohnte, entschied ich mich, dort hinzugehen. Ich wusste, dass diese Erfahrung eine Herausforderung für mich bedeuten würde.

Alle waren sehr freundlich, aber die Englischkenntnisse der Mitarbeiter waren eher dürftig. Es wurde viel mit dem Finger gezeigt, bis mich mein Akupunkteur in ein Hinterzimmer führte. Ich war so nervös, dass ich schwitzte. Nachdem ich mich bis auf die Unterwäsche ausgezogen hatte, untersuchte der Akupunkteur meine Zunge. Er machte ein paar Notizen und bat mich dann, mich hinzulegen. Ich war ganz schön nervös.

Die Vorbereitung schien ewig zu dauern. Ich konnte eine Menge Rascheln hinter mir hören, während der Geruch von Antiseptika zu mir herüberwehte. Nach einer gefühlten Ewigkeit näherte er sich mir mit den Nadeln. Er begann oben auf meinem Kopf und fing an, an meinen Haaren herumzufummeln. Ich spürte einen gewissen Druck und dann ein kleines, schärferes Gefühl. Nicht so schlimm, dachte ich. Innerhalb von fünf Minuten war ich komplett mit Nadeln übersät. Ich hatte Nadeln im Gesicht, in den Armen, in den Beinen, auf dem Bauch, in den Händen und Füßen – ich sah aus wie Pinhead aus dem Horrorfilm *Hellraiser* (der Bösewicht mit den vielen Nägeln, die aus seinem Gesicht kommen). Na toll. Ich war verschwitzt und immer noch nicht so entspannt, wie ich es gerne gewesen wäre, aber ich konzentrierte mich darauf, meine Fassung zu bewahren.

Mein Akupunkteur legte dann eine CD mit traditioneller chinesischer Musik ein. Er sagte mir, dass er in zehn Minuten wiederkommen würde und ließ mich allein. Ich schloss meine Augen, konzentrierte mich auf meine Atmung und begann, auf die Empfindungen in meinem Körper zu achten. Ich war eigentlich sehr entspannt und kurz vor dem Einschlafen, als etwas meine Aufmerksamkeit erregte: Die CD hatte angefangen zu springen. Ein fürchterlicher Klang von chinesischen Instrumenten ertönte wieder und wieder, während ich hilflos dalag. Ich wartete, denn ich nahm an, dass mein Akupunkteur sofort kommen und das Problem beheben würde. Die Uhr tickte weiter, aber er war nirgends zu sehen.

Ich schaute auf meinen mit Nadeln übersäten Körper hinunter und überlegte, ob ich nicht besser aufstehen sollte, um die Musik selbst auszuschalten. Ich rief laut. Nichts. Ich versuchte es erneut. Keine Antwort. Nach dem dritten Mal gab ich auf. Ich beschloss, meine Taktik zu ändern und die Situation zu akzeptieren – sie als eine weitere Ebene der Challenge zu betrachten (sehr buddhistisch, nicht wahr?). Sobald ich erkannte, wie lächerlich die Situation war, begann ich zu lachen. Es fühlte sich an wie eine uralte chinesische Foltermethode, nur dass sie völlig selbstauferlegt war und ich nichts weiter dagegen tun konnte.

Zwanzig Minuten später kam der Akupunkteur zurück und stellte sofort den CD-Player aus. Ich versuchte zu erklären, was passiert war, aber er verstand nicht. Schnell begann er, mir die Nadeln aus dem Körper zu ziehen, was bei mir überall ein Kribbeln hervorrief. Im Handumdrehen war das Erlebnis vorbei und ich ging nach Hause: eine weitere Aufgabe auf meiner Liste abgehakt. Ich fühlte mich ausgezeichnet.

Trotz meines ersten Akupunkturabenteuers ging ich danach noch einige Male zur Akupunktur, wobei ich auch die eine oder andere Schröpftherapie mitmachte. Man kann mit Sicherheit sagen, dass ich mich im Umgang mit den Nadeln nach einer Weile viel sicherer fühlte und anfing, mich während der Behandlung zu entspannen.

Was ich gelernt habe: Diese Erfahrung hat mir eine Menge über die Wahrnehmung von Schmerz beigebracht. Ich hatte befürchtet, dass Akupunktur weh tun würde, und der Gedanke, mit Nadeln übersät zu sein, machte mir Angst. Nachdem ich die Behandlung ausprobiert hatte, habe ich meine Meinung völlig geändert. Ich hatte es zu etwas aufgebauscht, was es nicht war und hatte eine unrealistische Vorstellung davon, was passieren würde. Die Lektion hier ist zu versuchen, die Erfahrung nur in der Praxis zu beurteilen und sie nicht zu etwas anderem zu machen.

Ich habe auch gelernt, dass es wichtig ist, die lustige Seite des Lebens zu sehen. Hilflos auf dem Akupunkturbett zu liegen, während die CD springt, ist eigentlich ziemlich lustig. Zu ernst zu bleiben und sich über so etwas aufzuregen, hätte der Situation nicht gutgetan.

Nach dieser ganzen Erfahrung musste ich mir eine Spritze setzen lassen, weil ich in den Urlaub fahren wollte. Früher habe ich mich immer aufgeregt und war äußerst gestresst, wenn ich eine Spritze bekommen sollte, aber nach den Akupunktursitzungen hatte ich überhaupt keine Angst mehr davor. Ich habe mir die Spritze so entspannt setzen lassen wie niemals zuvor. Ein Fortschritt!

»Ich hatte Nadeln im Gesicht, in den Armen, in den Beinen, auf dem Bauch, in den Händen und Füßen und sah aus wie Pinhead aus dem Horrorfilm *Hellraiser*.«

6. Tritt bei einem Wettlauf an

Kategorie: körperliche Kraft
Klassifizierung: monumental
Schwierigkeitsgrad: 10 (sehr schwer)
Zeitaufwand: bis zu drei Monaten

Worum es geht: Nimm an einem offiziellen Straßenlauf teil.

Was das Ziel ist: Bei dieser Challenge geht es vor allem um Disziplin. Du wirst wahrscheinlich für den Lauf trainieren müssen, also musst du dich wirklich reinhängen. Motivation ist auch bei dieser Aufgabe enorm wichtig, also sorge dafür, dass du mit regelmäßigem Training bei der Stange bleibst.

Laufen ist kostengünstig und es ist körperliche Aktivität in ihrer rohesten und grundlegendsten Form. Laufen ist eine großartige Grundlage für deine allgemeine Fitness und sich dieser körperlichen Anstrengung zu stellen ist eine wahre Herausforderung. Es ist auch eine große Menge an mentaler Stärke erforderlich, um eine Strecke zu absolvieren, die dich aus deiner Komfortzone herausholt.

Wie du es anpackst: Suche im Internet nach einem für dich geeigneten Lauf (5 Kilometer, 10 Kilometer, Halbmarathon, Marathon, Ultramarathon).

Wichtiger Tipp: Achte darauf, nicht zu viel zu trainieren und dich eventuell dadurch zu verletzen. Yoga und Dehnübungen helfen, Verletzungen vorzubeugen. Kaufe dir eine Faszienrolle, um verspannte Bereiche selbst zu massieren.

Schritt 1: Suche online nach einem Wettlauf, den du gerne bestreiten würdest. Wähle etwas Anspruchsvolles, das dich reizt.

Schritt 2: Melde dich für den Lauf an. Du kannst auch in Erwägung ziehen, den Lauf gemeinsam mit einem Freund zu absolvieren und dabei Geld für einen guten Zweck zu sammeln.

Schritt 3: Finde ein geeignetes Trainingsprogramm (online oder bei deinem örtlichen Laufverein) und beginne, auf dein Ziel hinzuarbeiten.

Schritt 4: Verpflichte dich dazu, regelmäßig zu laufen und deinen Trainingsplan bis zum Ende durchzuziehen.

Schritt 5: Nimm an dem Lauf teil. Informiere jede Menge Freunde und Verwandte, damit sie dich am Straßenrand anfeuern und unterstützen.

Schritt 6: Feier den Abschluss deines Laufs, indem du eine Pizza essen gehst und eine Massage buchst!

Extra-Challenge: Für die ultimative Wettkampf-Challenge solltest du es mit einem Marathon oder Ultra-Marathon versuchen.

Wenn du ein irrwitziges Ziel anstreben möchtest, suche nach dem UTMB (Ultra Trail Marathon du Mont Blanc), einem 166-Kilometer-Rennen rund um den Mont Blanc, bei dem über 8000 Höhenmeter zu bewältigen sind.

Der Marathon du Sable, ein mehrstufiges Ultralauf-Event durch die marokkanische Wüste, ist ein weiterer ungeheuerlicher Tipp.

Tiefer einsteigen: Suche nach örtlichen Laufsportvereinen und erwäge, Mitglied zu werden. Du musst nicht gut sein, um beizutreten, und es ist eine hervorragende Möglichkeit, Trainingspartner und neue Freunde zu treffen. Einem Verein beizutreten wird dein Lauftraining definitiv voranbringen.

Kaufe dir eine Faszienrolle und lernen mit Hilfe von Online-Videos, wie man sie benutzt.

Schau in die verrückte Welt der Zombie-Läufe. Freiwillige Helfer verkleiden sich als Zombies und jagen dich während des gesamten Laufs!

Der Marathon du Médoc ist eine Marathonstrecke durch ein Weingut in Frankreich, bei der an jeder Getränkestation Wein ausgeschenkt wird. Klingt doch lustig, oder?

Die Bücher *Born to Run* von Christopher McDougall und *Wovon ich rede, wenn ich vom Laufen rede* von Haruki Murakami bieten reichlich Inspiration.

Lustige Alternativen wären zum Beispiel die Teilnahme an einem der vielen ungewöhnlichen Läufe (mit ungewöhnlichen Orten, Regeln oder Themen), ein Kostümlauf, Nachtlauf oder Geländelauf. Es gibt so viele Varianten, also mach dich auf die Suche!

Wenn du dich von Langstreckenläufern inspirieren lassen möchtest, schau dir Rory Bosio an. Sie ist eine wunderbare Ausdauersportlerin, die an einigen unglaublichen Wettläufen teilgenommen (und sie gewonnen) hat. Dazu gehört auch der bereits erwähnte UTMB.

Meine Erfahrung: Meinen allerersten Marathon zu laufen war ein unglaubliches Erlebnis. Ich hatte in der Vergangenheit ein paar Geländeläufe absolviert, um für meine sportlichen Ziele in den Bergen zu trainieren, aber nie ernsthaft darüber nachgedacht, einen Marathon zu laufen. Das war etwas, das ich schon immer machen wollte, aber mir nie zugetraut hatte. Das kam sofort auf die Challenge-Liste und erfüllte mich mit einer Mischung aus Vorfreude und purer Angst. Dies sollte sich als eine großartige »Übung« im Bereich mentales Training erweisen.

Ich entschied mich für einen Lauf in der Nähe, damit ich mir keine Gedanken über die Logistik machen musste. Ich wollte mich nicht davon ablenken lassen, wo ich übernachte, wie ich zum Start gelange und wie ich nach dem Wettlauf nach Hause komme.

Ich brauchte ein paar Monate, um mich auf den Marathon vorzubereiten, aber da ich ein Ziel hatte, konnte ich mich darauf konzentrieren. Ich hatte ein paar Probleme, die mit übermäßigem Training zu tun hatten – ich neige manchmal dazu, ein wenig übereifrig zu sein –, aber ich war in guter Verfassung für den eigentlichen Lauf. Ich hatte Hunderte von Kilometern auf dem Buckel und war einsatzbereit.

Der Tag des Wettlaufs war ziemlich hektisch, aber ich hatte angenehme Bedingungen zum Laufen, und dafür war ich dankbar. Die erste Hälfte des Marathons verging wie im Flug und ich fühlte mich durchweg gut. Das Training hatte sich ausgezahlt. Die zweite Hälfte stellte mich jedoch auf die Probe. Ab Kilometer 35 begann ich zu kämpfen. Jeder Schritt war schmerzhaft und die Erschöpfung in meinem Körper war deutlich spürbar. Ich zwang mich, ein paar positive Gedanken in meinem Kopf zu wiederholen (dank der KVT für diesen Tipp) und das half mir, mich zu konzentrieren.

Die Kilometer 35 bis 40 erschienen mir unendlich lang und ich wollte nur noch stehen bleiben und mich hinlegen. Ein kurzes Nickerchen, ein Snack, ein Bad, ein kühles Getränk und etwas beruhigende Musik wären schön gewesen. Nicht zu viel verlangt … Ich musste diese Gedanken ignorieren und weitermachen. Ich versuchte, mich abzulenken, indem ich mir mein Kohlenhydrat-Gelage nach dem Marathon ausmalte. Das funktionierte, machte mich aber auch extrem hungrig.

Die letzten Kilometer vergingen dann erstaunlich schnell und plötzlich war alles vorbei. Ich rannte über die Ziellinie und es fühlte sich unglaublich an. Ich war so erschöpft, dass ich kaum sprechen konnte, aber ich konnte nicht aufhören zu lächeln. Diesen Moment werde ich *nie* vergessen. Niemals.

Die Bewältigung des Marathons war kräftezehrend, aber gleichzeitig berauschend, und ich fühlte mich noch mehrere Tage danach fantastisch (auch wenn meine Beine wie verrückt schmerzten). Das ganze Erlebnis hat mir einen riesigen Kick gegeben – ich kann es nicht genug empfehlen. Es war tatsächlich eine Erfahrung, die mein Leben bereichert hat.

Was ich gelernt habe: Es gibt so viele Lektionen, die ich aus dem Marathonlauf mitgenommen habe, vor allem über meine körperlichen Fähigkeiten und wie ich auf Erschöpfung reagiere. Die allmähliche Erhöhung meiner Schmerztoleranz war spürbar und ich habe gelernt, die Anstrengungen des Laufens auszublenden (hauptsächlich durch Fantasien über Essen). Das Rennen zu vollenden erforderte eine enorme mentale Anstrengung, so dass ich meine Denkweise auf viele verschiedene Arten auf die Probe stellen konnte.

Wie wichtig es ist, sich zu dehnen, war eine weitere sehr wertvolle Lektion, die ich aus der ganzen Sache mitgenommen habe. Ich habe während des Trainings sehr viele Dehnübungen gemacht, und das hat sich im Hinblick auf meine Leistung bezahlt gemacht. Ich habe Yoga und Pilates praktiziert und das hat mich maßgeblich vor Verletzungen bewahrt. Das war enorm wichtig, und wenn du dich entscheidest, mit dem Laufen anzufangen, wird es dir wirklich helfen, ein solches System als Unterstützung zu nutzen. Ich kann jetzt sogar meine Zehen berühren, während ich vorher so beweglich wie ein Laternenpfahl war. Flexibilität war meine Rettung!

Einen Marathon zu laufen war ein großartiges Beispiel dafür, einen weiteren selbstbegrenzenden Glauben zu durchbrechen. Der Lauf hat mir gezeigt, dass man mit Engagement und wenn man sich auf die Aufgabe konzentriert etwas sehr Schwieriges erreichen kann. Ich habe definitiv vor, weitere Marathons zu laufen und noch mehr darauf zu achten, worauf ich während des Rennens meine Gedanken richte.

»Ich war so erschöpft, dass ich kaum sprechen konnte, aber ich konnte nicht aufhören zu lächeln.«

7. Löse einen Rubik's Cube (Zauberwürfel)

Kategorie: Fertigkeit
Klassifizierung: erfordert Ausdauer
Schwierigkeitsgrad: 7 (schwer)
Zeitaufwand: eine Woche

Worum es geht: Das Ziel dieser Challenge ist es, einen Rubik's Cube zu lösen. Der Zauberwürfel ist ein berühmtes Puzzle, das in den frühen 1980er-Jahren große Popularität erlangte. Es handelt sich um einen Würfel mit verschiedenfarbigen Flächen, bei dem du die Kanten verdrehst, um den Seiten einheitliche Farben zuzuordnen. Der aktuelle Weltrekord für das Lösen des Würfels liegt bei atemberaubenden 3,47 Sekunden von Yusheng Du.

Was das Ziel ist: Das Lösen des Würfels erfordert ein gutes Gedächtnis und testet deine Fähigkeit, komplexen Anweisungen zu folgen. Es ist auch sehr beeindruckend für Leute, die nicht wissen, wie man ihn löst – das kann dein neuer Partytrick werden!

Wie du es anpackst: Du musst eine Reihe von Algorithmen lernen (in diesem Fall eine Reihe von Drehungen), um den Würfel zu vervollständigen. Dem Würfel sollte eine Anleitung beiliegen, aber diese zu befolgen, ist nicht so einfach. Um den Würfel zu lösen, musst du zuerst eine Fläche lösen. Dies geschieht normalerweise mit der weißen Fläche, aber wenn du weiter fortgeschritten bist, kannst du auch eine der farbigen Flächen zuerst lösen. Nachdem du die erste Fläche geschafft hast, musst du dich durch eine Reihe von Algorithmen arbeiten, um den Würfel Schritt für Schritt zu vervollständigen. Das hört sich kompliziert an, ist aber eigentlich für jeden erlernbar. Der Lernprozess ist mit Hilfe von Anschauungsmaterial viel einfacher zu verfolgen. Glücklicherweise gibt es eine Vielzahl von Websites, die klare und präzise Videos anbieten, die dir helfen, den Würfel zu lösen. Wenn du den Würfel beherrschen möchtest, folge der unten beschriebenen Methode:

Schritt 1: Kaufe einen Rubik's Cube. Du kannst dabei unter vielen verschiedenen Varianten auswählen. Ich würde empfehlen, mit dem offiziellen, klassischen Rubik's Cube zu beginnen.

Schritt 2: Entscheide dich für eine Informationsquelle, um die Methode zu lernen. Entweder ein Online-Video oder die dem Würfel beiliegende Anleitung – beide eignen sich gut.

Schritt 3: Lerne die Ausrichtung des Würfels, indem du die Bezeichnung der einzelnen Flächen begreifst. Dann kannst du verstehen, was die Algorithmus-Codes bedeuten. Zum Beispiel ist F2 der Code, bei dem zwei Drehungen der Vorderseite im Uhrzeigersinn ausgeführt werden. Keine Sorge, das wird bei der Arbeit mit Bildmaterial verständlicher erklärt.

Schritt 4: Löse den Würfel, indem du den Anweisungen der Packungsbeilage folgst, oder mit Hilfe einer Website beziehungsweise eines Videos.

Schritt 5: Präge dir die Algorithmen ein.

Schritt 6: Übe so lange, bis du den Würfel jedes Mal mit Leichtigkeit und ohne Anleitung lösen kannst.

Extra-Challenge: Löse den Würfel in weniger als einer Minute. Wenn du deinen Rubik's Cube aufbrichst und Vaseline oder Kriechöl verwendest, um den Würfel geschmeidiger zu machen, lässt er sich viel schneller bewegen. Dies sollte deiner Lösungszeit einen echten Schub geben. Alternativ kannst du auch einen »Speed Cube« kaufen, der sich schneller bewegen lässt als der Standardwürfel.

Um den Schwierigkeitsgrad zu steigern, versuche es mit einem 4x4-, 5x5- oder 7x7-Würfel.

Tiefer einsteigen: Die »Fridrich-Methode« ist eine fortgeschrittene Methode zum Lösen des Würfels und kann deine Lösungszeit dramatisch beschleunigen. Es ist die Methode, die Will Smith im Film *Das Streben nach Glück* verwendet. Das macht sie automatisch noch tausendmal cooler (meiner Meinung nach).

Tyson Mao hat ein tolles Lehrvideo auf YouTube. Dieses übersichtliche Video mit Schritt-für-Schritt-Anleitung ist ein sinnvoller Startpunkt für das Erlernen der richtigen Züge.

Entdecke Speed Cubing und lasse dich überraschen, was alles möglich ist.

Meine Erfahrung: Ich hatte immer angenommen, dass es unmöglich ist zu lernen, wie man einen Rubik's Cube löst. Deshalb war es für mich perfekt, mich auf diese Herausforderung zu stürzen. Ich glaubte nicht, dass ich es schaffen würde, also wollte ich diesem inneren Widerstand auf den Grund gehen. Ich besorgte mir einen Würfel und begann, die mitgelieferte Anleitung zu befolgen. Nach vielem

Hin und Her gelang es mir tatsächlich, eine der Flächen zu lösen. Das war ein aufregender Moment für mich. Plötzlich schien es nicht mehr unmöglich, den Würfel zu knacken. Es könnte tatsächlich möglich sein, ihn zu lösen.

Einige Zeit später (wahrscheinlich mehr, als ich zugeben möchte) saß ich auf dem Sofa mit einem gelösten Rubik's Cube in meiner Hand. Ich konnte es kaum glauben. Meine Hartnäckigkeit hatte sich ausgezahlt! Ich verbrachte die nächsten Tage damit, den Vorgang immer und immer wieder zu wiederholen, bis ich ihn mir eingeprägt hatte. Jetzt konnte ich den Würfel lösen, ohne Anweisungen zu befolgen. Zugegeben, ich brauchte mindestens fünf Minuten, aber er war trotzdem gelöst. Mit etwas Übung schaffte ich es, meine Lösungszeit ziemlich konstant unter eine Minute zu bringen. Danach begann ich, andere Methoden zum Lösen des Würfels zu erforschen und probierte 4x4- und 2x2-Würfel aus.

Diese Fähigkeit zu besitzen ist großartig und bei der einen oder anderen Gelegenheit, wenn jemand zufällig einen ungelösten Rubik's Cube herumliegen hat, habe ich schon unbeschreibliche Reaktionen erlebt, wenn ich ihn beiläufig löste. Es ist lustig, wie die Leute plötzlich denken, dass man wirklich smart ist, weil man einen Rubik's Cube lösen kann. Es ist eigentlich viel einfacher, als die meisten Leute denken, aber es macht manchmal Spaß, sie denken zu lassen, dass man ein Genie ist.

Was ich gelernt habe: Ich war überrascht, wie sehr mich meine selbst auferlegte negative Überzeugung beeinflusst hatte. Die Annahme, dass das Lösen des Würfels zu schwer sei, hatte mich davon abgehalten, es überhaupt erst zu versuchen. Dadurch habe ich eine Menge darüber gelernt, wie ich an Dinge herangehen sollte, die ich als schwierig einstufe. Woher will ich wissen, dass es schwierig ist, noch bevor ich es versucht habe? Das war eine sehr wertvolle Lektion für mich. Ich hoffe, dass ich dieses Konzept nun auch auf andere Dinge anwenden kann, von denen ich immer dachte, es sei zu schwer für mich, sie zu lernen.

Die kognitive Verhaltenstherapie ist dabei eine sehr hilfreiche Methode. Diese Selbstzweifel lassen sich meist erfolgreich mit reiner Logik sprengen. Negative Annahmen zu hinterfragen und es einfach zu versuchen, ist der richtige Ansatz!

»Ich war überrascht, wie sehr mich meine selbst auferlegte negative Überzeugung beeinflusst hatte.«

8. Besteige einen Berg

Kategorie: körperliche Kraft
Klassifizierung: erfordert Ausdauer
Schwierigkeitsgrad: 9 (sehr schwer)
Zeitaufwand: ein Wochenende plus Trainingszeit

Worum es geht: Besteige den Gipfel eines Berges.

Was das Ziel ist: Berge erfordern einen anstrengenden physischen und mentalen Kampf und können dich auf viele verschiedene Arten auf die Probe stellen. Außerdem hast du vom Gipfel aus eine unglaubliche Aussicht (wenn es ein klarer Tag ist).

Wie du es anpackst: Ich würde empfehlen, für den Anfang etwas mit wenig oder gar keinem technischen Anspruch zu wählen. Überall auf der Welt finden sich eine Menge geeigneter Berge für Anfänger. In Großbritannien bieten sich der Snowdon, der Scafell Pike oder der Ben Nevis als gute Startpunkte an. In den USA könntest du den Pikes Peak in Colorado besteigen oder eine Wanderung auf den Half Dome im Yosemite in Angriff nehmen, in Deutschland reicht das Spektrum vom Brocken im Harz bis zu Watzmann oder Zugspitze. Die Liste geeigneter Besteigungen ist riesig: Wenn du Inspiration brauchst, nutze das Internet, um einen nahegelegenen Berg zu finden, der deinem derzeitigen Können entspricht.

Die Bergwelt kann sehr unbarmherzig sein, also stelle sicher, dass du gut vorbereitet bist, bevor du aufbrichst. Vergewissere dich, dass du die richtige Ausrüstung dabeihast und achte auf die Wettervorhersage, bevor du losgehst. Im Zweifelsfall solltest du in Erwägung ziehen, einen Führer zu engagieren.

Schritt 1: Suche dir einen Berg aus. Informiere dich im Internet, um etwas zu finden, das deinem derzeitigen Können entspricht.

Schritt 2: Finde einen Freund, der mitmachen möchte, oder entscheide dich, den Berg allein zu besteigen.

Schritt 3: Wähle ein geeignetes Wochenende. Buche eine Unterkunft und organisiere den Transport zum und vom Berg.

Schritt 4: Besorge die notwendige Ausrüstung: Karte, Kompass, Erste-Hilfe-Kit, Pfeife für den Notruf, Wasser, Proviant, geeignetes Schuhwerk und entsprechende Funktionskleidung sind erforderlich.

Schritt 5: Reise zum Berg.

Schritt 6: Breche früh auf, damit du den ganzen Tag Zeit hast, den von dir gewählten Berg zu besteigen. Beachte die Wettervorhersage und vergewissere dich, dass die Bedingungen zum Bergsteigen und Klettern geeignet sind. Sei dir auch dessen bewusst, was du im Notfall tun musst und halte die Nummer der Bergrettung bereit.

Schritt 7: Besteige den Berg. Denke daran: Wenn du den Gipfel erreicht hast, hast du erst die Hälfte des Weges geschafft. Die meisten Unfälle passieren auf dem Abstieg, wenn die Leute nicht mehr so vorsichtig sind, also bleibe konzentriert. Behalte ein gleichmäßiges Tempo bei und beginne nicht zu schnell.

Schritt 8: Gib ein Fest, wenn du sicher abgestiegen und zurück im Basislager (Auto/Pub/Campingplatz) bist.

Extra-Challenge: Nimm dir etwas Größeres und technisch Anspruchsvolleres vor. Versuche dich im sogenannten »Scrambling«, einer Form des Bergsteigens, die auch Alpinklettern genannt wird und bei der sowohl Hände als auch Füße zum Einsatz kommen. Das ist viel anspruchsvoller als eine einfache Wanderung auf einen Berg und die Routen können sehr gefährlich sein, also lasse dabei Vorsicht walten.

Du könntest es auch mit kombinierten Bergbesteigungen versuchen – in Großbritannien ist die Three Peaks Challenge (alle drei höchsten Berge Großbritanniens in 24 Stunden zu besteigen) sehr beliebt. Dies oder etwas Ähnliches wäre eine gute Option, um den Schwierigkeitsgrad der Aufgabe zu erhöhen.

Wenn du ein erfahrener Bergsteiger bist, könntest du auch eine Bergbesteigung im Winter wagen oder die Challenge mit einer alpinen Bergtour auf das nächste Level bringen. Es gibt unendlich viele Möglichkeiten!

Tiefer einsteigen: Bonita Norris war die jüngste Britin, die den Mount Everest bestieg. Sie hat ein wunderbares Buch geschrieben mit dem Titel *Miss Everest: Wie ich am höchsten Berg der Welt zurück* *zu mir selbst fand.* Es ist ein großartiger Ratgeber, um sich von den Bergen inspirieren zu lassen.

Der British Mountaineering Council (BMC), der American Alpine Club (AAC) oder der Deutsche Alpenverein (DAV) sind fantastische Organisationen, die Kurse und aktuelle Informationen über die Wander-/Kletter-/Bergsteigerszene im jeweiligen Land anbieten. Besuche ihre Websites und lasse dich inspirieren. Wenn dich das Kletterfieber gepackt hat, solltest du dir überlegen, Mitglied zu werden. Die meisten Länder haben ihre eigenen Vereine und Verbände, also finde heraus, was es in deinem Land gibt.

Sieh dir den Film *Meru* an, um dich vom modernen Alpinismus begeistern zu lassen.

Suche nach Killian Jornet auf Google. Danke mir später.

Das Buch *Mountaineering: The Freedom of the Hills* von Alun Richardson ist vollgepackt mit praktischen Informationen und sollte alle deine bergbezogenen Fragen beantworten.

Die beiden Dokumentarfilme *Free Solo* und *The Dawn Wall – Durch die Wand* sind unglaublich. Obwohl diese Filme sich mehr auf das eigentliche Klettern konzentrieren, muss man kein »Kletterer« sein, um sie zu genießen. Mache dich auf schwitzige Handflächen gefasst.

Es gibt unzählige Bergsteigerkurse auf der ganzen Welt, die dir helfen können, an deine Grenzen zu gehen und nebenbei ein paar coole Fertigkeiten zu erlernen. Du wirst sicher das Passende finden.

Meine Erfahrung: Ich bin schon immer gerne in den Bergen gewandert und habe im Laufe der Jahre viel Zeit in Snowdonia und in den Alpen verbracht.

Als Teil meines Jahres der Widrigkeiten beschloss ich, mein Klettern auf die nächste Stufe zu bringen, indem ich verschiedene Kurse belegte, um in den Bergen unabhängiger zu werden. Es war mir klar, dass mich das in vielerlei Hinsicht aus meiner Komfortzone herausbringen würde.

Nachdem ich kurz zuvor einen Kurs in Traditionellem Klettern absolviert hatte, wollten mein Kletterpartner und ich unsere neuen Kenntnisse auf die Probe stellen. Das Konzept des Traditionellen Kletterns besteht darin, dass man sich während des Kletterns am Seil selbst sichert, indem man Teile der Kletterausrüstung (im Wesentlichen Klemmkeile und Bandschlingen) in den Felsen steckt, während man den Berg hinaufsteigt. Die Sicherung wird dann von einem zweiten Kletterer entfernt.

Wir wollten eine etwas ehrgeizigere Route ausprobieren, die das Gefühl eines großen Berges vermittelt. Wir beschlossen, den Dolman Ridge im atemberaubenden Snowdonia National Park in Nordwales anzugehen. Diese Route sollte uns zwar herausfordern, aber nicht wegen mangelnder Erfahrung in Gefahr bringen.

Um zum Ausgangspunkt der Seilkletterstrecke zu gelangen, mussten wir eineinhalb Stunden durch den Regen laufen (kein gutes Omen). Als wir am Fuß der Route ankamen, hatte der Regen zum Glück aufgehört. Wir bereiteten uns darauf vor, den Berggrat zu besteigen, in der Hoffnung, dass der Regen für den Tag vorbei sei. Das war allerdings leider nicht der Fall – wir waren eindeutig zu optimistisch, dass das britische Wetter uns wohlgesonnen sein würde.

Ich übernahm die Führung der ersten Seillänge über leichtes Terrain. Das bedeutete, dass ich zuerst kletterte und dann einen vernünftigen Platz zum Ausruhen und sicheren Heraufholen meines Kletterpartners am anderen Ende des Seils einrichtete. Wir wechselten uns mit dieser Taktik ab und »führten« abwechselnd verschiedene Seillängen. Das lief wirklich gut, bis wir leicht vom Kurs abkamen. Wir müssen die Route falsch gelesen haben und landeten in schwierigerem Terrain. Unnötig zu sagen, dass die Dinge anfingen, ein wenig brenzlig zu werden. Es regnete und es zogen Wolken auf, was die ganze Sache sehr atmosphärisch (in anderen Worten: furchteinflößend) und mental anstrengend machte. Der Fels war unglaublich glitschig und an einer Stelle rutschte ich komplett ab – nur meine Ausrüstung und mein Kletterpartner fingen mich auf. Das war ein ganz schöner Schock für mich und ich spürte, wie mein Selbstvertrauen schwand. Wir richteten unseren Kurs neu aus und schafften es, auf den Bergrücken zu gelangen, wo zumindest die Routenfindung einfacher werden sollte.

Der Rest des Bergkamms fühlte sich wie ein mentaler und physischer Kampf gegen die Elemente an. Die Strecke war unerbittlich und wir mussten uns anstrengen, um unter diesen Bedingungen weiterzuklettern. Ich war eingeschüchtert, wusste aber, dass wir nicht in ernsthafter Gefahr waren und dass es darauf ankam, angesichts dieser Schwierigkeiten Ruhe zu bewahren – ein tolles Training! Obwohl das im Nachhinein sehr leicht gesagt ist. Damals habe ich mich sicher nicht darüber gefreut, wie toll das Training war. Es war eher beängstigend.

Auf dem Gipfel des Bergkamms wurden wir von horizontalem Regen und stürmischem Wind begrüßt. Die vorübergehende Erleichterung, den Gipfel erreicht zu haben, wurde schnell durch die nächste Herausforderung beendet: der Abstieg vom Berg. Der Versuch, uns bei diesen Bedingungen zurechtzufinden, war eine schwierige Aufgabe, und wir verrechneten uns gewaltig, was zur Folge hatte, dass wir den Berg auf der falschen Seite herunterkamen. Wir Idioten! Als wir schließlich aus den Wolken heraustraten, waren wir erleichtert, dass wir überhaupt weiter als ein paar Meter sehen konnten. Wir liefen einfach instinktiv in Richtung Straße, die wir in der Ferne sahen, und landeten schließlich auf dem Snowdon-Parkplatz, fast 10 Kilometer von dem Ort entfernt, an dem wir hatten ankommen wollen (füge hier deine Schimpfworte über Landkarten und wie man sie liest ein). Zum Glück gab es einen Bus, mit dem wir zurück zu dem Ort fahren konnten, an dem wir das Auto geparkt hatten. Ich war noch nie so glücklich, einen Bus zu sehen. Wir waren beide völlig erschöpft von der Tour, denn die mentale Konzentration, die wir hatten aufbringen müssen, war äußerst intensiv gewesen. Was für ein Tag – was für ein Abenteuer!

Was ich gelernt habe: Dieses Erlebnis hat mich gelehrt, wie wichtig es ist, inmitten schwieriger Umstände die Ruhe zu bewahren – oder es zumindest zu versuchen. Ich spürte wirklich, wie die Angst anklopfte, als ich diese Route kletterte, aber ich schaffte es, sie außen vor zu halten und nicht zuzulassen, dass sie mich übermannt. Das war ein großartiges Zeichen des Fortschritts. Wäre ich diese Route früher geklettert wäre, wäre ich *komplett* ausgeflippt.

Während des Kletterns drehte sich alles in meinem Kopf und ich musste mich ganz stark konzentrieren. Es ist erstaunlich, wie mein Gehirn mich zur Eile antrieb und mich ansportnte, schneller zu klettern. Ich schätze, es wollte mich aus einer Situation herausholen, die es als gefährlich empfand. Das Problem dabei ist, dass Hektik die Wahrscheinlichkeit eines Fehlers erhöhen kann. Ich musste präsent bleiben und durfte mir keine Worst-Case-Szenarien im Kopf ausmalen (was leichter gesagt ist als getan). Ich musste mir Zeit nehmen und das Tempo drosseln. Das fühlte sich zwar widersinnig an, aber es war eine großartige Lektion, die ich lernen musste. Wenn es anfängt, intensiv zu werden, sollte man sich konzentrieren und nicht hetzen. Danke, Dolman Ridge, das werde ich niemals vergessen!

»Der Rest des Bergkamms fühlte sich wie ein mentaler und physischer Kampf gegen die Elemente an.«

9. Werde zum Frühaufsteher

Kategorie: mentale Kraft
Klassifizierung: leicht als einmalige Herausforderung, monumental als tägliche Praxis
Schwierigkeitsgrad: 7 (schwer)
Zeitaufwand: zwei Stunden

Worum es geht: Stehe zwei Stunden früher auf als nötig, egal, ob du zur Arbeit oder zur Schule musst oder was auch immer du geplant hast.

Was das Ziel ist: Früh aufzustehen ist im Prinzip einfach, aber schwer umzusetzen, wenn der Wecker klingelt. Hier dreht sich alles um die Überwindung mentaler Widerstände – das ist ein toller Weg, um eine stärkere, disziplinertere Denkweise aufzubauen. Du wirst zudem zwei zusätzliche Stunden am Tag haben, in denen du etwas Sinnvolles tun kannst – Sport treiben, ein Buch lesen oder einem deiner Hobbys nachgehen. Die Liste ist endlos, also fange an zu planen.

Wie du es anpackst: Stelle deinen Wecker und stehe früh auf. Wenn du normalerweise um 7 Uhr aufstehst, stelle den Wecker auf 5 Uhr. Wenn du normalerweise um 6 Uhr aufstehst, stelle den Wecker auf 4 Uhr. Das Prinzip ist klar.

Schritt 1: Entscheide, wann du morgens aufstehen willst und stelle deinen Wecker.

Schritt 2: Erstelle einen Plan für den Morgen, damit du beim Aufwachen keine Zeit verschwenden musst.

Schritt 3: Wache auf und stehe tatsächlich auf.

Schritt 4: Gehe deine Morgenroutine durch.

Extra-Challenge: Mache das eine Woche, einen Monat oder ein Jahr lang. Wenn du die Herausforderung steigern willst, versuche, drei Stunden früher aufzustehen, als du es normalerweise tun würdest.

Tiefer einsteigen: Das Buch *Der Weg der Disziplin* von Jocko Willink ist eine extrem motivierende Lektüre. Dieser ehemalige Navy SEAL beschäftigt sich intensiv mit Disziplin, wie man sie erzeugt und aufrechterhält. Er steht jeden Tag sehr früh auf und beginnt mit einem brutalen Workout. Auch sein Instagram-Feed ist sehr interessant. Er postet regelmäßig ein Bild von seiner Uhr, wenn er aufwacht. Das hört sich nicht so beeindruckend an, aber wenn man ihm eine Zeit lang folgt, ist man erstaunt über seine Beständigkeit. An einem Wochenende um vier Uhr morgens aufzustehen, erfordert ein hohes Maß an Motivation und Disziplin.

Tim Ferriss ist ein weiterer Autor, der eine Menge Fakten über Morgenroutinen zusammengetragen hat, die es wert sind, näher betrachtet zu werden. Suche nach *Tim Ferriss Morgenroutine* und mache dich darauf gefasst, in ein dichtes Netzwerk von Informationen einzutauchen.

Meine Erfahrung: Nachdem ich mich über Morgenroutinen schlau gemacht hatte, beschloss ich, meine eigene zu erstellen und sie ein Jahr lang auszuprobieren. Ich wusste, dass dies Disziplin erfordern würde, wollte aber auch eine Möglichkeit finden, mein Jahr der Herausforderungen auf eine produktive Art und Weise zu dokumentieren. Das Schreiben über diese Erfahrung wurde zu meinem persönlichen Projekt und nach einigem Brainstorming und Hin- und Herüberlegen fand ich den Rahmen für eine produktive Routine, die mir einen guten Start in den Tag bescheren und mir Zeit zum Schreiben lassen würde. Die Routine beginnt um 5 Uhr morgens mit einer kalten Dusche. Dann setze ich den Wasserkocher auf und meditiere 20 Minuten lang. Im Anschluss schreibe ich etwa eine Stunde und trinke Tee. Danach bin ich frei, um meinen Tag nach Belieben fortzusetzen.

Das klingt alles sehr schön, aber in Wirklichkeit musste ich wirklich kämpfen, damit es funktioniert. Ich hatte anfangs große Mühe, die Routine beizubehalten. Es vergingen mehrere Wochen, bis es sich normal anfühlte. Trotz der anfänglichen Schwierigkeiten bin ich fest davon überzeugt, dass diese Morgenroutine eine der besten Sachen ist, die ich je für meine Produktivität getan habe. Sie bereitet mich jetzt perfekt auf den Tag vor und ich fühle mich bereit für alles, was auf mich zukommt. Na ja, natürlich nicht ALLES. Meine Routine bereitet mich nicht darauf vor, mit Bären zu ringen, durch Feuer zu laufen und Schwerter zu schlucken. Vielleicht schafft das mein nächstes Buch …

Um die Frühaufsteher-Challenge zu steigern, habe ich die Woche zuweilen mit einem noch viel früheren Tagesbeginn durchbrochen. Der Mittwoch wurde zu meinem »alpinen Start« und ich stellte meinen Wecker auf 4 Uhr morgens, um vor meiner bereits erwähnten Routine Zeit für Übungen zu haben. Ich nannte es einen »alpinen Start«, weil ich, wann immer ich in der Vergangenheit alpin geklettert bin, unglaublich früh aufstehen musste, um auf die Gletscher zu steigen. Der Grund dafür sind die gefrorenen Schneebrücken (buchstäblich Brücken aus Schnee über riesige Löcher im Gletscher), die instabiler werden, wenn sich der Schnee im Lauf des Tages erwärmt, und damit steigt die Wahrscheinlichkeit, in eine Gletscherspalte zu fallen (schaue dir den Film *Vertical Limit* an, um eine Vorstellung davon zu bekommen, was das bedeutet). Ein großer Teil des Aufstiegs erfolgt in der Dunkelheit auf knirschendem Eis und oft ist man mittags mit dem Klettern fertig. Dies ist ein »alpiner Start«.

Ich mag den Namen und habe ihn für mittwochs übernommen. Ein normaler Mittwoch ist nicht so aufregend wie alpines Klettern, aber zumindest lässt die Bezeichnung »alpiner Start« mein frühes Aufstehen abenteuerlicher erscheinen. Kannst du das nachvollziehen?

Es gab einen Morgen, an dem ich wirklich nicht um 4 Uhr morgens aufstehen wollte, aber ich wusste, dass Schnee vorhergesagt war (ich liebe Schnee über alles). Der Wecker fing an zu piepsen und ich zwang mich, einen kurzen Blick aus dem Fenster zu werfen. Es herrschte ein massiver Schneesturm und alles war unter Schnee begraben. Was für ein Schauspiel! Ich warf meine Laufklamotten über und machte mich auf den Weg in den Sturm. Es war unheimlich still in London, während der Schnee schwer um mich herum fiel. Ich konnte nicht glauben, dass ich um 4 Uhr morgens an einem normalen Arbeitstag, an einem Mittwoch mitten in einem Schneesturm unterwegs war. Das war eine neue Erfahrung und ich genoss jede einzelne Minute davon. So etwas hätte ich in der Vergangenheit niemals gemacht und ich fand es toll, wie sehr sich mein Leben durch diese Challenge verändert hatte. Die Müdigkeit schwand und ich fühlte mich äußerst lebendig.

Die Routine ist geblieben: Ich finde es großartig, die Morgenstunden ganz nach meinem Belieben nutzen zu können. Es war nicht einfach, aber es hat zweifellos mein Leben verändert.

Was ich gelernt habe: Sich Zeit zu nehmen, um etwas zu tun, was einem persönlich wichtig ist, ist unerlässlich. Diese Zeit zu finden und zu schützen ist nicht einfach, aber wenn du dir den Raum für deine persönlichen Projekte schaffst, wird dein Leben davon stark profitieren. Ich habe festgestellt, dass der Morgen für mich die angenehmste Tageszeit ist, um dies zu erreichen. Es ist noch niemand wach und zu Beginn des Tages herrscht eine Stille, die friedlich und erholsam ist. Obwohl ich noch etwas schläfrig bin, finde ich, dass mein Geist am Morgen viel klarer ist und ich mich auf die anstehende Aufgabe konzentrieren kann.

Ich musste die unvermeidliche Müdigkeit bekämpfen, die mit weniger Schlaf einhergeht, und das ist an sich schon eine Herausforderung. Das gelegentliche frühe Aufstehen hier und da hat keine großen Auswirkungen, aber konsequentes frühes Aufwachen kann schwierig sein. Doch ich habe das Gefühl, dass der Preis es wert ist, denn ich hatte das produktivste Jahr meines Lebens, weil ich das konsequent durchgezogen habe. Ich habe gelernt, wie wichtig es ist, den Tag richtig zu beginnen, und einen produktiven Morgen zu haben, war für mich wunderbar. Ich schlafe inzwischen sogar tiefer, weil ich wirklich müde bin, wenn ich ins Bett gehe. Ein Pluspunkt.

Es ist nicht immer einfach, beim ersten Weckton aus dem Bett zu kommen, aber meine Erfahrung hat gezeigt, wenn man sofort unter der Bettdecke hervorspringt und unter die kalte Dusche steigt, kommen die Dinge schnell in Bewegung (auch wenn das Gehirn noch ein paar Schritte hinterherhinkt). Du wirst im Handumdrehen hellwach sein. Um 5 Uhr morgens deinen Kopf unter kaltes Wasser zu stecken, weckt dich wie ein Schlag ins Gesicht.

Ich habe auch gelernt, wie wichtig ein zweiter Weckruf ist ... Wenn ich versehentlich wieder einschlafe, rettet mich der zweite Alarm.

»Ich liebe es, die Morgenstunden ganz nach meinem Belieben nutzen zu können.«

10. Der längste Bahnhof in Wales

Kategorie: Fertigkeit
Klassifizierung: schnell erledigt
Schwierigkeitsgrad: 4 (leicht)
Zeitaufwand: ein bis zwei Stunden

Worum es geht: Llanfairpwllgwyngyllgogerychwyrndrobwllllantysiliogogogoch ist der längste Bahnhofsname der Welt. Dieser beeindruckende Bahnhof befindet sich in Nordwales und die Challenge
besteht darin zu lernen, wie man ihn ausspricht.

Was das Ziel ist: Dies ist eine lustige Herausforderung. Du musst
dich konzentrieren, um dieses Wort zu lernen, und der Weg dorthin
wird wahrscheinlich etwas holprig sein.

Das Walisische verwendet Laute, die in der englischen (und in der
deutschen) Sprache eher nicht gebräuchlich sind, daher erfordert es
zwangsläufig einiges an Übung, um sie richtig auszusprechen. Dieser Bahnhof hat einen sehr langen Namen, daher wird er dein Gedächtnis und deine Geduld auf die Probe stellen. Vor allem deine
Geduld.

Wie du es anpackst: Beginne damit, das Wort in kleine Abschnitte
zu unterteilen. Du kannst dich dann langsam an die Laute gewöhnen
und beginnen, diese mit etwas Übung zusammenzuziehen. Es ist
sehr hilfreich, wenn du jemanden hast, der dir das Wort vorspricht.
Schritt 1: Suche online nach einer Aufnahme des Wortes. Es gibt so
viele davon, dass du keine Schwierigkeiten haben wirst,
etwas zu finden, was dein Maßstab und Referenzpunkt
werden kann.

Schritt 2: Folge der unten stehenden phonetischen Anleitung, um das Wort langsam zusammenzufügen.

Schritt 3: Übe das Aufsagen, bis du es in einem Rutsch kannst.

Schritt 4: Suche dir eine Waliserin oder einen Waliser und probiere das Wort an ihr oder ihm aus. Die werden sicher staunen!

Die phonetische Anleitung:

LLAN – Wird wie »Clan« mit einem gutturalen »cl« ausgesprochen. Es klingt, als ob du dich räusperst oder kurz davor bist auszuspucken. Ich werde in Zukunft ein * verwenden, um diesen gutturalen Klang darzustellen. Höre dir eine Aufnahme an, um sicherzugehen, dass du den Klang richtig verstehst.

FAIR – Dies wird wie »fire« ausgesprochen, aber mit einem v – »vire«.

PWLL – Hierfür musst du das »pu« des englischen Wortes »pudding« nehmen und dann den gutturalen LL-Laut vom ersten LLAN direkt danach hinzufügen: »pu*«.

GWYN – Das ist wie »win« mit einem vorangestellten »g«. Einfach: »gwin«.

GYll – Hier wird das englische Wort »gibbon« verwendet, aber das »bbon« am Ende wird zu einem anderen gutturalen LL. Wir haben jetzt also »gi*«.

GO – »go«, wie es in »got« ausgesprochen wird.

GER – Sprich das Wort »care« mit einem »g« statt einem »c« – »gare«.

YCH – Sprich das Wort »luck« und lasse das »l« weg, so dass es wie »uck« klingt. Änder nun das »ck« am Ende in ein »ch«, wie bei der schottischen Aussprache von »loch« mit einem gutturalen »ch«. Du solltest nun »uch« haben. Dies ist ein wenig knifflig.

WYRN – Das hier ist einfach. Sprich einfach »win«.

DROB – Sprich das Wort »draw« mit einem b am Ende – »drawb«.

WLL – Dies ist das Gleiche wie das zuvor beschriebene »pwll«, aber ohne das p am Anfang des Wortes: »u*«.

LLAN – Dies ist genau dasselbe wie am Anfang des Wortes und wird als »*an« ausgesprochen.

TY – Hier wird ein »t« aus dem Wort »twinkle« verwendet.

SILIO – Wird wie »silly« mit einem »o« am Ende ausgesprochen. Das »o« sollte so ausgesprochen werden, wie es in dem Wort »got« verwendet wird.

GO – »go«, wie in »got« ausgesprochen

GO – genau wie oben

GOCH – Sage einfach »go« mit einem »ch« am Ende. Es sollte ähnlich klingen wie das Wort »loch« mit einem starken schottischen Akzent.

Llanfairpwllgwyngyllgogerychwyrndrobwllllantysiliogogogoch
an vire pu gwin gi* go gare uch win drawb u* *an t silly o go go goch

Und da ist das Wort in seiner ganzen Pracht. Wenn du jetzt ein wenig verwirrt bist, suche dir Online-Videos und schriftliche Erläuterungen, um möglicherweise auftauchende Probleme zu klären. Du solltest immer eine Aufnahme zur Hand haben, um die Lautfolge beim Üben überprüfen zu können.

Extra-Challenge: Lerne, das Wort zu buchstabieren.

Du kannst dich auch mit Zungenbrechern und ungewöhnlichen Wörtern in anderen Sprachen beschäftigen. Als ultimative Herausforderung kannst du »The Story of Mr. Shi Eating Lions« googlen und versuchen, das knifflige Gedicht auf Mandarin zu lernen. Es ist ein unglaublicher Zungenbrecher. Suche auf YouTube danach und mach dich darauf gefasst, dass es dich umhauen wird!

Tiefer einsteigen: Schaue, um dich inspirieren zu lassen, dem Channel 4-Moderator Liam Dutton (YouTube: »Liam Dutton«) zu, wie er den Namen des Bahnhofs live im Fernsehen ausspricht. Er hat die wünschenswerte Geschwindigkeit drauf, aber das erfordert Übung.

Ins Deutsche übertragen bedeutet der Name des Bahnhofs: »Marienkirche (Llanfair) in einer Mulde (pwll) weißer Haseln (gwyn gyll) in der Nähe (ger) des schnellen Wirbels (y chwyrn drobwll) und der Thysiliokirche (llantysilio) bei der roten Höhle (gogo goch).«

Meine Erfahrung: Ich habe schon mal versucht, dieses Wort zu lernen, aber aufgegeben, weil ich keine phonetische Erklärung hatte. Das war auf einem Junggesellenabschied, wo ein Waliser versucht hat, mir beizubringen, wie man es ausspricht. Je später der Abend, desto schwieriger wurde es. Schließlich warf ich das Handtuch, schwor mir aber, es irgendwann einmal zu lernen, um mein Gedächtnis zu trainieren. Nun schien es mir eine gute Idee für eine Challenge.

Als ich es jetzt mit einer phonetischen Beschreibung lernte, war ich überrascht, wie schnell es sich zusammenfügen lässt. Ich rezitierte es immer wieder, während ich in meiner Wohnung herumlief, und es begann, sich in meinem Gedächtnis festzusetzen. Um die Aussprache und die Geschwindigkeit in den Griff zu bekommen, brauchte ich Zeit, aber die Online-Videos haben mir dabei sehr geholfen.

Wann immer ich es bei Walisern vorgeführt habe, war die Reaktion sehr positiv. Es ist ein lustiges Wort, das einem immer in den Sinn kommt, wenn man sich mit jemandem aus Wales unterhält.

Was ich gelernt habe: Diese Herausforderung bis zum Ende durchzustehen und Llanfairpwllgwyngyllgogerychwyrndrobwllllantysiliogogogoch aussprechen zu können, war nicht einfach. Ich meine, schau dir das Wort an! Ich war durchaus zwischendurch frustriert und es war ein echtes Training für mein Gehirn. Es erforderte Konzentration und stellte meine Geduld enorm auf die Probe. Im Vergleich zu einigen der anderen Herausforderungen war diese Challenge jedoch relativ entspannt. Mir gefällt daran, dass es mich ermutigt hat, mich nach kleinen, schnellen Möglichkeiten umzusehen, die mich aus meiner Komfortzone herauslocken, und dass diese ganz zufällig, an einem abgelegenen Ort gefunden werden können. Im wahrsten Sinne des Wortes!

Challenges müssen nicht monumental sein, um einen herauszufordern, und deshalb mag ich diese hier sehr. Die Einfachheit spricht mich an und ich freue mich, dass ich dadurch gelernt habe, Ausschau zu halten nach unkomplizierteren Wegen aus meiner Komfortzone hinaus. Ich muss mich nicht im freien Fall aus einem Flugzeug voller Schlangen stürzen, um zu lernen und daran zu wachsen (das klingt wirklich schrecklich, bitte streichen). Es geht darum, einfache und lustige Methoden zu finden, uns selbst zu fordern. Kleine Dinge können eine große Wirkung erzielen.

»Mir gefällt daran, dass es mich ermutigt hat, mich nach einfachen, schnellen Möglichkeiten umzusehen, die mich aus meiner Komfortzone herauslocken.«

11. Schlaf in einem Biwaksack

Kategorie: mentale Kraft
Klassifizierung: erfordert Ausdauer
Schwierigkeitsgrad: 7 (schwer)
Zeitaufwand: eine Nacht

Worum es geht: Übernachte im Freien in einem Biwaksack. Ein Biwaksack ist eine Schutzhülle für die Außenseite deines Schlafsacks. Die Goretex-Hülle hält der Witterung stand und bietet dir somit eine sehr einfache Unterkunft für die Nacht. Es ist viel wilder als normales Camping und setzt dich den Elementen aus. Du wirst die Brise auf deinem Gesicht spüren, die Sterne sehen und wissen, wann es regnet; es ist eine Back-to-Basics-Erfahrung, um es mal so zu sagen. Das Ziel ist, die ganze Nacht in dem Biwak zu verbringen (ohne sich zu beschweren).

Was das Ziel ist: In einem Biwaksack zu schlafen ist eine wilde, unkonventionelle und völlig einzigartige Erfahrung. Manchmal ist es ungemütlich, manchmal beängstigend und vielleicht lustig, aber immer abenteuerlich. Es bietet reichlich Material für tolle Geschichten und eignet sich perfekt, um mentale Stärke zu entwickeln. Es wird nicht der bequemste Schlaf sein, den du jemals hattest, aber ich kann dir garantieren, dass du diese Erfahrung nie vergessen wirst! Außerdem kann man so ziemlich überall biwakieren: in den Bergen, an Stränden, in Parks oder an Flussufern. Es ist also eine großartige Möglichkeit, zurück in die Natur zu kommen und sich mit der Umgebung verbunden zu fühlen. Worauf wartest du noch?

Wie du es anpackst: Anstatt in einen hochwertigen Biwaksack zu investieren, kannst du einen billigen »Überlebens- oder Notfallsack« kaufen, was im Wesentlichen das Gleiche ist. Lege deinen Schlafsack in den Biwaksack und schon bist du bereit für eine abenteuerliche Nacht. Eine Isomatte hilft, den harten Boden abzufedern und bietet ein wenig mehr Komfort. Nimm dir einen Freund mit, wenn du dich allein beim Biwakieren unsicher fühlst.

Schritt 1: Kaufe einen Biwaksack. Die meisten Outdoorläden bieten einen billigen »Überlebens- oder Notfallsack« an. Wenn du lieber etwas möchtest, das länger hält und mehr aushält, investiere in einen hochwertigen Biwaksack, den du mehrfach verwenden kannst. Wenn dein Budget sehr knapp ist, genügen auch ein paar große Müllsäcke (nur für Mutige).

Schritt 2: Entscheide dich für eine Nacht für dein Biwak-Abenteuer und überzeuge einen Freund oder ein Familienmitglied mitzumachen.

Schritt 3: Wähle einen Ort für dein Biwak. Das kann fast überall sein, also nimm für den Anfang etwas Einfaches. Suche dir einen Platz, der leicht zugänglich ist und viel Privatsphäre bietet. Auf dem Land ist es besser als in der Stadt – eine Wiese an einem Flussufer ist eine schöne Kulisse.

Dann kannst du dort am nächsten Morgen auch noch eine Runde schwimmen gehen. Eine Wanderkarte kann dir helfen, mögliche Biwakplätze zu finden.

Schritt 4: Packe deinen Schlafsack, den Biwaksack, warme Kleidung, Essen und Trinken in einen Rucksack und mache dich auf den Weg zu deinem gewählten Biwakplatz.

Schritt 5: Bereite dich auf den Abend vor und beobachte, wie das Licht schwächer wird, während du dich für die Nacht in deinem Schlafsack einrichtest.

Schritt 6: Beobachte die Sterne, während du mit einem Lächeln im Gesicht in den Schlaf gleitest (wahrscheinlich wetterabhängig).

Schritt 7: Wache auf und starte in den Tag. Hoffentlich hast du gut geschlafen und fühlst dich nun erfrischt und inspiriert durch deine Erfahrung des Biwakierens.

Extra-Challenge: Biwakiere, wenn es etwas kälter wird (im Winter) oder an einem schwer zugänglichen Ort. Ein Berggipfel wäre eine tolle Option, um die Schwierigkeit zu erhöhen.

Für die ultimative Herausforderung versuche, zwei Nächte hintereinander zu biwakieren.

Tiefer einsteigen: *The Book Of The Bivvy* von Ronald Turnbull ist ein umfassender Leitfaden für die wichtigsten Aspekte des Biwakierens. Dort werden alle Themen abgedeckt für jeden, der an dieser abenteuerlichen Freizeitbeschäftigung interessiert ist.

Suche online nach »Biwaksack«, um dir einen Überblick über die riesige Auswahl an Säcken zu verschaffen. Auch der Online-Artikel »Which Bivvy Bag Should I Buy« (Welchen Biwaksack soll ich kaufen) von Alastair Humphreys liefert viele interessante Informationen zum Thema Biwakieren. Sein Buch über Mikroabenteuer ist ebenfalls sehr inspirierend.

Wenn du in Großbritannien bist, kann dir eine lokale OS-Explorerkarte helfen, einen guten Ort zum Übernachten zu finden. Alternativ kannst du auch die Satellitenbilder von Google Maps verwenden, um den idealen Platz für die Nacht zu lokalisieren.

Meine Erfahrung: Mein allererstes Biwak fand an einem wunderschönen Fluss in den Ausläufern der italienischen Dolomiten statt. Mein Freund Matt und ich waren auf einer Klettertour in den Alpen und beschlossen, das Biwakieren auszuprobieren. Ich wusste, dass dies eine großartige Methode für mich wäre, mich mental herauszufordern, also hatte ich vor unserer Abreise in einen Biwaksack investiert und mir geschworen, dass ich ihn benutzen würde.

Wir folgten während der Fahrt unserem Instinkt und landeten auf einem Parkplatz an einem herrlichen Fluss. Der Standort war perfekt, also holten wir unsere Ausrüstung heraus und warteten am Fluss, bis es dunkel wurde. Wir unterhielten uns stundenlang und die Atmosphäre war großartig. Der Abend ging in die Nacht über und wir wurden schläfrig. Erst zappelte ich viel herum, bis ich herausgefunden hatte, wie ich am besten in den Sack kommen könnte, und dann lag ich unter einem sternenübersäten Himmel. Es fühlte sich verrückt an, dass dies beim Einschlafen meine Aussicht sein würde und ich war in diesem Moment sehr aufgeregt. Es fühlte sich nicht normal an und das war eine großartige Sache.

Schließlich schlief ich ein, aber es war eine unruhige Nacht. Ich wachte mehrmals auf und hatte das Bedürfnis, aufzustehen und mich ein paar Minuten lang umzusehen. Ich weiß nicht genau, warum, aber diese totale Dunkelheit war mir irgendwie unheimlich. Das Gefühl ging zunächst vorbei und ich schlief wieder ein, aber es kam die ganze Nacht über immer wieder. Es fühlte sich einfach so seltsam an, im Freien in einem Schlafsack zu schlafen.

Ich wachte mit einem schmerzenden Rücken auf, aber stolz, dass ich die Nacht durchgehalten hatte. Es war das erste Mal, dass ich in einem Schlafsack geschlafen hatte, und ich war angefixt. Es war nicht sehr bequem, aber auch nicht wirklich schwer. Allerdings kann man beim Biwak die unterschiedlichsten Erfahrungen machen. Später auf der Klettertour hatten wir ein ziemlich heftiges Erlebnis, das man sicherlich unter die Kategorie »Charakterbildung« einsortieren kann.

Wir wollten die Fähre zurück nach Großbritannien nehmen und beschlossen, in der Nacht vor unserer Abreise an einem Strand in Belgien zu biwakieren. Das Wetter schien gut zu sein, als wir uns für die Nacht am Strand niederließen, aber das sollte sich bald ändern. Nach etwa einer Stunde, wir hatten noch nicht in den Schlaf gefunden, begann meine Tasche zu rascheln. Im Laufe von zehn Minuten entwickelte sich dieses Rascheln zu einem regelrechten Flattern. Der Wind hatte aufgefrischt und die Temperatur sank ganz urplötzlich. Ich zwang mich, tiefer in meinen Schlafsack zu rutschen, in der Hoffnung, dass mir dadurch etwas wärmer werden würde. Das Nächste, dessen ich mir bewusst wurde, war das Plätschern von leichtem Regen an der Außenseite meines Schlafsacks. Nun, wenigstens war er wasserdicht, dachte ich ... Innerhalb einer Minute konnte ich mich kaum noch denken hören, weil der Regen so heftig auf mich niederprasselte. Kurz darauf nahm ich Blitze wahr, gefolgt von einem Donnergrollen. In diesem Augenblick hörte ich hysterisches Gelächter aus Matts Biwaksack ein paar Meter entfernt. Die Situation war absurd und wir hatten sie uns selbst eingebrockt – wir konnten gar nicht anders, als zu lachen.

Wir unterhielten uns lauthals und kicherten wie Idioten über die Absurdität des Ganzen, während der Regen weiter auf uns niederpeitschte. Dabei spürte ich die ganze Zeit etwas unter meinem Biwaksack zappeln. Ich hasse Ungeziefer, also war mir das wirklich unangenehm. Ich veränderte meine Position, bis das Zappeln schließlich verschwand. Die Nacht war am Ende ziemlich hart und keiner von uns hat gut geschlafen, aber zumindest haben wir durchgehalten. All das war ein großartiges mentales Training und gab mir einen weiteren Pluspunkt für mein Jahr der Widrigkeiten. Die Stoiker wären stolz auf uns gewesen.

Am nächsten Tag, als ich meinen Biwaksack einpackte, fand ich ein totes Tier in meinem Biwaksack, das ein bisschen wie eine Garnele aussah. Ich war quasi überfallen worden! Das erklärte das Gezappel.

Was ich gelernt habe: Die Absurdität des Ganzen zu erkennen und die Sache mit Humor zu nehmen, machte eine Situation, die eigentlich zum Heulen war, wirklich lustig. Indem ich die Erfahrung anders betrachtete, wurde sie von einer Katastrophe zu einer Biwakgeschichte, die ich gerne erzähle. In gewisser Weise ist das die praktische Anwendung von kognitiver Verhaltenstherapie. Die Änderung meiner Sichtweise der Situation und die Fokussierung auf das »Lustige« anstatt auf das »Schlechte« machte einen großen Unterschied in meiner Denkweise. In Zukunft werde ich versuchen, den Humor in allem zu suchen, wenn die Dinge nicht nach Plan verlaufen.

»Es fühlte sich einfach seltsam an, im Freien in einem Schlafsack zu schlafen.«

12. Versuche, Schmerzen auszuhalten

Kategorie: mentale Kraft
Klassifizierung: schnell erledigt
Schwierigkeitsgrad: 3 (sehr leicht)
Zeitaufwand: eine Stunde

Worum es geht: Versuche, in einem Fall, in dem du normalerweise Schmerzmittel nehmen würdest, darauf zu verzichten. In dieser Challenge wird von dir erwartet, dass du dich mit »leichten« Schmerzen auseinandersetzt. Es ist nur allzu leicht, bei Kopfschmerzen, Magenschmerzen, Erkältungen und so weiter direkt zur Schmerztablette zu greifen. Ich habe das schon unzählige Male getan, denn die Versuchung, jede Art von Schmerz zu vermeiden, ist groß. Hier geht es darum, deine Herangehensweise zu ändern und dich mit deinen körperlichen Schmerzempfindungen zu befassen. Indem du dich dem Schmerz stellst und dich mental damit auseinandersetzt, testest du deine Fähigkeit, unangenehme Situationen auszuhalten.

Mir geht es nicht darum, dass du auf verschreibungspflichtige Medikamente verzichtest oder nie wieder rezeptfreie Schmerzmittel verwendest (zweifellos gibt es Situationen, wo sie angebracht sind), aber bei dieser Challenge geht es darum, den unnötigen Gebrauch von Schmerzmitteln zu vermeiden.

Was das Ziel ist: Diese Herausforderung verlangt von dir, dass du deine Schmerzgrenze erweiterst und körperliches Unbehagen aushalten lernst. Wir alle haben es gerne bequem und der Gedanke, ein oder zwei Stunden mit Kopfschmerzen oder Ähnlichem zu verbringen, kann schwierig sein. Vor allem sollte diese Aufgabe uns helfen, alternative Wege zu suchen, um mit den Schmerzen umzugehen, die in unserem Körper auftreten. Was sagt uns dieser Schmerz über die Situation, in der wir uns befinden? Haben wir genug Wasser getrunken? Haben wir das Richtige gegessen? Es gibt viele Dinge, die uns der Schmerz lehren kann, wenn wir lernen, auf ihn zu hören. Er kann uns dabei auch ein bisschen abhärten.

Wie du es anpackst: Wenn du das nächste Mal spürst, dass Kopf- oder Magenschmerzen oder Grippesymptome auftreten und du dich dabei ertappst, wie du zu Schmerzmitteln (Paracetamol, Ibuprofen oder Aspirin) greifst, lass es sein! Es ist ein ziemlich einfacher Schritt, aber er ist schwer umzusetzen.

Schritt 1: Werde dir der Tatsache bewusst, dass du einen Grad an Schmerz empfindest, der normalerweise Schmerzmittel erfordern würde.

Schritt 2: Halte dich zurück und zwinge dich, keine Medikamente einzunehmen. Gehe achtsam mit dem Schmerz um und versuche herauszufinden, wo die Schwelle zum Unwohlsein liegt.

Schritt 3: Wenn der Schmerz schließlich nachlässt, kannst du deinen Erfolg feiern, weil du eine Situation, in der du dich nicht wohlfühltest, ganz alleine gemeistert hast.

Extra-Challenge: Versuche, grundsätzlich keine Schmerztabletten zu nehmen. Verwende sie nur in extremen und unerlässlichen Situationen.

Tiefer einsteigen: Die Suche nach alternativen Behandlungsmethoden bei »leichten« Schmerzen ist ein guter Lösungsansatz. Es könnte für dich von Interesse sein, dich mit den unglaublichen körperlichen Leistungen zu beschäftigen, die Shaolin-Mönche vollbringen. Diese Mönche verharren stundenlang in extremen Dreh-positionen und lernen so, wie sie die dabei entstehenden Schmerzen mit ihrem Geist überwinden können. Tipp: Meditation spielt dabei eine große Rolle.

Meine Erfahrung: Ich mache immer neue Erfahrungen mit dieser Challenge, da ich immer wieder hinterfrage, ob ich gerade wirklich ein Schmerzmittel brauche. Es muss mir schon ziemlich schlecht gehen, damit ich es überhaupt in Erwägung ziehe, Medikamente zu nehmen, und ich versuche zu verstehen, was mein Körper mir mit dem Schmerz sagen will.

Vor kurzem habe ich es geschafft, eine ordentliche Erkältung ganz ohne Medikamente zu überstehen. Das war das erste Mal für mich, da ich mich sonst immer für die Option »Gib mir sofort alles an Medikamenten« entschieden habe. Es ist ein interessanter Selbstver-such, den ich auch in Zukunft fortsetzen werde.

Was ich gelernt habe: Wenn ich auf das höre, was mein Körper mir zu sagen versucht, kann ich oft recht schnell zur Ursache meiner Schmerzen vordringen. Wenn ich herausfinde, was den Schmerz wahrscheinlich ausgelöst hat, versuche ich, dies so schnell wie mög-lich zu beheben. Ich stelle fest, dass ich manchmal nicht genug Wasser trinke und das verursacht Kopfschmerzen. Oder ich sitze zu lange am Bildschirm oder habe nicht genug geschlafen. Gelegent-lich kommen die Kopfschmerzen auch vom Sport. Die Liste lässt sich fortsetzen, denn ich denke, es ist wichtig, sich der verschiedenen Arten von Schmerzen bewusst zu werden, die wir empfinden. Früher habe ich einfach alle Kopfschmerzen als gleich angesehen und mir ein paar Pillen in den Rachen geworfen. Das Bewusstsein für die ver-schiedenen Variablen innerhalb des Kopfschmerz-Genres (klingt wie eine schlechte Musikrichtung) ermöglicht es mir inzwischen, mich entsprechend zu behandeln. Das hat meine Art, auf Schmerzen zu reagieren, verändert und ich handele jetzt überlegter. Letzen Endes nehme ich jetzt weniger Medikamente ein und habe meine Schmerzschwelle leicht erhöht. Zwei positive Aspekte!

> »Das hat meine Art, auf Schmerzen zu reagieren, verändert und ich handele jetzt überlegter.«

13. Knacke ein Schloss

Kategorie: Fertigkeit
Klassifizierung: erfordert Ausdauer
Schwierigkeitsgrad: 5 (mittel)
Zeitaufwand: ein paar Stunden bis eine Woche

Worum es geht: Ziel dieser Challenge ist es, dass du lernst, wie man einfache Schlösser knackt.

Was das Ziel ist: Das Knacken eines Schlosses bedarf einer besonderen, interessanten Technik. Es ist kein sehr intuitiver Akt und daher muss man immer viel ausprobieren, bis es klappt. Beim Erlernen dieser Fertigkeit geht es vor allem darum, die Bereitschaft zu kultivieren, trotz der auftretenden Schwierigkeiten bei der Sache zu bleiben. Manchmal möchte man das verdammte Ding vor Wut quer durch den Raum schleudern. Als ich damit begann, gab es für mich viel zu viele solcher Momente, aber ich habe es geschafft, mich zurückzuhalten. Lockpicking, wie das Knacken von Schlössern auch genannt wird, ist zudem eine Fertigkeit, die sich eines Tages als nützlich erweisen könnte. Man weiß nie, wann man sie tatsächlich brauchen wird, aber dieses Können ist von unglaublichem Vorteil. Man muss erst einmal ein Verständnis dafür entwickeln, wie Schlösser funktionieren (was ein wenig technisches Know-how erfordert) und sich mit dem frustrierenden Prozess auseinandersetzen, den »Sweet Spot« zu finden, also jenen idealen Punkt, bei dem das Schloss nachgibt und du es tatsächlich knackst. Deine Geduld wird zweifellos auf die Probe gestellt werden. Wenn sich das Schloss jedoch mit einem Klick öffnet, wirst du ein echtes Gefühl der Befriedigung empfinden.

Wie du es anpackst: *Eine kurze Anmerkung zum Knacken von Schlössern: Es ist legal, Lockpicking-Werkzeuge zu besitzen und seine eigenen Schlösser zu knacken, aber sobald man versucht, das Schloss eines anderen ohne dessen Zustimmung zu knacken, verstößt man gegen das Gesetz. Es ist ziemlich offensichtlich, aber ich halte es für wichtig, auf diesen Unterschied hinzuweisen. Alle Schlösser in dieser Challenge müssen also deine eigenen sein oder du musst die Zustimmung des Eigentümers haben, sie zu knacken.

Am einfachsten lernst du, Schlösser zu knacken, indem du dir online ein Lockpicking-Set bestellst. Es gibt viele Angebote und Varianten, also schaue dich um und finde heraus, was für dich gut aussieht. Das Set enthält normalerweise die Werkzeuge zum Knacken von Schlössern und eine Reihe von Schlössern, die du knacken musst. Die Schlösser, die du knacken möchtest, sollten zunehmend komplexer werden, deinen Fertigkeiten entsprechend. Dem Set liegt zumeist eine Anleitung zur Verwendung der Werkzeuge bei, damit du gleich loslegen kannst. Einige Lockpicking-Sets haben durchsichtige Plastikschlösser, die es dir ermöglichen zu sehen, was du mit den Werkzeugen im Inneren des Schlosses tust. Dies ist besonders nützlich, wenn du noch blutiger Anfänger bist und versuchst zu verstehen, wie ein Schloss funktioniert.

Als Alternative bieten sich YouTube-Videos an, um ein Gefühl dafür zu bekommen, wie man Schlösser knackt, und dann improvisierst du mit eigenen Werkzeugen, die du im Haus hast. Zum Beispiel kann ein Paar Büroklammern zu einem einfachen Lockpicking-Gerät umfunktioniert werden. Es hat nicht die Effizienz eines richtigen Sets, aber es sollte hinhauen, sofern du geduldig bist.

Wie man beim Knacken eines Schlosses vorgeht, lernst du am besten mit Anschauungsmaterial und viel Praxis. Ich werde die Aufgabe im Folgenden kurz skizzieren, schlage aber vor, dass du das Internet nutzt, um diesen faszinierenden Zeitvertreib weiter zu vertiefen.

Schritt 1: Fange am besten mit einem einfachen Vorhängeschloss an.

Schritt 2: Das Werkzeug, das du als Erstes verwendest, heißt »Spannschlüssel«. Damit übst du ein Drehmoment (eine Drehkraft) auf das Schloss aus, dort, wo normalerweise der Schlüssel stecken würde. Führe den Spannschlüssel in das Schloss ein und drehe ihn leicht.

Schritt 3: Führe nun den Dietrich in das Schloss ein und benutze den Dietrich, um die Stifte auf der Innenseite des Schlosses zu bewegen.

Schritt 4: Durch Drücken der Stifte im Inneren des Schlosses und Drehen mit dem Spannschlüssel geht das Schloss auf. Dies ist der knifflige Teil; er kann oft einige Zeit in Anspruch nehmen.

Schritt 5: Übe, bis es dir leichtfällt.

Der gesamte Vorgang hört sich einfach an und ist es in der Theorie auch, aber du musst es ausprobieren, um ein Gefühl dafür zu bekommen, wie das Ganze funktioniert. Am besten schaust du dir ein paar Videos im Internet an, da es viele Möglichkeiten gibt, ein und dasselbe Schloss zu knacken. Hoffentlich hast jetzt eine Vorstellung davon, wie das Knacken eines Schlosses insgesamt abläuft. Mit ein bisschen selbständigem Lernen und Recherchieren wirst du in kürzester Zeit Schlösser knacken können.

Extra-Challenge: Messe, wie viel Zeit du für das Knacken verschiedener Vorhängeschlösser brauchst und versuche, dich selbst zu unterbieten.

Für die ultimative Herausforderung kannst du probieren, in dein eigenes Haus einzubrechen. Dafür musst du möglicherweise eine Reihe von Techniken lernen, um verschiedene Arten von Schlössern zu öffnen.

Tiefer einsteigen: Suche online nach »locksport«, um eine riesige Gemeinschaft von Lockpickern zu finden (in Deutschland: Sportsfreunde der Sperrtechnik e. V.). Dieses ungewöhnliche Hobby ist tatsächlich erstaunlich populär. Wenn du Glück hast, kannst du vielleicht in deiner Nähe einen Verein finden, wo du deine Fertigkeiten verbessern und Gleichgesinnte treffen kannst.

Meine Erfahrung: Helen schaute mich amüsiert an, als sie mir meine neueste Amazon-Bestellung aushändigte. In den vergangenen Monaten hatte sie sich daran gewöhnt, dass ich im Namen der Selbstoptimierung ungewöhnliche und absurde Dinge tat. Nachdem sie kurz zuvor Zeugin geworden war, wie ich mitten im Winter in der britischen Nordsee schwimmen ging (dieses Ereignis hat sie zweifelsohne davon überzeugt, dass sie mit einem Spinner zusammen ist), löste ein glänzender, neuer Satz von Lockpicking-Werkzeugen keine große Reaktion aus. Sie mahnte mich sanft, nichts Illegales zu tun, und kümmerte sich dann wieder um ihr Tagewerk. Ich versprach ihr, dass ich nichts Dummes tun würde, und versuchte, sie davon zu überzeugen, dass viele Leute das tatsächlich als Hobby betreiben. Ich fürchte, sie hat mir nicht geglaubt, aber sie war so freundlich, mir zuzuhören.

Ich öffnete mein neues Lockpicking-Set und staunte über das Sortiment an ungewöhnlichen Hebeln und Werkzeugen, das vor mir lag. Ich begann, mir die Anleitung durchzulesen, die dem Set beilag, aber dann konnte ich nicht widerstehen und fing einfach an rumzuprobieren. Das funktionierte nicht wirklich, also musste ich zu den Grundlagen zurückkehren und mit der Anleitung von vorne beginnen. Als ich sie befolgte, wurde mir klar, wie knifflig dieser ganze Prozess eigentlich ist. Ich musste die Anleitung sehr methodisch durcharbeiten, bis ich verstand, was zu tun war. Ich verbrachte dann gut 30 Minuten damit, das Vorhängeschloss zu knacken, das mit meinem Set geliefert worden war. Das war ein extrem frustrierender Prozess. Ich hörte ein paar kleine Klicks, als ich begann, die innere Kammer mit dem Hebel auszurichten. Gerade als ich spürte, dass sich das Schloss zu drehen begann, sprangen der Hebel und der Dietrich heraus, und ich musste von vorne beginnen. So wurden fünf Minuten Arbeit binnen einer Sekunde zunichtegemacht. Das passierte mir immer wieder, und ich spürte, dass ich mit meiner Geduld am Ende war. Glücklicherweise war ich voll und ganz in meine »Jahr der Widrigkeiten«-Mentalität eingetaucht, so dass ich mit dieser Frustration bemerkenswert gut zurechtkam. Ich versuchte, mich darauf zu konzentrieren, die Schwierigkeiten zu akzeptieren, anstatt dagegen anzukämpfen, und bemühte mich, die buddhistische Philosophie umzusetzen, die ich gelernt hatte, und ich hatte das Gefühl, dass dies wirklich half. Mein altes Ich hätte das ganze Set aus dem

Fenster geschmissen! Diese Art von kniffligen Aufgaben frustrieren mich wirklich sehr; sie erfordern eine Menge Selbstbeherrschung, um ruhig zu bleiben. Leblose Gegenstände anzuschreien ist keine gute Idee. Es ist dumm und bewirkt nichts. Zum Glück konnte ich spüren, wie ich mich veränderte, während ich erkannte, dass das Besondere an dieser Challenge die Frustration war. Danke, Philosophie! Ich schulde dir was.

Und dann, plötzlich, gab es ein winziges Klicken und das Schloss sprang auf wundersame Weise auf. Ich hatte es geschafft! Es war unglaublich befriedigend, so lange gekämpft zu haben und dann den Durchbruch zu schaffen. Ich verriegelte das Schloss umgehend und begann noch einmal von vorne. Ein paar Stunden später »knackte« ich Schlösser innerhalb von nur ein paar Minuten. Ich konzentrierte mich vor allem auf Vorhängeschlösser und war erstaunt, wie einfach es mir irgendwann fiel. Tatsächlich war es ein wenig beunruhigend festzustellen, wie schnell man lernen kann, einfache Vorhängeschlösser aufzubrechen.

Was ich gelernt habe: Für mich persönlich war es eine Prüfung, mit der Frustration umzugehen, wenn ich mit dem Knacken des Schlosses immer wieder von vorne anfangen musste. Das war genau die Art von Erlebnissen, die mich vorher höllisch frustriert hatten, aber diese Sachen aus einer neuen Perspektive zu betrachten, half mir merklich, die Kontrolle zu bewahren. Zu sehen, wie viel besser ich damit umgehen konnte, zeigte mir, dass ich erhebliche Fortschritte gemacht hatte.

Meine Nachbarin hatte vor kurzem ihre Hausschlüssel in ihrer Garage eingeschlossen und wusste nicht, was sie tun sollte. Sie hatte keinen Ersatzschlüssel und brauchte dringend die Schlüssel, um wieder in ihr Haus zu gelangen. Ich bot ihr an, das Schloss des Garagentors zu knacken, wenn sie es zuließe. Sie war einverstanden, wunderte sich aber ein wenig darüber, warum ich wusste, wie man Schlösser knackt. Ich erklärte ihr alles und sie schien etwas beruhigt zu sein. Allerdings sah man ihr die Restzweifel noch an. Nun hatte ich mein Lockpicking-Set nicht zur Hand, also musste ich mit anderem Werkzeug improvisieren. Ich ging mit einer großen Portion Selbstvertrauen auf das Garagentor zu und sah mich schon als »Held des Tages«. Es ist wohl offensichtlich, worauf diese Geschichte hinausläuft …

Ich versuchte immer wieder, das Schloss zu knacken, aber es ließ sich einfach nicht bewegen. Mein improvisiertes Werkzeug war natürlich Schrott, aber ein guter Handwerker gibt seinem Werkzeug keine Schuld, also verbrachte ich eine Stunde mit dem Versuch, dieses verdammte Schloss zu knacken. Ich scheiterte kläglich und musste schließlich peinlich berührt aufgeben. Zum Glück kam nur ein paar Stunden später ihr Sohn nach Hause, der einen Ersatzschlüssel für die Garage hatte.

Es war aber keine völlige Zeitverschwendung, denn ich habe das Gefühl, dass ich hier eine weitere wertvolle Lektion gelernt habe. Wenn man eine Fertigkeit erlernt hat, muss man ständig weiterüben, sonst verlernt man sie wieder. Ich sollte alle meine neu erworbenen Fertigkeiten regelmäßig anwenden, wenn ich möchte, dass sie ihren praktischen Wert behalten.

Es gibt überall Lektionen zu lernen, wenn man offen dafür ist. Mein altes Ich hätte das als völliges Versagen angesehen, während ich jetzt das Gefühl habe, dass alles einen Wert hat, solange man daraus etwas lernen kann. Dies ist das perfekte Beispiel dafür, wie man einem ziemlich eindeutigen Misserfolg mit einer dynamischen Denkweise begegnen kann.

»Ich versuchte, mich darauf zu konzentrieren, die Schwierigkeiten zu akzeptieren, anstatt dagegen anzukämpfen.«

14. Iss etwas Ungewöhnliches

Kategorie: mentale Kraft
Klassifizierung: schnell erledigt
Schwierigkeitsgrad: 2 (leicht)
Zeitaufwand: 5 Minuten

Worum es geht: Probiere ein ungewöhnliches Lebensmittel. Je gewagter, desto besser, und je unappetitlicher das Essen dir erscheint, desto größer ist die Herausforderung. Es geht darum, kreativ zu sein und Dinge zu probieren, die dich aus deiner Komfortzone herausbringen. Dies ist für jeden Menschen ganz unterschiedlich, aber für die meisten sind wohl Insekten ein guter Start.

Was das Ziel ist: Essen ist eine sehr persönliche Angelegenheit. Du ernährst dich von einem bestimmten Produkt – es gelangt in deinen Körper. Wenn du von einem bestimmten »Lebensmittel« denkst, dass es ekelhaft ist, wird es deinem Gehirn sehr schwerfallen zuzulassen, dass du es isst. Etwas Ungewöhnliches zu essen ist eine mentale Herausforderung und eine tolle Möglichkeit, deine Komfortzone zu verlassen.

Wie du es anpackst: Diese Herausforderung kann eine Menge Spaß machen und du solltest auf jeden Fall Freunde dazu überreden, dich bei dieser Challenge zu unterstützen. Es ist eine sehr einfache Aufgabe: Sie erfordert bloß, dass du zum nächsten Supermarkt gehst. Wenn dieser nichts allzu Unbekanntes vorrätig hat, dann solltest du einen internationalen Supermarkt aufsuchen, die haben oft ausgefallenere Produkte im Angebot. Du kannst auch Insekten im Internet bestellen. Exotische und ungewöhnliche Lebensmittel gibt es zuhauf, man muss nur ein bisschen recherchieren, um sie zu finden.

Schritt 1: Gehe in den Supermarkt.

Schritt 2: Kaufe etwas, von dem du denkst, dass es eklig aussieht.

Schritt 3: Gehe nach Hause und iss es!

Schritt 4: Wiederhole den Vorgang, aber suche nach noch ausgefalleneren Lebensmitteln.

Versuche, die unten stehende Liste der ungewöhnlichen und unappetitlichen Lebensmittel zu ergänzen:

1. Austern (ich weiß, die sind nicht so ungewöhnlich, aber ich hasse sie),
2. Schnecken,
3. Chinesische Eier (durch Fermentierung jahrelang haltbar gemacht),
4. Durian (auch Stinkfrucht genannt, die Frucht aus der Hölle),
5. Grillen,
6. Gehirn,
7. eine ganze Zitrone,
8. eine ganze rohe Zwiebel,
9. ein Schuss Essig,
10. eine Auswahl an verschiedenen Insekten: Würmer/Spinnen/Maden/Skorpione et cetera.

Diese Liste lässt sich leicht um eine ganze Menge weiterer Delikatessen ergänzen und sollte von jedem individuell erstellt werden. Es geht vor allem darum, dass du abenteuerlustig bist und neue Dinge ausprobierst. Lege deine eigene Liste an und überlege dir, wie viele ungewöhnliche Dinge du im Namen der Selbstoptimierung essen kannst.

Extra-Challenge: Probiere das isländische Gericht »Hákarl«. Es ist fermentierter (manche bezeichnen es als vergammelter) Haifisch, der auf eine ganz bestimmte Weise gepökelt wird. Der Geruch ist überwältigend und es ist nicht unwahrscheinlich, dass du würgen musst, wenn du versuchst, es zu essen. Hákarl liegt schwer im Magen und erfordert viel Überwindung beim Essen.

Tiefer einsteigen: Der britische Koch Heston Blumenthal ist ein Meister darin, ungewöhnliche Nahrungsmittel miteinander zu kombinieren. Sein berühmter »Schnecken-Porridge« kann von allen nachgekocht werden, die etwas Ungewöhnliches ausprobieren wollen. Er tritt in einer Reihe von TV-Shows auf und hat diverse Kochbücher geschrieben, die ich dir als Inspiration wärmstens empfehlen kann.

Wenn du dir auf YouTube ansiehst, wie Menschen auf dem Insektenmarkt in Peking Insekten essen, gewinnst du einen Eindruck von den unterschiedlichen Reaktionen der Menschen auf das Essen von Käfern. Natürlich erscheint das nur denjenigen von uns ungewöhnlich, die in einer westlichen Kultur aufgewachsen sind.

Der Alles-Esser – So schmeckt die Welt mit Andrew Zimmern ist eine amerikanische Fernsehserie, die sich mit ungewöhnlichem Essen rund um den Globus beschäftigt. Schau es dir an.

Suche auf YouTube nach dem Clip, wo James May und Gordon Ramsay verdorbenen Hai essen. Das ist sowohl sehr lustig als auch total eklig!

Meine Erfahrung: Im Laufe des Jahres, in dem ich mich auf alle möglichen Widrigkeiten einließ, bin ich immer wieder auf diese Herausforderung zurückgekommen. Ich finde es faszinierend, wie schnell und einfach ich mich unwohl fühlen kann, indem ich etwas

Ungewöhnliches esse. Es ist eine großartige Übung für mentale Stärke und kann extrem viel Spaß machen. Ich habe im Lauf des Jahres so viele einzigartige und interessante Speisen gegessen, dass Helen sich schon daran gewöhnt hat, dass ich gern ausgefallene Gerichte ausprobiere. Sie liebt es, meine Reaktionen zu beobachten. Ich habe sie bislang allerdings noch nicht überreden können mitzumachen.

Das für sie amüsanteste und für mich grauenhafteste Erlebnis hatten wir während eines Urlaubs in Südostasien. Wir waren in Kuala Lumpur und sahen fast überall Verbotsschilder für eine Frucht namens Durian. Als wir am Flughafen waren, wies ein Schild darauf hin, dass Durian ebenso verboten sei wie Drogen, Waffen und Sprengstoff. Das sollte dir eine Vorstellung davon geben, wie widerwärtig eine Durianfrucht stinkt. Sie ist auch an öffentlichen Orten wie Hotels und Einkaufszentren verboten. Oh, und man darf sie auch nicht in öffentlichen Verkehrsmitteln mitnehmen. Ich war äußerst fasziniert davon, dass eine Frucht eine solche Kontroverse auslösen konnte. Es schien, als hätte diese Challenge auf mich gewartet: Ich musste einfach von der verbotenen Frucht kosten.

Wir waren in einem der größten Einkaufszentren in Kuala Lumpur und eine Dame verkaufte Durian-Süßigkeiten. Wohlgemerkt, es handelte sich um Bonbons und nicht um die eigentliche Durian selbst. Ich war sehr zuversichtlich, dass es leicht zu essen sein würde, also kaufte ich eine Schachtel. Ich hatte in der Vergangenheit eine Menge schrecklicher Dinge gegessen, also war ich von dieser winzigen Süßigkeit überhaupt nicht eingeschüchtert. Wie falsch ich doch lag. Ich hatte die Durian-Bonbons keine zwei Sekunden im Mund, bis mir das volle Ausmaß ihres Geschmacks bewusst wurde. Es war wie ein Anschlag auf die Geschmacksknospen – ich fühlte mich, als hätte ich an einem Schweißfuß gelutscht, der mit verfaultem Käsekuchen und Kotze überzogen war. Es war schrecklich – es war bei weitem das Schlimmste, was ich je gekostet habe! Ich begann sofort zu würgen und spürte, wie mir übel wurde. Ich schaffte es, mich zurückzuhalten, aber die Tränen kullerten über mein Gesicht. Ich musste das Bonbon ausspucken und zwar schnell. Ich suchte verzweifelt nach einem Mülleimer, aber es war keiner in Sicht. In der Zwischenzeit war Helen total genervt von ihrem idiotischen Freund, der wie ein Verrückter herumlief und versuchte, einen Ort zu finden, an dem er das Bonbon loswerden konnte. Nach etwa fünf quälenden Minuten gelang es mir, eine Toilette zu finden und dieses Bonbon auszuspucken, das nur der Teufel erschaffen haben kann. Ich konnte den Geschmack eine gute Stunde lang nicht loswerden, obwohl ich versuchte, ihn mit verschiedenen anderen Dingen wie Schokolade und Limonade zu überdecken.

Doch leider war diese Erfahrung nicht das Ende meiner Karriere als kulinarisches Versuchskaninchen. Es gelang mir, Freunde und Familie von dieser Challenge zu überzeugen, indem ich einen Haufen ungewöhnlicher Lebensmittel zu unserem Familientreffen am zweiten Weihnachtstag mitbrachte. Auf der Liste standen Grillen mit Essig-Salz-Geschmack, die ich wegen ihres Novelty-Faktors sehr empfehlen kann, zudem Würmer mit BBQ-Geschmack und mit Schokolade überzogene Skorpione. Es gab gemischte Reaktionen und viel Geschrei. Es war eine sehr lebhafte und lustige Erfahrung zu beobachten, wie unterschiedlich die Leute mit der Herausforderung umgingen, etwas Ekliges zu essen. Einige lehnten es rundheraus ab, während andere mitspielten. Alle hatten ihren Spaß, auch wenn sie selbst nichts Ekliges gegessen haben. Aus meiner Sicht der ultimative Tipp, um einen besonderen Abend zu erleben. Es ist wirklich eine großartige Möglichkeit, sich zu amüsieren und sich relativ leicht aus seiner Komfortzone hinauszubegeben.

Ich werde weiterhin ungewöhnliche Dinge essen in der Hoffnung, dass ich Helen dabei zum Lachen bringe.

Was ich gelernt habe: Geschmack ist zeitlich begrenzt. Egal, wie ekelig etwas schmeckt, es wird sich irgendwann aus deinen Geschmacksknospen lösen und du bist bereit für das nächste exotische Essen. Oft ist der Gedanke an das Essen schlimmer als der tatsächliche Geschmack. Das gilt besonders für Insekten. Die meisten Insekten, die ich gegessen habe, sind so fade und geschmacklos, dass der Geschmack gar nicht das Problem ist. Es ist der Gedanke, ein Insekt zu essen, der die meisten Menschen im Westen abstößt. Vorstellungen sind oft falsch – die Stoiker wären die Ersten, die darauf hinweisen würden. Unsere Vorstellung davon, wie eine gebackene Tarantel schmecken wird, spielt unserem Verstand wahrscheinlich einen Streich. Wenn wir unser Schubladendenken von gut, schlecht, fettig und behaart (vor allem die Beine!) beiseiteschieben und einfach das essen, was vor uns liegt, können wir unsere eigenen Grenzen, die uns oft einengen, überwinden und mehr Kontrolle über unseren Verstand ausüben. Das ist viel leichter gesagt als getan, aber ich bin begeistert davon, wie einfach es ist, mich auf diese Weise herauszufordern. Wenn ich einen schnellen mentalen Schub brauche, dann gehe ich einfach zum Kühlschrank und esse eine Zitrone.

> **»Ich finde es faszinierend, wie schnell und einfach ich mich unwohl fühlen kann, indem ich etwas Ungewöhnliches esse.«**

15. Absolviere einen Extrem-Hindernislauf

Kategorie: körperliche Kraft
Klassifizierung: erfordert Ausdauer
Schwierigkeitsgrad: 7 (schwer)
Zeitaufwand: ein Vormittag plus Trainingszeit

Worum es geht: Absolviere einen OCR (Obstacle Course Race, zu Deutsch: einen Extrem-Hindernislauf). Die Parcours beinhalten unterschiedliche Herausforderungen an diversen Punkten entlang der Strecke. Sie reichen von Schlammgruben bis zu Klettergerüsten und stellen deine Fähigkeit auf die Probe, unangenehme Situationen auszuhalten. Rennen wie »Tough Mudder«, »Tough Guy« und »Spartan Race« erfreuen sich großer Beliebtheit und sind oft ausverkauft.

Was das Ziel ist: Der Extrem-Hindernislauf ist die perfekte Möglichkeit, sich selbst herauszufordern. Er erfordert eine hohe Rundum-Fitness, Aufgeschlossenheit gegenüber neuen und ungewohnten Herausforderungen und die mentale Stärke, mit unangenehmen Situationen umzugehen.

Wie du es anpackst: Finde einen Lauf, der in deiner Nähe stattfindet, und melde dich an. Nichts einfacher als das.

Schritt 1: Suche nach einer Veranstaltung oder einem Lauf in deiner Nähe, der dich inspiriert oder ängstigt oder interessiert, und melde dich an.

Schritt 2: Beginne mit dem Training für deinen Lauf und achte dabei auf eine angemessene Balance zwischen den Aufgaben, die es zu absolvieren gilt.

Schritt 3: Absolviere den Lauf.

Schritt 4: Feiere dich!

Es ist ein einfacher Prozess, aber der eigentliche Lauf wird wahrscheinlich sehr anstrengend sein.

Überrede Freunde, dich zu begleiten, wenn du moralische Unterstützung brauchst.

Extra-Challenge: Suche einen anspruchsvolleren Hindernislauf. Halte Ausschau nach längeren Strecken (einige können Marathonlänge haben) und extremeren Hindernissen. Der »Tough Guy« OCR wird oft als einer der härtesten Hindernisläufe überhaupt angesehen. Dies ist eine gute Möglichkeit, den Schwierigkeitsgrad der Herausforderung zu erhöhen.

Tiefer einsteigen: »Tough Mudder« hat sich zu einem der berühmtesten Hindernisläufe der Welt entwickelt. Bei dem Rennen taucht man in eiskaltes Wasser, kriecht durch Schlamm und bekommt einen Stromschlag. Klingt lustig, oder? Schau dir ein paar Online-Videos an, um ein Gefühl dafür zu bekommen, wie das Rennen aussieht.

Suche online nach OCR-Veranstaltungen in deiner Nähe, um zu sehen, welche Möglichkeiten sich dir bieten.

Es gibt mittlerweile eine große Menge an professionellen OCR-Athleten und eine immense Palette an Trainingsprogrammen, die online vorgestellt werden. Schaue dich in Ruhe um und lasse dich von dem inspirieren, was die Insider-Szene so online zu sagen hat. Brauchst du etwas Motivation? Dann mache dich über Amelia Boone schlau.

Meine Erfahrung: Mein Freund Matt wollte mich unbedingt bei meinem allerersten Hindernislauf begleiten. Wir sind beide in der englischen Provinz aufgewachsen und waren über Weihnachten wieder in der Gegend, um unsere Familien zu besuchen. Es schien der perfekte Zeitpunkt zu sein, um einen neuen Hindernisparcours auszuprobieren, der gerade in einem Dorf in der Nähe veranstaltet wurde und es mir ermöglichte, eine weitere Herausforderung von meiner Liste abzuhaken.

Als wir ankamen, waren wir verblüfft, wie ambitioniert der Hindernisparcours tatsächlich war. Es gab massive MDF-Wände und riesige Wassergruben, die von Eis überzogen waren, weil es kurz zuvor einen Kälteeinbruch gegeben hatte. Ein großer Teil des Parcours verlief mitten durch einen Bach, gefolgt von ziemlich gewaltigen, matschigen Hügeln; auf dem Weg gab es diverse mehr schlecht als recht zusammengezimmerte Hindernisse. Als wir einige der Hindernisse begutachteten, hatten wir nicht gerade das Gefühl, dass es sich um einen für Gesundheit und Sicherheit zugelassenen Parcours handelte. Nägel ragten an allen Ecken und Enden heraus, die Dinger waren miserabel konstruiert und sahen gefährlich aus. Es war total verrückt, aber wir hatten große Lust, an dem Rennen teilzunehmen.

Wir machten uns bereit, schauten uns den Streckenrekord an der Tafel an und legten ein hohes Tempo vor, mit der Absicht, einen neuen Rekord aufzustellen. Die ersten paar Hindernisse waren relativ einfach und verlangten von uns, an Seilen zu schwingen und große Reifenhügel zu erklimmen. Das machte eine Menge Spaß und erschien uns nicht zu schwierig. Das änderte sich aber schnell, als wir durch einen Tunnel kriechen mussten, der mit eiskaltem Wasser und Schlamm gefüllt war. Als wir herauskamen, waren wir durchnässt und mit Schlamm bedeckt. Von diesem Moment an wurden die Hindernisse immer schwieriger. Es gab Schlammgruben, über die man große Leitern gelegt hatte, die aussahen, als würden sie jeden Moment zusammenbrechen. Überall ragten Nägel heraus und wir mussten sehr vorsichtig sein, um uns nicht zu verletzen oder herunterzufallen. Aus der Höhe konnte man sich die Knochen brechen. Wir wateten durch knöcheltiefe Schlammlöcher, kletterten an wackeligen Seilen hoch und rannten große matschige Hügel hinauf. Es war ein Heidenspaß, wenn auch körperlich sehr anstrengend.

Wir mussten schlussendlich einsehen, dass der Parcours ganz schön hart war. Wir waren beide sehr erschöpft, als wir die Ziellinie erreichten. Aber wir lagen nur ein paar Minuten hinter dem Streckenrekord und schworen uns, wiederzukommen und es erneut zu versuchen – allerdings nach einer ausgiebigen Pause!

Der Hindernislauf war ein voller Erfolg. Einen Freund dabei zu haben, brachte eine andere Dynamik in die Challenge. Es wurde dadurch geselliger und wir hatten während der ganzen Zeit viel zu lachen. Ich war es gewohnt, viele dieser Aufgaben allein zu bewältigen, daher war dies eine willkommene Abwechslung.

Was ich gelernt habe: Das Absolvieren eines Hindernislaufs hat großen Spaß gemacht, da ich mich durch einige anspruchsvolle Situationen hindurchkämpfen musste. Allerdings war ich überrascht, wie viel Konzentration der Parcours einem abforderte. Ich bin es gewohnt, beim Laufen abzuschalten, aber das hier war ganz anders und erforderte viel mentale Aufmerksamkeit. Es wäre nur allzu leicht gewesen, auszurutschen, zu stolpern und sich schwer zu verletzen.

Manchmal war Mut gefragt und ich bin froh, dass ich die moralische Unterstützung eines guten Freundes hatte. Auf einem bestimmten Teil der Strecke gab es einen langen Abschnitt mit Kletterstangen, die über eine Schlammgrube führten. Die Stangen waren selbst matschig und extrem rutschig. Es war urkomisch, wie wir beide uns kreischend und lachend wie Idioten über den Abgrund hangelten und versuchten, nicht herunterzufallen. Diese Challenge hat mir gezeigt, wie wichtig andere Menschen sind, wenn man mit Widrigkeiten zu kämpfen hat. Wenn wir denken, dass wir alleine stark sind, stelle dir vor, wie viel stärker wir sein können, wenn wir von der richtigen Person unterstützt werden. Matt dabei zu haben, um mit ihm zu scherzen, machte die Challenge viel einfacher.

Aufgrund dieser Erfahrung bin ich sehr interessiert daran, an weiteren Hindernisläufen teilzunehmen und diese Art von einzigartigen Challenges weiter auszutesten.

>>Es war urkomisch, wie wir beide uns kreischend und lachend wie Idioten über den Abgrund hangelten und versuchten, nicht herunterzufallen.<<

16. Meditiere

Kategorie: mentale Kraft
Klassifizierung: schnell erledigt
Schwierigkeitsgrad: 5 (mittel)
Zeitaufwand: 30 Minuten

Worum es geht: Meditieren ist eine Möglichkeit, den Geist zu fokussieren und zu versuchen, all die Gedanken, die in deinem Kopf herumschwirren, auszubremsen. Das Ziel der Meditation ist es, sich auf seine unmittelbare Umgebung zu konzentrieren und sich nicht von Gedanken ablenken zu lassen. Dies ist unglaublich schwierig.

Die Challenge besteht darin, eine 30-minütige Meditationssitzung zu absolvieren.

Was das Ziel ist: Meditation hat eine Vielzahl von gesundheitlichen Vorteilen: weniger Stress, eine bedachtere Reaktion auf Schwierigkeiten, besserer Schlaf, höhere Konzentration und größere Selbsterkenntnis. Es gibt noch viele weitere Vorteile, die die Wissenschaft gerade erst zu verstehen und zu erforschen beginnt. Wenn man sich mit den wissenschaftlichen Erkenntnissen zur Meditation beschäftigt, lassen sich auch die skeptischsten Menschen von ihren Vorteilen überzeugen. Wenn man einen eingefleischten Meditierenden (etwa einen Mönch) über eine Reihe von Neuro-Sensoren an einen Computer anschließt, kann man feststellen, dass sich die Arbeitsweise seines Gehirns deutlich von der eines Nicht-Meditierenden unterscheidet. Wir stehen erst am Anfang, aber ich bin überzeugt, dass wir, wenn wir dieses Thema weiter erforschen, unglaubliche Erkenntnisse gewinnen werden.

Das britische Militär setzt Meditation ein, um seine Soldaten zu trainieren, unter extremem Druck besonnener zu reagieren; Profisportler nutzen sie, um sich einen mentalen Vorsprung in ihrem Sport zu verschaffen, und viele innovative Unternehmen wie Google ermutigen ihre Mitarbeiter zum Meditieren. Ich habe auch schon davon gehört, dass es in Schulen unterrichtet wird.

Im Leben präsenter zu sein ist etwas, wovon jeder profitieren kann. Durch regelmäßiges Meditieren wird dies irgendwann ganz natürlich. Der ganze Prozess wird deine Aufmerksamkeit für Details erhöhen und dir helfen, eine kontrolliertere Denkweise zu entwickeln. Und meditieren ist auch sehr anstrengend. Es ist unbehaglich – gehe davon aus, dass du beim ersten Mal einfach aufhören willst. 30 Minuten zu absolvieren ist für die meisten Menschen sehr schwierig – sicherlich ein guter Grund für dich, diese Challenge anzunehmen!

Wie du es anpackst: Es gibt viele verschiedene Arten der Meditation, die du ausprobieren kannst. Im Folgenden findest du eine sehr einfache und unkomplizierte Form, die du versuchen solltest.

Schritt 1: Suche dir einen ruhigen Ort, an dem du nicht gestört wirst. Schalte deinen Fernseher, dein Mobiltelefon, deinen Computer et cetera aus.

Schritt 2: Setze dich auf ein Kissen auf dem Boden oder aufrecht auf einen Stuhl (je nachdem, was bequemer ist).

Schritt 3: Achte auf deine Haltung und stelle sicher, dass deine Wirbelsäule gerade ist. Suche im Internet nach Anschauungsmaterial, das dich bei der korrekten Körperhaltung unterstützt.

Schritt 4: Stelle einen Timer auf 30 Minuten ein.

Schritt 5: Konzentriere dich in den nächsten 30 Minuten auf deine Atmung. Atme ein. Atme aus. Wiederhole dies. Du wirst abgelenkt werden. Ganz bestimmt. Aber mache dir keine Sorgen, das ist ganz normal. Es ist sogar sehr interessant zu sehen, wie leicht es ist, den Fokus zu verlieren. Jedes Mal, wenn du abgelenkt wirst, bringe deine Aufmerksamkeit zurück zu deinem Atem.

Schritt 6: Wiederhole diesen Vorgang, bis der Timer klingelt.

Vielleicht fällt es dir leichter, wenn du anfangs einer geführten Meditation folgst, aber ich habe das Gefühl, dass es sehr wertvoll ist, die 30 Minuten ohne Hilfe auszuprobieren und das Hier und Jetzt zu erleben, wie es wirklich ist. Viel Erfolg!

Extra-Challenge: Meditiere einen Monat lang jeden Tag. Ziehe in Betracht, in diesem Zeitraum jeden Tag eine Morgen- und eine Abendmeditation zu absolvieren.

Versuche, eine Stunde lang zu meditieren. Zu leicht? Gut, versuche es mit zwei Stunden. Immer noch zu leicht? Wie wäre es dann mit einem Tag? Kein Problem? Wie wäre es mit einem mehrtägigen Retreat mit intensivster Meditation?

Tiefer einsteigen: Es gibt viele Arten der Meditation, die du ausprobieren kannst. Ein großartiger Einstieg ist entweder die »Vipassana«- oder die »Zazen«-Meditationstechnik.

Das Buch *Wie ich die entscheidenden 10 % glücklicher wurde: Meditation für Skeptiker* von Dan Harris ist eine großartige Lektüre, die die Bedeutung des Meditierens erklärt. Dan ist ein amerikanischer Nachrichtensprecher, der nach einer Panikattacke, die er live auf Sendung hatte, die Meditation als einen Weg entdeckte, die Kontrolle über sein Leben zurückzugewinnen. Das Buch hat eine sehr weltliche Herangehensweise und ist ideal für die Skeptiker unter den Lesern.

Erwachen: Spiritualität jenseits von Glaube und Religion von Sam Harris ist eine weitere tolle Leseempfehlung, die die Bedeutung der Meditation in unserer modernen Welt beleuchtet.

Mach dich auf die Suche nach Meditationsgruppen in deiner Nähe. Es gibt viele davon und du solltest nicht weit reisen müssen, um eine zu finden.

Alles, was mit Zen zu tun hat, eignet sich sehr gut, um Meditation zu entdecken. *Practical Zen: Meditation and Beyond* von Julian Daizan Skinner ist eine schöne Lektüre, die den japanisch-buddhistischen Ansatz der Meditation erläutert.

Sam Harris hat eine App mit Meditationsanleitungen namens

»Waking Up«, die fantastisch ist und eine wirklich tolle Möglichkeit bietet, das Meditieren zu lernen.

Schweige-Retreats oder Meditations-Retreats werden immer beliebter. Schaue, welche Möglichkeiten es in deiner Nähe gibt und ziehe einen Aufenthalt dort in Betracht, um deine Meditationsfähigkeiten zu verbessern.

Meine Erfahrung: Als ich das erste Mal versuchte zu meditieren, fühlte ich mich wie ein totaler Versager. Ich verbrachte 30 Minuten damit, auf einem Kissen zu sitzen und darüber nachzudenken, was ich an diesem Tag noch alles tun musste. Ich ärgerte mich darüber, dass ich es nicht richtig hinbekam, und dann ärgerte ich mich darüber, dass ich mich ärgerte, und der Teufelskreis setzte sich fort. Ich konnte nicht glauben, wie schwer es für meinen Verstand war, zur Ruhe zu kommen. Er plapperte ununterbrochen und gönnte mir keine Pause. Nach 30 Minuten, die sich wie Folter anfühlten, war ich ganz erschöpft. Meditation sollte doch entspannend sein, oder nicht? Diese Erfahrung war es sicherlich nicht.

Ich gab aber nicht auf, da ich Meditation unbedingt in mein Leben integrieren wollte. Das nächste Mal war es genauso schmerzhaft und ich wurde mir bewusst, wie unbequem es sein kann, auf einem Kissen zu sitzen. Der Schmerz war intensiv und ich wollte unbedingt, dass der Timer klingelt. Meine Gedanken rasten und ich hatte keine Kontrolle über das, was ich tat. Ich nahm mir vor, trotz dieser Ablenkungen und Irritationen zu meditieren. Schließlich begann ich, mich nach etwa zehn Minuten der Meditation zu beruhigen. Es wurde fast angenehm und ich konnte spüren, wie ich mich entspannte. Aber ehe ich mich versah, dachte ich an ein Käse-Sandwich mit Gurken oder irgendetwas völlig Blödes und Banales. Ich brauchte ein paar Tipps, die mir helfen konnten, und zwar schnell.

Ich begann, so viel ich konnte über Meditation zu lesen. Während meiner Lektüren stieß ich auf ein wunderbares Buch mit dem Titel *Where the Heart Beats: John Cage, Zen-Buddhismus and the Inner Life of Artists* von Kay Larson. Das hat meine Vorstellungen von Musik und Klang nachhaltig verändert und ich fand die Konzepte in dem Buch enorm inspirierend. John Cage war ein berühmter und revolutionärer Komponist, der das Gesicht der zeitgenössischen Musik veränderte. Er war ein großer Fan des Zen-Buddhismus und versuchte, Elemente davon in sein Werk einzubringen. Seine berühmteste Komposition ist ein Stück namens »4'33« (4 Minuten 33 Sekunden). Das gesamte Stück besteht aus Stille. Das ganze Orchester sitzt still und gibt 4 Minuten und 33 Sekunden lang keinen Ton von sich! Es ist erstaunlich. Sieh dir die BBC-Proms-Aufführung online an, um es live zu erleben.

Dieses Musikstück empörte seinerzeit viele Menschen und war damals geradezu bahnbrechend. In Wirklichkeit brachte Cage die Menschen zum Meditieren, ohne dass sie sich dessen bewusst waren. Er brachte die Menschen dazu, auf ihre Umgebung zu achten und die Musik des Universums zu hören. Das ist ein wunderschönes Konzept, das viele Diskussionen ausgelöst hat. Wie kann man Stille als Musik verstehen? Nun, setze dich hin, höre zu und sieh selbst. Es ist sehr interessant.

Bei meiner nächsten Meditationssitzung wirkte ein Ansatz im Stil von John Cage Wunder. Ich saß auf meinem Hocker und hörte zu. Ich versuchte, nichts zu benennen und konzentrierte mich stattdessen auf jedes Geräusch, das auftauchte. Der Kühlschrank surrte, die Bäume draußen rauschten und dann hörte mein Geist plötzlich die Uhr ticken. Ein Auto fuhr vorbei und dann flog ein Flugzeug über mich hinweg. Überall war Lärm und sobald ich mich entspannte und meinen Ohren erlaubte, von selbst zu wandern, fand ich einen unglaublichen Fokus in meiner Meditation. Das war eine große Veränderung für mich und es fühlte sich erfrischend an. Ich begann, dieses »fokussierte Zuhören« als meine Hauptmeditationsmethode zu verwenden und habe es bis heute nicht bereut. »4'33« ist jetzt eines meiner Lieblingsmusikstücke.

Was ich gelernt habe: Dadurch, dass ich angefangen habe zu meditieren, ist mir sehr bewusst geworden, wie leicht meine Gedanken abschweifen können. Manchmal kann es wie ein Sturm von Gedanken sein. Mir das bewusst zu machen, hat mich so viel darüber gelehrt, wie mein Verstand funktioniert. Wenn ich anfange, mich über etwas aufzuregen, spüre ich, wie die Gedankenflut in meinem Kopf zunimmt. Wenn sich die Gedanken zu überschlagen beginnen, kann ich jetzt erkennen, wie leicht es ist, außer Kontrolle zu geraten. Auf dem Höhepunkt meiner Angst konnte ich nie klar über etwas nachdenken, weil mir zu viele Gedanken im Kopf herumschwirrten. Ich hatte nicht genug Freiraum, um zu denken, und das machte alles noch schlimmer.

Indem ich das Tempo drosselte und meditierte, begann ich, meinem Geist mehr Raum zu geben. Ich habe irgendwo gelesen, dass der Geist wie eine Schneekugel ist, die gerade geschüttelt worden ist. Dies ist sein permanenter Zustand. Indem man meditiert, erlaubt man dem Schnee, sich zu setzen, und man kann langsam erkennen, was sich tatsächlich im Inneren der Kugel befindet. Hoffentlich ein schönes österreichisches Weihnachtsdorf mit Tannenbäumen und Geschenken. Ich muss einen Schneesturm im Kopf gehabt haben, bevor ich diese Reise antrat. Das Meditieren hat enorm dazu beigetragen, dass ich meine Einstellung ändern konnte, und ich bin sehr dankbar, dass ich die Meditation für mich entdeckt habe.

Ich versuche, jeden Tag im Rahmen meiner Morgenroutine zu meditieren. Wenn ich ein paar Tage hintereinander nicht meditiere, kann ich den Unterschied merklich spüren. Ich reagiere auf Probleme, anstatt auf Probleme zu antworten und ich rege mich schneller auf. Ich scheine weniger Geduld zu haben, wenn ich nicht meditiere. Das ist sehr spürbar. Vor kurzem habe ich etwa einen Monat lang nicht meditiert und mir wurde extrem bewusst, wie sich mein Geist ohne den regelmäßigen Ausgleich von Raum und Stille fühlt. Ich begann, mich nach Meditation zu sehnen.

Ich glaube, dass Meditation für jeden von uns essenziell ist. Wir leben in einer extrem hektischen Welt, die ständig um unsere Aufmerksamkeit kämpft. Wir haben Handys und soziale Medien, die unsere Aufmerksamkeit auf sich ziehen und uns mit hübschen Farben und unerbittlichen Benachrichtigungen locken. Die moderne Welt fordert unsere gesamte Aufmerksamkeit. Wie können wir damit umgehen? Meiner Meinung nach können wir uns durch Meditation Raum für uns selbst verschaffen und dem entgegenwirken. Es ist wichtig, dass wir Zeit haben, um uns von der Informationsflut zu erholen und unserem Geist eine Pause zu gönnen. Es ist ein hervorragendes Werkzeug zur Schulung des Geistes und kann extrem wirkungsvoll sein. Ich habe gesehen, wie sehr es das Leben verändern kann, und ich hoffe, dass es für dich genauso sein wird. Schon überzeugt?

»Dadurch, dass ich angefangen habe zu meditieren, ist mir sehr bewusst geworden, wie leicht meine Gedanken abschweifen können.«

17. Falte einen Origami-Kranich

Kategorie: Fertigkeit
Klassifizierung: schnell erledigt
Schwierigkeitsgrad: 5 (mittel)
Zeitaufwand: ein paar Stunden

Worum es geht: Die japanische Kunst des Origami lässt dich Papier zu schönen und interessanten Objekten falten. Für diese Challenge musst du lernen, wie man einen Origami-Kranich faltet. Der Kranich ist ein Papiervogel, der angeblich demjenigen, der ihn faltet, Glück bringt.

Die Legende besagt, dass, wenn du tausend Kraniche faltest, dein Wunsch in Erfüllung geht. Klingt nach einer Herausforderung!

Was das Ziel ist: Diese Fertigkeit ist eine schöne Sache. Sie erfordert, dass du umständlichen Anweisungen folgst, und wird dein Gedächtnis auf die Probe stellen, sobald du gelernt hast, wie man jedes Modell faltet. Das Origami-Falten ist von Natur aus knifflig und schnell frustrierend, es erfordert Feingefühl und Präzision. Ein perfektes mentales Training. Es kann manchmal kompliziert sein und erfordert Konzentration. Ein falscher Falz und dein Kranich sieht plötzlich aus wie ein Vogel, der eine Bruchlandung hingelegt hat.

Wie du es anpackst: Alle Kraniche werden aus quadratischen Papierstücken hergestellt, also decke dich mit Origami-Papier ein, bevor du beginnst. Die meisten Origami-Bücher haben den Kranich als klassisches Testobjekt. Suche auch online nach Videos, die dir helfen.
Schritt 1: Kaufe dir Origami-Papier oder schneide mit einer Schere ein paar Quadrate aus Standard-A4-Papier zu.

Schritt 2: Suche online nach einer Anleitung zum Falten des Kranichs oder besorge dir ein Origami-Buch, in dem die Kranich-Modellmethode erklärt wird. YouTube ist eine weitere Möglichkeit. Du hast hier eine große Auswahl an Alternativen.

Schritt 3: Folge sorgfältig der Anleitung.

Schritt 4: Nachdem du deinen ersten Kranich gefaltet hast, beginne damit, dir die Faltmethode einzuprägen.

Extra-Challenge: Nimm es mit der Legende auf und falte tausend Kraniche.

Origami kann verdammt schwer sein. Suche online nach »Origami für Fortgeschrittene« und du wirst staunen, was Menschen mit Papier alles machen können. Wage dich an eine der Aufgaben für Fortgeschrittene, wenn du bereits weißt, wie man einen Kranich faltet.

Tiefer einsteigen: Entdecke die wunderbare Welt des Handtuch-Origami (ein Geschirrtuch eignet sich auch bestens). Lerne, wie man ein Handtuch zu einem Tier, Muster oder Objekt faltet. Das Handtuch-Huhn ist ein guter Anfang.

Geld-Origami ist eine weitere faszinierende Variante des Origami. Kaum zu glauben, was man mit Papiergeld alles machen kann. Schau dich im Netz um, was es alles gibt, zum Beispiel Chipstüten-Origami. Versuche, aus einer leeren kleinen Chipstüte etwas Interessantes zu falten. Das klassische Origami-Objekt für Chipstüten ist das Dreieck: Du faltest die Tüte einige Male, bis am Ende ein ordentliches Dreieck vor dir liegt. Nutze Online-Videos und Anleitungen, um diese Fertigkeit zu erlernen.

Aus einer Papierserviette (Toilettenpapier geht auch) kannst du eine Rose basteln. Wenn du das Papier auf eine bestimmte Art und

Weise rollst und drehst, erhältst du eine wunderschöne Papierrose. Merke es dir für deine nächste romantische Verabredung und bedank dich später bei mir.

Meine Erfahrung: Origami zu lernen hat viel Spaß gemacht, auch wenn es manchmal ein wenig frustrierend sein kann. Manche Origami-Modelle sind ganz leicht zu machen, während andere extreme Problemlösungsfähigkeiten erfordern. Die Faltungen sind nicht immer offensichtlich und die Diagramme können verwirrend sein. An einem schwierigen Modell dranzubleiben, kann eine Herausforderung sein, besonders wenn man es auswendig lernen will.

Ich bekam einen Origami-Kalender geschenkt, der mir jeden Tag ein Stück Origami-Papier und ein neues Modell zum Falten bescherte. Ich war begeistert und wurde durch das tägliche Üben immer besser. Die wichtigsten Fertigkeiten, die ich benötigte, waren mein Geschick, mit kniffligen Dingen zu arbeiten und nicht aufzugeben, wenn es kompliziert wurde. Einige der fertigen Modelle sahen aus wie zerknülltes Papier, was mich immer zum Lachen brachte. Wenn man gut 10 bis 15 Minuten in die Fertigstellung eines komplizierten Origami-Modells investiert und es dann aussieht wie das missglückte Werk eines Grundschülers, dann muss man lachen. Was ist die Alternative? Weinen?

Nachdem ich einige Zeit mit meinem Origami-Kalender gearbeitet hatte, fand ich es relativ einfach, einen Kranich zu falten (obwohl es viele Schritte erfordert). Am Ende konnte ich ihn auswendig falten und habe überall, wo ich hinkam, Kraniche hinterlassen (vermutlich zum Ärger von einigen Leuten).

Was ich gelernt habe: Beim Falten von Origami ist die Liebe zum Detail extrem wichtig. Wenn man einen halbherzigen Job macht, sieht man das sofort – das Ergebnis ist blamabel. Dies ist eine wunderbare Metapher für das Leben und eine, die ich mir zu Herzen nehmen will. Wenn du etwas tun willst, dann tue es richtig und so gut du kannst. Es kann etwas länger dauern, aber du wirst dein Bestes geben und das ist an sich schon etwas wert.

Die andere wichtige Lektion ist, dass zu viel Origami, das im Haus herumliegt, nicht so dekorativ ist, wie man sich vorstellt. Obwohl man Stolz auf jedes Modell ist, das man gefaltet hat, muss man sie nicht alle behalten. Der Gesichtsausdruck von Helen, als sie zu mir nach Hause kam und auf dem Sofa saß, bedeckt mit und umgeben von Origami-Kunstwerken, war unbezahlbar. Fakt ist, dass sie ziemlich schnell ihren Weg in den Mülleimer gefunden haben.

»Wenn man gut 10 bis 15 Minuten in die Fertigstellung eines komplizierten Origami-Modells investiert und es dann aussieht wie das missglückte Werk eines Grundschülers, dann muss man lachen.«

18. Halte eine öffentliche Rede

Kategorie: mentale Kraft
Klassifizierung: erfordert Ausdauer
Schwierigkeitsgrad: 10 (sehr schwer)
Zeitaufwand: bis zu 30 Minuten, erfordert aber viel Vorbereitung (eine Woche)

Worum es geht: Halte eine öffentliche Rede vor dir unbekanntem Publikum.

Was das Ziel ist: Die Angst vor öffentlichem Reden (Glossophobie) ist eine sehr verbreitete Phobie, an der viele Menschen leiden. Sie rangiert neben Todesangst, Angst vor Spinnen und Flugangst ganz oben auf der Liste der am häufigsten auftretenden Ängste. Indem du öffentliches Sprechen in einer sicheren Umgebung übst, gewinnst du Erfahrung und kannst selbstbewusster auftreten, wenn du vor einer großen Anzahl von Menschen sprichst, und entwickelst rednerische Fähigkeiten, die es mit Obama aufnehmen können (was ich aber nicht garantieren kann).

Dies ist eine fantastische Fertigkeit, die man ausbauen und direkt auf berufliche Veranstaltungen (Meetings und Präsentationen) und wichtige Anlässe im Leben wie etwa Hochzeitsreden und Ansprachen anwenden kann.

Wie du es anpackst: Es gibt viele Möglichkeiten, dein Redetalent zu verbessern. Suche online nach einem Rhetorikworkshop oder einem Redeabend in deiner Nähe, bei dem du deine Fähigkeiten üben und verfeinern kannst. Normalerweise erlauben diese Veranstaltungen jedem Anwesenden, fünf bis zehn Minuten zu einem Thema eigener Wahl vor den Teilnehmern zu sprechen. »Toastmasters« ist ein Unternehmen, das diese Art von Redeclubs auch in Deutschland anbietet und sich großer Beliebtheit erfreut. Für den Anfang ist so ein Redeclub perfekt.

Schritt 1: Melde dich zu einer Veranstaltung bei einem Redeclub wie Toastmasters an, bei der du deine rhetorischen Fertigkeiten üben kannst.

Schritt 2: Bereite einen kurzen Vortrag über ein Thema vor, das dich interessiert.

Schritt 3: Gehe hin, erlebe das Lampenfieber bevor es losgeht, halt deine flatternden Nerven im Zaum und halte dann deinen Vortrag.

Schritt 4: Entspanne dich und feiere deinen Erfolg.

Eine Alternative wäre es, dich freiwillig bereit zu erklären, bei einer anstehenden Familienfeier eine Rede zu halten oder dich für eine Präsentation an deinem Arbeitsplatz zu melden. Im Grunde genommen wirfst du dich selbst im Namen der Selbstoptimierung den Wölfen zum Fraß vor. Fühlst du dich mutig genug? Gut!

Wenn du wirklich keine Plattform findest, um deine Rede zu halten, suche dir einen belebten öffentlichen Platz und fange dort an zu reden. Das ist allerdings um einiges schwerer und erfordert *viel* Selbstvertrauen.

Zur Vorbereitung des Materials empfehle ich eine rigorose Mischung aus Proben und gut durchdachten Inhalten. Überlege dir, was dein Publikum von deinem Vortrag mitnehmen soll, und richte deine Aufmerksamkeit darauf. Es geht nicht um dich, sondern darum, eine Botschaft zu übermitteln.

Extra-Challenge: Für diejenigen, die extrem selbstbewusste Redner sind: Versuche, über ein Thema zu sprechen, das dir nicht vertraut ist. Dies könnte etwas Technisches sein und Recherchen erfordern.

Ziehe in Erwägung, in einer anderen Funktion zu sprechen respektive aufzutreten. Stand-up-Comedy könnte hier eine Alternative sein. Bei einer Stand-up-Show oder einem Open-Mic-Abend wird sich der selbstbewussteste Redner ohne Zweifel unwohl fühlen. Die Zuhörer erwarten von dir, dass du witzig bist – das macht die Sache noch anspruchsvoller. Du könntest zudem an die Gäste in den ersten beiden Reihen Obst und Gemüse verteilen und sie bitten, dich damit zu bewerfen, wenn du sie nicht zum Lachen bringst. Das erhöht den Druck.

Wie wäre es mit Karaoke? Eine herzergreifende Performance vor einem Raum voller Fremder könnte eine ordentliche Challenge sein (je nachdem, aus welchem Holz du geschnitzt bist). Vielleicht gehst du sogar noch einen Schritt weiter und sabotierst deinen eigenen Auftritt, indem du absichtlich schlecht singst. Auf diese Weise kannst du dich darin üben, dich zu schämen (genau wie Cato der Stoiker). Einer meiner Freunde hat einmal eine urkomische Interpretation von Meat Loafs »Bat out of Hell« vor einem fassungslosen Karaoke-Publikum vorgetragen. Es war weder der richtige Zeitpunkt noch der richtige Ort und seine überschwängliche Darbietung ließ das Publikum verwirrt und wahrscheinlich auch ein wenig verschreckt zurück. Offensichtlich war das für ihn keine große Herausforderung, aber für andere wäre diese Art von überdrehter Performance sicher eine große Challenge! Warum probierst du es nicht einmal aus?

Tiefer einsteigen: Veranstaltungen im Stil von »Toastmasters« sollten deine erste Anlaufstelle sein, wenn du nach Redetraining suchst.

TED-Talks sind immer eine große Inspiration; hier sieht man manche der besten öffentlichen Reden. Schau dir ein paar davon online an, um deine Motivation zu steigern und ein paar Tipps mitzunehmen. Das Buch *The Pressure Principle: Handle Stress, Harness Energy, and Perform When It Counts* von Dave Alred hat mir geholfen, mein Selbstvertrauen zu verbessern, wenn ich vor einem Raum voller Menschen rede.

Auch *Talk Like TED: Die 9 Geheimnisse der weltbesten Redner* von Carmine Gallo kann ich dir wärmstens empfehlen.

Suche in deiner Nähe nach Veranstaltungen, bei denen man kurze Reden halten kann. Wenn du hier einen Auftritt ergatterst, bist du bestens gerüstet.

Meine Erfahrung: Diese Herausforderung passte gut zu meiner Arbeit und bot mir die Chance, mein öffentliches Reden in einer relativ vertrauten Umgebung zu üben. Wenn ich in der Vergangenheit auf der Arbeit eine Präsentation halten musste, war ich immer sehr nervös, fand die Umgebung einschüchternd und konnte die Nacht davor nicht schlafen. Dieses Mal war es dank meines Jahrs der Widrigkeiten anders.

Vor kurzem wurde mir angeboten, vor einem Raum voller Fremder zu referieren, und ich ergriff die Gelegenheit. Ich versuchte, dies als weitere Möglichkeit zu sehen, mich aus meiner Komfortzone herauszubewegen, und freute mich tatsächlich darauf, die Präsentation zu halten. Ich arbeitete hart an der Vorbereitung meines Vortrags und begann, mich sicher im Umgang mit dem Thema zu fühlen. Nach ein paar Übungsläufen war ich bereit, meine Präsentation zu halten. Ich hatte *The Pressure Principle* von Dave Alred gelesen, um mich auf meinen Vortrag vorzubereiten, und es wirkte wahre Wunder. Dave Alred hat geholfen, das englische Rugby-Team und viele Top-Golfprofis zu coachen, damit sie unter Druck leistungsfähig sind. Einige der Ratschläge in diesem Buch sprachen mich ganz besonders an und erlaubten es mir, mich auf die »Gelegenheit«, meinen Vortrag, zu konzentrieren und die nervöse Energie, die ich fühlte, in Spannung zu verwandeln, die mir helfen sollte, konzentriert zu bleiben.

Die Präsentation lief großartig. Ich fühlte mich durchweg sicher und war wirklich zufrieden mit meiner Performance. Ich war vorher ein bisschen nervös, aber das war ein tolles Training für mich. Nach dem Vortrag hatte ich ein echtes Erfolgserlebnis und bekam Lust, mein Redetalent weiter auszubauen.

Was ich gelernt habe: Einer der besten Ratschläge, die ich bei der Vorbereitung meiner Präsentation erhalten habe, kam von meinem Vater. Da er fast sein gesamtes Leben lang Schauspieler war, war er es gewohnt, vor einem großen Publikum aufzutreten und zu sprechen. Er hat mehrere Jahre lang eine Hauptrolle am Londoner West End gespielt, wo er dieses Können zusammen mit vielen anderen Techniken perfektioniert hat. Der Ratschlag lautete: Pass auf, dass deine Anspannung sich nicht in der oberen Hälfte deines Körpers festsetzt. Wenn du angespannt bist, versuche, diese Spannung nicht in deinen Nacken, Bauch oder Brustkorb zu pressen. Wenn sich deine Anspannung hier ansammelt, wirst du dich unwohl fühlen, und es wird deine Bewegung und deinen Vortrag hemmen. Verlagere deine gesamte Spannung in deinen Po. Auf diese Weise wird niemand die Spannung sehen und du kannst die obere Hälfte deines Körpers frei bewegen. Du wirst entspannt wirken, obwohl du angespannt bist.

Ein wunderbarer Ratschlag! Zuerst dachte ich, er würde sich über mich lustig machen, aber es stellte sich heraus, dass er es absolut ernst meinte. Und weißt du was? Es funktioniert! Wenn du jemals eine Präsentation halten oder etwas vorführen musst, verlagere deine Anspannung in dein Gesäß – du wirst den Unterschied garantiert spüren. Probier es aus!

»Verlagere deine gesamte Spannung in deinen Po.«

19. Lies ein Fachbuch

Kategorie: mentale Kraft
Klassifizierung: erfordert Ausdauer
Schwierigkeitsgrad: 5 (mittel)
Zeitaufwand: eine Woche bis einen Monat

Worum es geht: Lies ein Fachbuch oder ein anspruchsvolles Sachbuch zu einem Thema, mit dem du nicht vertraut bist.

Was das Ziel ist: Etwas Neues zu lernen und sich mit komplexen Inhalten außerhalb der eigenen Komfortzone auseinanderzusetzen, ist eine großartige Möglichkeit, sich selbst herauszufordern. Es ist immer unangenehm, wenn man merkt, dass man etwas nicht versteht, und es kann eine ganze Weile dauern, bis man die Inhalte erfasst hat. Auf diese Weise kannst du jedoch deine Geduld, dein Durchhaltevermögen und deine Entschlossenheit auf die Probe stellen.

Das Lesen eines Fachbuches kann extrem schwierig sein. Möglicherweise wirst du nicht alles verstehen, aber die Hauptsache ist, dass du es trotzdem zu Ende liest. Suche dir ein Thema und ein Buch aus, das eine angemessene Herausforderung darstellt. Du solltest unbedingt ein Buch nehmen, das dich verwirrt und frustriert und bei dem du am liebsten aufgeben würdest. Vorzugsweise etwas, das dich beinahe dazu bringt, das Buch quer durch den Raum zu schmeißen, in dem du gerade sitzt. Das sind die Emotionen, die wir trainieren wollen. Wenn wir etwas Schwieriges und technisch Anspruchsvolles lesen, können wir uns schnell dumm vorkommen, und das mag doch wirklich niemand. Die Stoiker wären die Ersten, die dafür plädieren würden, solche Gefühle einzuüben und die mentale Hürde zu überwinden, die darin besteht, dass man sich wie ein Idiot fühlt. Wenn man das erst einmal geschafft hat, geht es nur noch darum, was wir lernen können.

Wie du es anpackst: Der erste Schritt der Herausforderung ist sehr einfach zu bewältigen. Der zweite Schritt nicht so sehr.

Schritt 1: Gehe in deine örtliche Buchhandlung und suche dir bewusst ein Buch aus, das du normalerweise nie lesen würdest. Je umfangreicher und einschüchternder die Publikation, desto besser.

Schritt 2: Gehe nach Hause und lies das Buch von vorne bis hinten durch. JEDES EINZELNE WORT!

Extra-Challenge: Versuche es mit fortgeschrittenen Lehrwerken zu einem dir unbekannten Thema. Dazu bietet sich etwa alles an, was auf der Leseliste für ein Hochschulstudium steht.

Tiefer einsteigen: Ein guter Startpunkt wäre *Eine kurze Geschichte der Zeit* von Stephen Hawking. Obwohl es eigentlich ein recht kurzes Buch ist, ist es dennoch sehr komplex.

René Descartes' *Meditationen über die Grundlagen der Philosophie* ist ein echter Brocken. Es liest sich wie eine gigantische mathematische Rechnung und ist manchmal kaum zu verstehen (für mich jedenfalls). Descartes ist berühmt für den Ausspruch »Ich denke, also bin ich«. Nach der Lektüre dieses Buches kommt mir Benjamin Hoffs abgewandeltes Zitat »Ich denke, also bin ich verwirrt« in den Sinn.

Wie wäre es mit einem sehr ausführlichen Buch über Briefmarkensammlungen? Sicherlich besteht die größte Herausforderung hier darin, nicht einzuschlafen, geschweige denn das Buch zu Ende zu lesen (Entschuldige bitte, falls du ein begeisterter Briefmarkensammler bist.).

Meine Erfahrung: Für diese besondere Herausforderung entschied ich mich, *The Quantum Universe: Everything that can happen does happen* von Professor Brian Cox und Professor Jeff Forshaw zu lesen. Es ist ein wissenschaftlich anspruchsvolles Buch über Quantenmechanik. Auch wenn es ein sehr gut geschriebenes Buch ist, sind der Inhalt und die Mathematik ungefähr auf dem Niveau des ersten Jahres eines Physikstudiums. Für mich als jemand, der nicht aus diesem

Bereich kommt, war es phasenweise sehr schwierig weiterzulesen. Gelegentlich schien es mir angebracht, das Buch von einer Klippe aus ins Meer zu schleudern (aber das hätte für mich eine Niederlage bedeutet). Es gibt in dem Buch viele Berechnungen, mit denen ich mich schwergetan habe und für deren Analyse ich wahrscheinlich zu lange gebraucht habe. Ich habe auch viel Zeit damit verbracht, mich zu fragen, warum ich über etwas lese, mit dem ich wirklich nichts anfangen kann und das mir keinerlei praktische Informationen liefert. All diese Zweifel waren ein großartiges mentales Training.

Schließlich habe ich das Buch zu Ende gelesen und ich war tatsächlich ziemlich zufrieden mit mir selbst. Es wäre für mich nur allzu leicht gewesen aufzugeben – der Inhalt war einfach viel zu schwierig. Ich habe im Laufe der Lektüre ein paar Ideen aufgeschnappt, obwohl ich mir keine der Berechnungen merken konnte, und ich habe es geschafft, während des Lesens nicht allzu frustriert zu sein (ich habe das Buch nicht verbrannt, nicht geschreddert und auch nicht ins Meer geschleudert). Ich kann stolz auf mich sein.

Was ich gelernt habe: Ich halte es für sehr wichtig, sich außerhalb seiner intellektuellen Komfortzone zu bewegen. Ich kann mich nicht weiterentwickeln, wenn ich mich nicht selbst herausfordere, und das gilt auch für das fachliche Niveau meiner Lektüre. Natürlich will ich in Zukunft nicht nur sehr schwierige Bücher lesen, aber ich werde immer dafür sorgen, dass ich auch etwas Schwieriges auf meinem Bücherstapel habe. Das kann ein Wissensgebiet sein, mit dem ich absolut keine Erfahrung habe, oder ein sehr spezifisches Fachbuch zu einem Thema, mit dem ich mich auskenne. So oder so, immer mal wieder etwas zu lesen, das mich fordert, ist eine gute Sache. Selbst wenn ich nicht viele spezifische Informationen aus dem Buch mitnehme, ist der Prozess, den Inhalt zu verstehen und an der Aufgabe dranzubleiben, eine weitere große mentale Hürde für mich, mit der ich mich auseinandersetzen möchte.

> »Ich halte es für sehr wichtig, mich außerhalb meiner intellektuellen Komfortzone zu bewegen.«

20. Mach dein Trainingsprogramm schwieriger

Kategorie: körperliche Kraft
Klassifizierung: schnell erledigt
Schwierigkeitsgrad: 9 (sehr schwer)
Zeitaufwand: eine Stunde

Worum es geht: Erhöhe die Schwierigkeit deines normalen Trainings, indem du es anstrengender machst. Dies kann mit einer Höhenmaske (auch Trainingsmaske genannt) und einer Gewichtsweste erreicht werden. Baue diese Elemente separat in dein Training ein oder gleichzeitig – für die ultimative Challenge.

Eine Höhenmaske ist eine Gesichtsmaske, die die Sauerstoffzufuhr zu deinen Lungen einschränkt, so dass du gezwungen bist, heftiger zu atmen, um den Sauerstoff durch die Filter zu ziehen. Diese Maske simuliert das, was dein Körper durchmachen muss, wenn du in einer gewissen Höhe bist, wo die Luft dünner wird und alles körperlich anstrengender ist.

Eine Gewichtsweste ist im Wesentlichen eine Weste, die mit kleinen Gewichten gefüllt ist. Dies macht alles, was du tust, aufgrund des zusätzlichen Gewichts, das du trägst, deutlich schwieriger.

Was das Ziel ist: Manchmal ist ein Training nicht schwierig genug, oder? Nun, schnappe dir eine Gewichtsweste und lege eine Höhenmaske an, und du wirst von Anfang an zu kämpfen haben. Um mit der erhöhten körperlichen Belastung des Workouts umzugehen, musst du mental stark sein. Dies ist eine schnelle und relativ einfache Möglichkeit, dein Training zu erschweren.

Zusätzlich bietet sich dir der tolle Nebeneffekt, dass du dich wie ein Idiot fühlst, wenn du im Fitnessstudio oder beim Laufen oder Radfahren eine Maske trägst. Die Leute werden dich wahrscheinlich für verrückt halten, aber wir wissen, dass du dich nur anstrengst, um stärker zu werden. Nebenbei ist es eine mental stärkende Übung, damit umzugehen, sich wie ein Idiot zu fühlen.

Wie du es anpackst: Beginne vorsichtig, wenn du diese Varianten zum ersten Mal in dein Workout einführst. Jede Cardio-Übung kann mit diesen zusätzlichen Utensilien schwieriger gemacht werden, aber es ist wirklich hart. Baue die Übungen langsam auf, damit du mich nicht schon fünf Minuten nach dem Start hasst. Es wird sehr, sehr anstrengend sein, sei also gewarnt.

WARNUNG – Das Training mit einer Höhenmaske kann körperlich sehr anstrengend sein. Vergewissere dich, dass du dir der damit verbundenen Risiken bewusst bist, und gehe diese Übung ruhig an.

Schritt 1: Bestelle dir eine Höhenmaske online.

Schritt 2: Wenn die Maske eintrifft, probiere aus, mit ihr zu trainieren. Beginne langsam mit Yoga und steiger dich dann zu einem richtigen Training im Fitnessstudio oder einem Lauf.

ALTERNATIVE:

Schritt 1: Leihe oder kaufe dir eine Gewichtsweste für das Training. Vielleicht findest du auch ein Fitnessstudio, das Gewichtswesten zum Training zur Verfügung stellt; so sparst du dir die Investition in eine eigene Weste. Wenn du kreativ bist, kannst du dir auch selbst eine basteln. Ein mit Ziegelsteinen oder einem Sack Sand gefüllter Rucksack ist eine weitere Alternative.

Schritt 2: Führe dein Workout in der Weste durch.

Extra-Challenge: Starte einen Dauerlauf oder eine Fahrradtour mit angelegter Weste.

Absolviere ein Intervalltraining oder einen anstrengenden Ausdauerlauf mit aufgesetzter Maske.

Für die ultimative Challenge versuche, beides (Weste und Maske) zu kombinieren.

Tiefer einsteigen: Ich habe für diese Challenge die »Gorge Training Maske« verwendet, aber es gibt zahlreiche Masken im Angebot. Ein wenig Recherche wird dir unzählige Optionen aufzeigen, so dass du sicher etwas findest, das deinem Budget entspricht.

Wenn du deine Kreativität unter Beweis stellen willst, nutze YouTube-Videos als Inspiration, um deine eigene Gewichtsweste herzustellen. Es gibt so viele verschiedene Arten von Gewichtswesten auf dem Markt. Eine schnelle Internet-Suche wird dir viele Angebote in unterschiedlichen Preisklassen zeigen.

Meine Erfahrung: Helen hat mir netterweise eine Höhenmaske zum Geburtstag gekauft. Ich glaube, sie musste schmunzeln, als sie ihren Arbeitskollegen von meiner aktuellen Challenge und meinem ungewöhnlichen Geburtstagswunsch erzählte. Ich kann es ihr nicht verdenken. Es war schon etwas seltsam.

Als ich die Maske zum ersten Mal benutzte, absolvierte ich übereifrig ein anspruchsvolles Training und musste mich danach eine Stunde in einen abgedunkelten Raum legen, um mich von den höllischen Kopfschmerzen zu erholen. Ein langsamer Beginn wäre besser gewesen. Lektion gelernt!

Die Höhenmaske ist eine großartige Möglichkeit, um etwas wie Yoga viel intensiver zu gestalten, und ich benutze sie oft, wenn ich ein leichteres Workout mache. Manchmal, wenn ich eine echte Herausforderung will, setze ich die Maske auf, lege etwas motivierende Musik auf und fange an, mich bis ans Limit zu treiben. Es ist schnell, einfach und verdammt hart. Die perfekte Herausforderung.

Für den Gewichtswesten-Teil dieser Challenge habe ich angefangen, die Gewichtsweste in meiner örtlichen Kletterhalle zu benutzen. Einfache Kletterstrecken, Klimmzüge und Grundübungen mit der Weste zu machen, macht das Leben um einiges härter. Man fühlt sich unglaublich leicht, sobald man die Weste auszieht, und das ist ein wunderbares Gefühl.

Neulich war ich in einem Supermarkt und fand eine Gewichtsweste im Angebot. Was für ein Glück! Ich schnappte sie mir und habe nun die Möglichkeit, Maske und Weste gleichzeitig zu Hause zu benutzen. Diese Art von Training ist wirklich *brutal* und ich genieße es, wie sehr es mich herausfordert. Außerdem sehe ich urkomisch aus, was mich zum Lachen bringt, wenn ich mich im Spiegel betrachte.

Was ich gelernt habe: Meine körperlichen Grenzen auszuloten ist ein kontinuierlicher Prozess. Die Maske und die Gewichtsweste sind eine großartige Möglichkeit für mich, mich in einem sehr kontrollierten Umfeld zu fordern.

Anfangs hatte ich ein wenig Bedenken, die Maske zu benutzen, aber sie hat es mir ermöglicht, mich schnell unwohl zu fühlen. Wenn mein Unwohlsein seinen Höhepunkt erreicht hat, verspüre ich immer den Drang aufzuhören (wie wohl jeder) und ich habe gelernt, mit diesem Gefühl umzugehen. Indem ich mir kleinere Ziele setze, zum Beispiel »nur noch 5 Wiederholungen« oder »noch 30 Sekunden«, kann ich mich mit kurzen Pausen und stählerner Entschlossenheit zum Weitermachen zwingen.

Ich versuche, das buddhistische Prinzip der Unbeständigkeit als meinen Leitfaden zu verwenden. Wenn ich mich körperlich anstrenge, rufe ich mir ins Gedächtnis, dass auch dies vorübergehen wird und ich mich in naher Zukunft entspannen kann. Zu wissen, dass sich das Leiden verändern wird, ist eine wichtige Sache, an der ich festhalte. Dies erlaubt mir, mich selbst anzuspornen. Sich auf die vorübergehende Natur des Leidens zu konzentrieren hilft mir, meine Beziehung dazu zu ändern.

Früher habe ich es gehasst, Sport zu treiben, und obwohl diese Form des Trainings kaum als »vergnüglich« bezeichnet werden kann, hilft sie mir auf jeden Fall, einen stärkeren Willen zu entwickeln. Die Endorphine nach einem harten Training sind extrem hilfreich für das mentale Wohlbefinden und haben einen erheblichen Einfluss auf meine Angstzustände gehabt.

»Die Maske und die Gewichtsweste sind eine großartige Möglichkeit für mich, mich in einem sehr kontrollierten Umfeld zu fordern.«

21. Bekämpfe eine Angst

Kategorie: mentale Kraft
Klassifizierung: monumental
Schwierigkeitsgrad: 10 (sehr schwer)
Zeitaufwand: ein paar Stunden bis hin zu einem Jahr

Worum es geht: Suche dir etwas aus, das dir eine Heidenangst einjagt, und überwinde deine Angst davor. Die Liste der Dinge, die Menschen Angst machen, ist gewaltig und unterscheidet sich von Mensch zu Mensch. Ich schlage vor, dass du dir das wählst, was dir gerade in den Sinn kommt – etwas, bei dem es offensichtlich ist, dass du dich damit auseinandersetzen musst. Was auch immer dir gerade durch den Kopf schießt, ist das Richtige.

Vielleicht hast du mehrere Ängste, die du überwinden möchtest, also schreibe eine Liste und nimm die furchteinflößendste zuerst in Angriff.

Beispiele für häufige Phobien oder Angstzustände sind: Fliegen, Blutspenden, Krankenhäuser, öffentliches Reden (siehe auch die Rede-Challenge S. 163 für eine ausgiebige Konfrontation mit dieser Angst), Partys, ein Besuch beim Zahnarzt, Spinnen, Aufzüge, Schlangen, die U-Bahn und kleine Räume.

Was das Ziel ist: Die Überwindung einer Angst wird deine Psyche stärken und dein Selbstvertrauen fördern. Du wirst mit etwas zutiefst Persönlichem konfrontiert und lernst, wie du dieses Hindernis in deinem Leben meistern kannst.

Wie du es anpackst: Indem du dich dem aussetzt, wovor du Angst hast, kannst du dich unempfindlich gegen diese Angst machen.

Wenn du zum Beispiel Angst vor Krankenhäusern hast, besuche ein Krankenhaus. Wenn du dich vor Clowns fürchtest, gehe in den Zirkus. Wenn du Angst vor dem Fliegen hast, buche einen Kurzstreckenflug irgendwohin. Verbringe Zeit in der Nähe dessen, was dir Unbehagen bereitet, und setze dich direkt damit auseinander. Gehe zum Blutspenden, halte eine Tarantel in der Hand, nimm den Aufzug, anstatt die Treppe zu steigen.

Vielleicht ist das die schwierigste Challenge für dich in diesem Buch, aber möglicherweise ist damit auch das größte Wachstumspotenzial verbunden. Dies kann wirklich dein Leben verändern. Indem du die Sache angehst, vor der du dich am meisten fürchtest, wirst du dir selbst beweisen, dass du in der Lage bist, deine schlimmsten Zweifel und Phobien zu überwinden. Du wirst sehen, wie stark du sein kannst, und du wirst bereit sein, mit allem umzugehen, was das Leben dir zumutet.

Gehe behutsam vor bei dieser Aufgabe und arbeite die Sachen langsam durch. Bücher über das Thema zu lesen und eine intensive Online-Recherche zu der Frage, wie man Angstmuster aufbrechen kann, wird dir entscheidend helfen. Es ist auch nichts falsch daran, professionelle Hilfe zu suchen, um eine besonders starke Angst oder Phobie zu überwinden. Achte darauf, dass du es anfangs ruhig angehst und bitte dein Umfeld oder einen Therapeuten um Unterstützung. Die Menschen in deinem Leben werden so stolz auf dich sein, weil du dich mit deinen Ängsten auseinandersetzt, und ich habe keinen Zweifel daran, dass es andere dazu inspirieren wird, an ihren eigenen Problemen zu arbeiten.

Schritt 1: Entscheide dich für die Angst, die du überwinden möchtest.

Schritt 2: Recherchiere und entwickle einen Schlachtplan, um die Angst zu bekämpfen.

Schritt 3: Beginne, dich der Sache auszusetzen, die dir am meisten Angst macht. Fange langsam damit an und steigere den Grad der Belastung, sobald du dich wohler fühlst.

Schritt 4: Wiederhole Schritt 3, wobei du die Zeitspanne verlängerst, in der du dich mit deiner Angst konfrontierst.

Schritt 5: Versuche, dich trotz deiner Angst zu entspannen und ehe du dich versiehst, hast du das Unmögliche erreicht und etwas geschafft, das dir vorher Angst gemacht hat. Das ist viel leichter gesagt als getan!

Ein Beispiel anhand einer Angst vor Spinnen:

Schritt 1: Okay, ich hasse Spinnen. Das ist meine Angst, mit der ich mich beschäftigen möchte.

Schritt 2: Ich gehe in die Zoohandlung, um eine Tarantel anzuschauen und dann zu halten.

Schritt 3: Diese Tarantel ist eklig. Vielleicht schaue ich sie mir heute nur fünf Minuten lang an.

Schritt 4: Okay, Runde zwei. Mal sehen, ob ich das Bein anfassen kann, ohne auszuflippen. Ich frage lieber einen Verkäufer, ob er die Spinne aus dem Terrarium holt. Okay, es geht los. Ahhhhhh! Okay, nicht so schlimm, wie ich dachte. Vielleicht kann ich sie tatsächlich halten. Vielleicht.

Schritt 5: Die Spinne krabbelt auf meiner Hand. Tief durchatmen. Ein und aus. Wow, ich schaffe es. Ich mache besser ein Foto, um das zu dokumentieren!

Schritt 6: Ich kann mich jetzt freuen, muss aber regelmäßig wiederkommen, damit ich die Angst nicht neu entwickle.

Das obige Beispiel ist einfach, soll aber eine Idee davon geben, wie die schrittweise Angstbekämpfung funktionieren kann. Indem du deinen Ängsten Zeit widmest, werden diese sich verändern. Viel Glück dabei, es ist eine schwierige Aufgabe!

Extra-Challenge: Betrachte alles, was dir Angst macht, und arbeite diese Liste systematisch ab. Oder hilf jemandem, den du kennst, bei der Bekämpfung seiner Ängste. Du kannst die Person mit der Clownsmaske oder der Flugbegleiter sein.

Tiefer einsteigen: *Selbstvertrauen gewinnen: Die Angst vor der Angst verlieren* von Susan Jeffers ist eine großartige Lektüre. Ich möchte dir dieses Buch wirklich sehr ans Herz legen – es wird dir helfen, all deine Ängste und Phobien zu verarbeiten.

Es gibt viele einzigartige und ungewöhnliche Phobien. Eine besonders interessante Phobie ist die Pogonophobie (Angst vor Bärten). Wenn du dich mit der Liste von Ängsten beschäftigst, die Menschen haben können, wird dir klar, dass Ängste – gewöhnliche sowie ungewöhnliche – einfach zum Menschsein dazugehören. Ich fand das ziemlich beruhigend, als ich mich mit meinen Ängsten auseinandersetzte. Ich hoffe, so wird es dir auch ergehen.

Mind ist eine Wohltätigkeitsorganisation für psychische Gesundheit, die Unterstützung bei vielen verschiedenen Krankheiten anbietet. Auf ihrer Website (www.mind.org.uk) findet man sehr interessante Texte zum Thema Phobien. Hier gibt es eine Menge fantastischer Ratschläge zum Umgang mit Ängsten und Angstzuständen.

Das Internet ist eine wunderbare Ressource, eine Quelle, die mit unglaublich hilfreichen Informationen zur Überwindung von Phobien gefüllt ist. Gehe auf Entdeckungsreise!

Meine Erfahrung: Ängste und Phobien haben die Fähigkeit, deine Welt zu reduzieren und dich zu einem eingeschränkten Leben zu zwingen. Vor etwa zwölf Jahren entwickelte ich eine chronische Angst vor dem Fliegen. Als mir ein Urlaub in Paris spendiert wurde, konnte ich den Gratis-Flug London–Paris wegen meiner Angst nicht wahrnehmen, sondern musste stattdessen eine Menge Geld für Zugtickets für den Eurostar ausgeben. Die Reise wurde zu einem Alptraum und ich vergeudete dabei eine Menge Geld, Energie und Zeit. Es war eine schreckliche Erfahrung – ich fühlte mich selbst so eingeschränkt. Damals habe ich einfach die Angst gewinnen lassen. Anstatt mich mit ihr auseinanderzusetzen, ließ ich sie mein Leben beherrschen. Wenn ich mich dieser Angst nicht gestellt hätte, wäre ich für immer dazu verdammt gewesen, an keiner Reise mehr teilzunehmen, die einen Flug erforderte. Doch ich löste das Problem, indem ich mich immer wieder mit meiner Angst konfrontierte. Ich fing mit kurzen Flügen an und zwang mich so, mich ans Fliegen zu gewöhnen. Je öfter ich es tat, desto normaler wurde es für mich. Mit der Zeit bekam ich keine schwitzigen Handflächen mehr und konnte den Start, den Flug und die Landung sogar genießen.

In den letzten zwölf Jahren bin ich um die ganze Welt geflogen und liebe das Fliegen (mittlerweile) über alles. Ich finde es so aufregend, weil ich weiß, dass es mich an einen neuen und inspirierenden Ort bringen wird. Ich bin mit einem 24-Stunden-Flug von Sydney nach London geflogen und es war kein Problem. Ich bin auf dem turbulentesten Flug, den man sich vorstellen kann, über 6000 Meter hohe Berge nach Cusco in Peru geflogen und habe dabei nicht die Fassung verloren. Ich habe unzählige Langstreckenflüge auf der ganzen Welt hinter mir und habe meine Einstellung dazu völlig verändert. Diese Veränderung verdanke ich meiner Auseinandersetzung mit meinen Ängsten.

Während der Zeit meiner schweren Angstzustände kehrte meine Flugangst zurück. Mir stand eine Reise bevor und ich begann, mir

Gedanken über den Flug zu machen. Es war nur ein kurzer Flug innerhalb Europas, aber ich konnte spüren, wie die Sorgen in mir aufstiegen. Als ich anfing, mit den Herausforderungen in diesem Buch den Umgang mit Unwohlsein zu üben, änderte sich meine Einstellung zu diesem bevorstehenden Flug völlig. Er wurde zu einer weiteren Herausforderung für mich. Ich hatte in der Vergangenheit schon längere Flüge absolviert, also wusste ich, dass ich diese Angst schon einmal überwunden hatte, und jetzt ging es darum, »wieder aufs Pferd zu steigen«. Dieser Ansatz wirkte Wunder. Den Flug als eine weitere großartige Möglichkeit zu sehen, mich selbst herauszufordern, war sehr hilfreich. Der Flug war am Ende fantastisch.

Danach begann ich, nach anderen Ängsten zu suchen, die sich zunehmend wieder bemerkbar machten. Ich entschied mich für den längst überfälligen Besuch beim Zahnarzt. Der Gedanke daran erfüllte mich mit Adrenalin und Grauen. Und was tat ich? Ich ging hin und tat es trotzdem. Ein weiteres Häkchen in der Rubrik »Widrigkeiten«.

Nach dem ersten Besuch beim Zahnarzt musste ich für viele Füllungen wiederkommen. Ich hatte noch nie in meinem Leben eine Füllung bekommen und die Aussicht, für mehrere Behandlungen zum Zahnarzt zu gehen, machte mich krank. Ich verbrachte den größten Teil des Tages damit, mir darüber Gedanken zu machen, bevor ich endlich zur Ruhe kommen konnte. Es ist unglaublich, wie sehr mein Verstand mit Angst und Sorgen beschäftigt war. Die stoische Antwort war meine einzige Option. Ich musste die Umstände akzeptieren, weil der Widerstand dagegen mich in den Wahnsinn trieb und mich unglücklich machte. Ich legte Behandlungstermine fest und nahm die Herausforderung an. Was hätte ich sonst tun können?

Ich saß vollkommen nervös im Wartezimmer des Zahnarztes und als ich das Geräusch des Bohrers aus dem Behandlungszimmer hörte, wurde es keinesfalls besser. Ich fühlte mich unwohl, aber das gab mir die Möglichkeit, meine Selbstbeherrschungstechniken anzuwenden. Wenn ich ehrlich bin, waren die meisten davon für die Katz, und ich musste mich extrem zusammenreißen, um nicht von der Angst übermannt zu werden. Ich hatte die *Selbstbetrachtungen* von Mark Aurel dabei, das Buch des stoischen Philosophen, das ich gerade wieder las. Als ich mir die markierten Passagen nochmals anschaute (ja, ich bin so ein Nerd, der immer mit Textmarker in der Hand liest) sprang mir folgende besonders ins Auge:

»Alles ist Meinung, und diese hängt ganz von dir ab. Räume also, wenn du willst, die Meinung aus dem Wege, und gleich dem Seefahrer, der eine Klippe umschifft hat, wirst du unter Windstille auf ruhiger See in den sicheren Hafen einfahren.«

Ich selbst war es, der alles viel schlimmer machte, als es eigentlich war. Das sagte ich mir immer wieder, als ich in den Zahnarztstuhl gerufen wurde. Ich war nervös, versuchte aber, nicht noch mehr Sorgenberge aufzutürmen.

Am Ende des Termins fühlte ich mich wie ein Held. Ich hatte es geschafft, etwas zu tun, wovor ich Angst hatte, und diese Erfahrung zu überstanden. Die Endorphine flossen und ich hatte das Gefühl, echte Fortschritte gemacht zu haben. Als ich das nächste Mal wieder zum Zahnarzt ging, war ich viel selbstbewusster und konnte besser mit der Situation umgehen als beim ersten Mal. Je vertrauter mir diese Erfahrung wurde, desto mehr nahm die damit verbundene Angst ab. Die Sachen direkt anzugehen, ist der beste Weg.

Was ich gelernt habe: Die wichtigste Erkenntnis aus dieser Challenge war, der Angst in die Augen zu blicken. Jedes Mal, wenn ich von der Angst überwältigt wurde, bin ich *immer* dann besser mit ihr klargekommen, wenn ich sie frontal angegangen bin. Das ist wirklich schwer, aber es ist der einzige Weg, wie ich erfolgreich mit der Angst umgehen konnte. Die Vermeidungsstrategie funktioniert nicht und macht die Dinge nur viel schlimmer, als sie sein müssten.

Ich wünschte, es wäre einfach für mich, diesen Rat immer selbst zu befolgen und der Angst die Stirn zu bieten, aber das ist es nicht. Jedes Mal, wenn ich Angst habe, ist es schwer. Aber ich weiß jetzt, dass es für mich wirklich nur einen Weg gibt, mit dieser Situation umzugehen. Mich der Herausforderung zu stellen, die vor mir liegt, ist meine einzige Option. Das ist kurz gesagt, wie man lernt, die Härte des Lebens zu seiner Hängematte zu machen.

»Jedes Mal, wenn ich von der Angst überwältigt wurde, bin ich immer dann besser mit ihr klargekommen, wenn ich sie frontal angegangen bin.«

22. Pfeife mit den Fingern

Kategorie: Fertigkeit
Klassifizierung: erfordert Ausdauer
Schwierigkeitsgrad: 4 (leicht)
Zeitaufwand: ein paar Stunden/bis zu einer Woche

Worum es geht: Lerne, mit den Fingern im Mund zu pfeifen. Wenn es richtig ausgeführt wird, ist es extrem laut und kann dazu genutzt werden, jemanden aus der Ferne auf sich aufmerksam zu machen.

Was das Ziel ist: Diese Fähigkeit erfordert viel Geduld. Die Änderungen, die du vornehmen musst, um den »Sweet Spot« zu finden, an dem der Pfiff richtig gut hörbar wird, sind sehr subtil. Es kann sehr viel Zeit in Anspruch nehmen, bis es funktioniert. Wahrscheinlich wird es viele Fehlversuche geben. Konzentriere dich auf dein dynamisches Mindset.

Es mag hilfreich sein oder auch nicht, einen Freund aus der Ferne auf sich aufmerksam zu machen, aber zumindest kannst du jetzt mit Stil in New York ein Taxi herbeirufen.

Wie du es anpackst: Wenn man seine Finger auf eine bestimmte Weise in den Mund nimmt, kann man damit ein lautes, schrilles Pfeifen erzeugen. Der Schlüssel zum Erfolg liegt darin, seine Zunge in der Mitte quer zu falten und die richtige Stellung für den Mund zu finden. Das Üben erfordert viel Ausdauer, da man lange experimentieren muss, um den gewünschten Ton zu erhalten.

Schritt 1: Nimm Zeige- und Mittelfinger beider Hände und bilde damit zwei imaginäre Pistolen. Ja, genau so, wie du es als Kind gemacht hast.

Schritt 2: Schiebe die Finger mit den Fingernägeln nach oben auf deiner Unterlippe in den Mund. Beide Mittelfinger treffen sich in einem 90-Grad-Winkel. Verwirrt? Überspringe diese umständliche Beschreibung und suche online nach Videos und Bildern. Diejenigen, die sich an meine Beschreibung halten wollen, lesen weiter. Ich werde mein Bestes tun (es ist tatsächlich überraschend schwer, dies ohne Hilfe von Bildern zu beschreiben).

Schritt 3: Falte deine Zunge in der Mitte und drücke sie mit deinen Fingern nach unten (Zungenspitze nach hinten in den Mund geschoben). Deine Finger sollten bis zum ersten Knöchel im Mund liegen. (Ich hoffe, du hast vor Beginn deine Hände gewaschen.)

Schritt 4: Schließe deine Lippen um deine Finger und puste. Das wird wahrscheinlich nicht direkt funktionieren. Aber keine Sorge, das ist genau das, worum es geht: Auf diese Weise kannst du üben, wie es ist, bei etwas zu versagen. Hurra!

Schritt 5: Verändere die Form deines Mundes beim Pusten.

Schritt 6: Wiederhole das, bis dir die Luft ausgeht und dir schwindlig wird. Mache zunächst eine Pause und fahre dann fort. Mache weiter, bis es mit dem Pfeifen klappt.

Sieh dir unbedingt online Videos oder Bilder an, um dir ein klares Bild von der Methode zu verschaffen.

Extra-Challenge: Versuche es einhändig oder mit anderen Varianten (zwei kleine Finger).

Bringe einem Kind bei, so zu pfeifen. Für Kinder ist es meist sehr schwierig, das zu lernen, dementsprechend schwierig ist es auch, diese Fertigkeit zu unterrichten

Tiefer einsteigen: Gib »mit den Fingern pfeifen lernen« in YouTube ein, und schau dir die vielen tollen Videos an, mit deren Hilfe du üben kannst.

Entdecke ähnliche Techniken. Du könntest zum Beispiel versuchen, den Eulenruf zu lernen (eine weitere knifflige Herausforderung). Indem du deine Hände auf eine bestimmte Weise zusammenpresst und dann über den kleinen Spalt zwischen deinen Daumen in den Hohlraum bläst, kannst du den Klang eines Eulenschreis erzeugen. Achte darauf, dass die Luft nur durch den Spalt zwischen deinen Daumen entweichen kann. Das Blasen in den Spalt lässt das Eulengeräusch auf ähnlich Weise entstehen, wie wenn man über die Oberkante einer Glasflasche bläst, um einen Ton zu erhalten. Es kann eine Weile dauern, bis du diese Fähigkeit beherrschst, da du üben musst, die Hände zu einem passenden Hohlraum zu formen.

Eine weitere Aufgabe könnte darin bestehen, mit einem Grashalm den Ruf einer Ente nachzuahmen. Nimm einen dicken Grashalm und spanne ihn zwischen deinen Daumen auf. Der Grashalm sollte an der Außenseite der Daumen entlanglaufen. Achte darauf, dass der Grashalm straff ist, während du durch den kleinen Spalt pustest. Das Geräusch, das dabei entsteht, ähnelt einem Entenruf. Das funktioniert ähnlich wie bei einem Rohrblatt, das bei Holzblasinstrumenten verwendet wird. Nutze Videos im Internet, um dir die Methode erklären zu lassen, und mach dich bereit, einige neue Entenfreunde zu gewinnen.

Hör dir auch mal die Pfeifsprache der mexikanischen Indianer aus Oaxaca an. Diese »Sprache« verwendet keine Worte, sondern kommuniziert Botschaften durch Pfeifen.

Meine Erfahrung: Es hat eine halbe Ewigkeit gedauert, bis ich das gelernt habe. Ich habe so viel Energie darauf verwendet, die Feinheiten richtig hinzubekommen, dass ich ehrlich gesagt dachte, ich würde es nie schaffen. Mein Traum, in New York mal ein Taxi herbeizupfeifen, schien sich erledigt zu haben. Ich pustete, bis mir schwindelig wurde, legte eine Pause ein und versuchte es dann erneut. Es dauerte ewig und ich war es schon leid, meine Finger in den Mund zu stecken.

Am Ende, nach einer unglaublich langen Zeit schaffte ich es, einen Pfiff hinzubekommen. Die Ausdauer hatte sich gelohnt! Und als es mir endlich gelang, zuverlässig einen Pfeifton zu erzeugen, war ich überglücklich. Obwohl es eigentlich einfach ist, war es wirklich schwer zu lernen, aber sobald ich die richtige Technik beherrschte, wurde es zum Kinderspiel. Jetzt kann ich diese neue Fähigkeit blitzschnell einsetzen und jeden in einem Umkreis von 10 Metern damit nerven.

Was ich gelernt habe: Man darf niemals aufgeben. Ich habe immer wieder versucht, es hinzubekommen, und bin immer wieder gescheitert. Es gibt ein tolles Sprichwort, das besagt: »Erfolg ist das Ergebnis dessen, wie oft man bereit ist zu scheitern.« Bei dieser Fähigkeit ging es genau darum. Versuchen, versuchen und abermals versuchen. Irgendwann hat es dann geklappt, aber es hat eine Menge Arbeit gekostet.

Wie hilft mir das jetzt weiter? Es geht darum zu lernen, an schwierigen Sachen dranzubleiben und mit Misserfolgen konstruktiv umzugehen (Growth Mindset – die dynamische Denkweise). Wenn ich das auf einer sehr kleinen und unbedeutenden Ebene kann, sollte ich mit etwas Übung in der Lage sein, dies auch auf die größeren und anspruchsvolleren Schwierigkeiten anzuwenden, die in meinem Leben auftauchen. Hier war die Lektion offensichtlich und ich fühlte mich durch die Einfachheit der Aufgabe inspiriert.

»Es geht darum zu lernen, an schwierigen Sachen dranzubleiben und mit Misserfolgen konstruktiv umzugehen.«

23. Faste

Kategorie: mentale Kraft
Klassifizierung: erfordert Ausdauer
Schwierigkeitsgrad: 6 (mittel)
Zeitaufwand: 24 Stunden

Worum es geht: Fasten bedeutet, eine bestimmte Zeit lang keine Nahrung zu sich zu nehmen. Millionen von Menschen fasten jedes Jahr aus religiösen Gründen oder im Rahmen einer Diät. Die Challenge besteht darin, 24 Stunden lang zu fasten.

Was das Ziel ist: Fasten kann eine großartige Möglichkeit sein, den Körper zu entgiften. Es ist aber leider auch mühsam, unangenehm und verlangt mentale Stärke von dir.

Hungrig zu sein kann uns in einen sehr ursprünglichen Zustand versetzen. Wir werden schneller wütend, unser Körper gibt uns ein schlechtes Gefühl und wir sehnen uns nach einer sofortigen Lösung. Eine großartige Chance, sich darin zu üben, mit solchen Gefühlen umzugehen.

Wie du es anpackst: Lasse Frühstück, Mittagessen und alle Zwischenmahlzeiten bis zum Abend aus. Achte darauf, viel Wasser zu trinken, um den ganzen Tag über ausreichend mit Flüssigkeit versorgt zu sein.

Schritt 1: Entscheide dich für einen Tag, an dem du fasten möchtest. Ich schlage einen Tag vor, an dem du nicht arbeiten musst, damit du dich ganz auf deine Empfindungen beim Fasten einlassen kannst.

Schritt 2: Iss am Tag vor dem Fasten früh zu Abend und beginne den Countdown. Notiere dir die Zeit, zu der du aufgehört hast zu essen, und schon ist alles bereit. Der restliche Abend bis zum Schlafengehen sollte leicht zu bewältigen sein.

Schritt 3: Wache auf, lasse das Frühstück aus und beginne, viel Wasser zu trinken.

Schritt 4: Spare dir das Mittagessen und trinke stattdessen weiterhin Wasser. Lass es ruhig angehen und beobachte deinen Zustand. Du musst stark bleiben, auch wenn du dich unwohl fühlst. Stell dich darauf ein, dass sich deine Stimmung dramatisch verändern wird und du sehr wahrscheinlich »hangry« wirst. Dies ist eine Mischung aus hungrig (*hungry*) und wütend (*angry*) und Teil des Fastenprozesses.

Schritt 5: Lenke dich den Nachmittag über so viel wie möglich ab, bis du die 24-Stunden-Marke erreicht hast.

Schritt 6: Feiere die 24 Stunden ohne Essen besser nicht mit einem riesigen Festmahl, da dein Körper damit nur schwer zurechtkommen würde. Dein Verstand wird dich austricksen und nach mehr verlangen, also achte auf die Menge, die du nach dem Fasten zu dir nimmst. 2 Kilogramm Nudeln zu kochen ist wahrscheinlich nicht ideal, auch wenn du das Gefühl hast, du könntest dein eigenes Gewicht in Fusilli verdrücken.

Extra-Challenge: Faste noch länger. Sei dabei vorsichtig und lass dich beraten, was dein Körper verkraften kann. Es gibt einige medizinische Einrichtungen (Fastenkliniken), in denen betreutes Fasten angeboten und der gesamte Prozess vor Ort begleitet wird. Ziehe dies in Betracht, wenn du dich wirklich fordern möchtest.

Eine langfristige Herausforderung wäre es, regelmäßige Fastenphasen in deinen Wochenablauf einzubauen – das sogenannte Intervallfasten.

Tiefer einsteigen: Informiere dich über die »Ketogene Diät« und wie dein Körper von der »Ketose« profitieren kann. Dieser Prozess kann durch Fasten angestoßen werden und beinhaltet, dass deine Körperfunktionen nun durch die Verbrennung von überschüssigen Fettspeichern aufrechterhalten werden. Anstatt mit Zucker und Glukose als Brennstoff zu arbeiten, verbrennt dein Körper Fett. Dieser Prozess ist sehr ökonomisch und bewirkt eine langfristige Energiefreisetzung und Gewichtsabnahme. Es ist ein faszinierendes Thema.

Sich grundsätzlich dazu zu entscheiden, nur einmal am Tag zu essen, ist etwas, das viele Menschen praktizieren. Wim Hof (»The Iceman«) isst nur einmal am Tag und ist ein großer Fan dieses Ernährungsansatzes. Mach dir Gedanken, wie du »zeitbegrenztes Essen« in dein Leben einbauen könntest.

Fastenkliniken werden immer beliebter, finde heraus, welche Möglichkeiten es in deiner Umgebung gibt.

Schau dir die »16:8«-Diät an und entdecke die wunderbare Welt des Intervallfastens.

Meine Erfahrung: Als ich das erste Mal fastete, konnte ich kaum glauben, wie lange ich ohne Essen auskommen konnte. Ich ließ das Frühstück aus, aß erst spät zu Mittag und schaffte so auf Anhieb 18 Stunden. Es war nicht besonders schwer, obwohl ich zum Ende hin doch etwas zu kämpfen hatte. Ich trank unzählige Tassen grünen Tee, um den Hunger zu bekämpfen, und war über mich selbst erstaunt. Ich hatte noch nie darüber nachgedacht, Mahlzeiten auszulassen, geschweige denn, tatsächlich zu »fasten«. Das Konzept schien mir verrückt und ich zweifelte, dass ich es durchziehen könnte. Doch wieder einmal lag ich falsch!

Ich führte das Fasten langsam in meine wöchentliche Routine ein und legte montags längere und mittwochs und freitags etwas kürzere Fastenzeiten ein. Es wurde ziemlich einfach für mich, 16 bis 18 Stunden zu fasten, ohne einen großen Unterschied in meiner Stimmung zu bemerken.

Als ich anfing, die 18-Stunden-Grenze zu überschreiten und sowohl das Mittagessen als auch das Frühstück auszulassen, wurde es bedeutend schwieriger. Ich empfand dies als sehr herausfordernd und verspürte das psychologische Bedürfnis, eine Notration in der Nähe zu haben, für den Fall, dass es mir schlecht gehen würde. Während des Fastens fühlte ich eine Leere in meinem Magen und ein Kribbeln, wie ich es noch nie zuvor erlebt hatte. Es war nicht so sehr eine schmerzhafte Erfahrung, sondern eher eine ungewohnte. Ich wurde leicht reizbar und mein Energielevel sank rapide ab. Es war erstaunlich, wie schwierig es mit der Zeit wurde. Ich bekam starke Kopfschmerzen und gegen Ende wurde es immer anstrengender, mit meinen Empfindungen fertig zu werden. Es war keinesfalls angenehm, mich selbst so unter Druck zu setzen, und ich musste mich wirklich zusammenreißen, um die Challenge durchzuhalten, 24 Stunden ohne Essen waren eine echte mentale Herausforderung für mich. Ich konnte nicht aufhören, ans Fastenbrechen zu denken, und träumte von Käse, Donuts und Chips. Ich schaffte die 24 Stunden jedoch und feierte meinen Erfolg mit einem Essen. Einem echten Festmahl.

Ich nutze das Fasten jetzt als Möglichkeit, meinem Körper eine Pause zu gönnen, wenn ich zu viel gegessen habe. Ich versuche auch, das Frühstück auszulassen und die Intervalle zwischen den Mahlzeiten so groß wie möglich zu machen. Dadurch fühle ich mich leichter auf den Beinen und bin tendenziell energiegeladener.

Was ich gelernt habe: Mich selbst zum Fasten zu zwingen, änderte sofort meine Meinung darüber. Ein weiterer klassischer Fall, in dem ich eine selbst auferlegte Hürde geschaffen hatte. Die Erfahrung war nicht so, wie ich es mir vorgestellt hatte, und mein Körper kam erstaunlich gut damit zurecht. Wenn ich mich öfter mit der Einstellung »erst tun, dann denken« in neue Erfahrungen stürzen kann, werde ich davon immens profitieren. Sonst kann es mir leicht passieren, dass ich mir im Vorhinein viele Gedanken mache und Herausforderungen für zu schwer halte.

Ich habe auch gelernt, dass Hungergefühle kommen und gehen. Ich hatte das Gefühl, dass ich unmöglich noch länger durchhalten kann, mein Magen schmerzte und dann ging das Gefühl vorbei. Sich daran zu erinnern, wenn der Hunger groß ist, erfordert allerdings Übung. Leiden verändert sich ständig und ist vorübergehend. Haben wir das nicht schon einmal gehört?

Es ist interessant zu beobachten, wie sich meine Stimmung ändert, wenn ich hungriger werde. Ich habe auf jeden Fall weniger Geduld und lasse mich eher von Kleinigkeiten frustrieren. Mir bewusst zu machen, wie leicht sich meine Stimmung ändern kann, war sehr hilfreich. Das Fasten hat mir direkt gezeigt, dass meine Stimmung eine Reaktion auf chemische Zustände in meinem Körper ist. Das sollte eigentlich ziemlich offensichtlich sein, aber ich brauchte ein praktisches Experiment, um dieses Konzept wirklich zu »verstehen«. Das hat mir erlaubt, schneller Lösungen zu finden, wenn ich mich »daneben« fühle, und ich bin mir jetzt dessen bewusster, wie ich meine Stimmung ändern kann. Indem ich ein paar einfache Fragen stelle, kann ich schnell herausfinden, warum ich mich schlecht fühle. Habe ich kürzlich etwas gegessen? Habe ich genug geschlafen? Habe ich Sport gemacht oder war ich draußen? Einfaches Problem, einfache Lösung. Es ging darum, ein stärkeres Gefühl für mich selbst zu entwickeln, und das war eine äußerst wertvolle Lektion, die ich gelernt habe.

»Ich konnte nicht aufhören, an das Fastenbrechen zu denken, und träumte von Käse, Donuts und Chips.«

24. Sprich einen Fremden an

Kategorie: mentale Kraft
Klassifizierung: schnell erledigt
Schwierigkeitsgrad: 2 (leicht)
Zeitaufwand: fünf Minuten

Worum es geht: Sprich einen völlig fremden Menschen an und beginne ein Gespräch mit ihm. Beobachte, wie lange du die Person bei der Stange halten kannst. Du erhältst einen Bonuspunkt, wenn sich aus der Begegnung auch noch eine neue Freundschaft entwickelt.

Was das Ziel ist: Auf jemanden zuzugehen, um ein spontanes Gespräch zu führen, kann peinlich und herausfordernd sein. Das ist ein großartiger mentaler Widerstand, mit dem du dich auseinandersetzen kannst (obwohl der Schwierigkeitsgrad davon abhängt, wie selbstbewusst du gegenüber Fremden bist). Wenn du eher introvertiert bist, könnte diese Herausforderung bei 10 liegen. Wenn du extrovertiert bist, könnte diese Herausforderung eine 1 sein. Denke daran, es ist alles relativ.

Wie du es anpackst: Diese Challenge ist eigentlich recht unkompliziert und nimmt nicht viel Zeit in Anspruch.
Schritt 1: Suche dir eine fremde Person.
Schritt 2: Beginne ein Gespräch. Als Eisbrecher könnten Fragen dienen, die sich auf die nähere Umgebung beziehen oder auf aktuelle Nachrichten des Tages. Es kann nicht schaden, eine Art Einstiegstext im Kopf zu haben. Wenn du dich zudem persönlich offen zeigst und erst einmal über dich selbst erzählst, wird dein Gegenüber wahrscheinlich Vertrauen fassen und sich auf dich einlassen.

Extra-Challenge: Sprich eine Woche lang jeden Tag mit einem Fremden und schau, was passiert.

Versuche, einen neuen Freund zu finden, indem du mit beliebigen Menschen auf der Straße sprichst. Dies ist die ultimative Challenge – aus einem Fremden einen Freund zu machen!

Wenn du ohnehin selbstbewusst bist, kannst du diese Challenge noch schwieriger gestalten, indem du Dinge tust, die bei den Leuten eine seltsame Reaktion hervorrufen könnten. Versuche zum Beispiel, einen Akzent zu verwenden, den du nicht besonders gut beherrschst, um ein Gespräch mit jemandem zu beginnen. Das ist ziemlich krass und die Vorstellung davon ist mir sehr unangenehm. Beobachte, wie die Leute reagieren, während du versuchst, dich maximal zu blamieren.

Du könntest versuchen, auf jemanden zuzugehen und ihm zu sagen, wie toll er aussieht. Nicht auf eine unangenehme Art und Weise! Aber dies zu tun, erfordert eine große Menge an Selbstvertrauen. Mach dir keine Gedanken über die Reaktion, konzentriere dich einfach darauf, jemandem, den du nicht kennst, etwas Nettes zu sagen.

Tiefer einsteigen: *Wie man Freunde gewinnt: Die Kunst, beliebt und einflussreich zu sein* von Dale Carnegie ist ein Buch, das dir hilft, ein besseres Verhältnis zu deinen Mitmenschen zu entwickeln. Es wird dir ein paar Ideen geben, wie du auf fremde Menschen zugehen kannst.

»Wie man mit jedem ins Gespräch kommt« ist ein Konzept, das in vielen, vielen Büchern und Artikeln behandelt wird. Lies dich in die Thematik ein und erweitere so deine soziale Kompetenz.

Das Buch *Still: Die Kraft der Introvertierten* von Susan Cain ist beeindruckend und beschäftigt sich mit der Dynamik zwischen Introvertierten und Extrovertierten. Wenn du introvertiert bist, musst du dieses Buch unbedingt lesen. Wenn du extrovertiert bist, solltest du es ebenfalls unbedingt lesen.

Meine Erfahrung: Das Leben in London, wo die Menschen dazu neigen, unter sich zu bleiben, hatte auf mich abgefärbt. Unterwegs ohne Grund ein Gespräch mit jemandem zu beginnen, war für mich unvorstellbar (eine sich selbst erfüllende Prophezeiung).

In der Londoner U-Bahn redet niemand wirklich miteinander und der Versuch, ein Gespräch mit jemandem anzufangen, der zufällig vorbeikommt, wird wahrscheinlich folgende Reaktion hervorrufen: »Wer ist dieser Verrückte? Der ist sicher betrunken oder auf Drogen, oder er versucht, mich auszunehmen.« Das habe ich jedenfalls gedacht und ich kenne viele, denen es genauso geht. Ja, es ist dumm, so zu denken, aber man sieht es echt selten, dass sich Fremde in der U-Bahn unterhalten. Ich habe lange Zeit in London gelebt und es passiert wirklich nicht so oft. Es sei denn, es ist wirklich spät in der Nacht und die Leute sind betrunken.

Während meines Jahres der Widrigkeiten wohnte mein Vater bei mir, da er in London arbeitete. Meine Eltern leben nicht in London und obwohl sie einen großen Teil ihres Lebens in London verbracht haben, sind sie jetzt echte Landbewohner. Auf dem Land reden die Leute miteinander. Unglaublich, ich weiß.

Am Ende seines Arbeitstages kam mein Vater nach Hause und erzählte mir von all den Gesprächen, die er mit Leuten in der U-Bahn geführt hatte. Ich war völlig sprachlos. Er verbrachte die meiste Zeit der Fahrt damit, sich mit Fremden in der U-Bahn zu unterhalten. Ich konnte mir nur vorstellen, wie die Londoner darauf reagieren würden – Schock pur.

Meine heftige Reaktion brachte mich dazu, darüber nachzudenken, wie ich diese Vorstellung entwickelt hatte, dass die Menschen in London nicht miteinander sprechen und dass man nicht mit Fremden sprechen sollte. Warum war das so? Inspiriert von den Gesprächen meines Vaters mit allen möglichen Leuten, beschloss ich, dass dies ein großartige Methode sein würde, um mich sofort unwohl zu fühlen. Und ich hatte Recht.

Ich habe zunächst mit kurzen Gesprächen mit Fremden angefangen, bis ich besser darin wurde, mit Menschen zu sprechen, die ich nicht kannte. Das hört sich jetzt wahrscheinlich so an, als ob es einfach wäre, aber ein unaufgefordertes Gespräch mit einem völlig Fremden zu beginnen erfordert Selbstvertrauen. Für mich war das eine schwierige Herausforderung, aber eine lohnende. Ich erinnere mich, wie ich mit einem Mann ein Gespräch über das Parkhaus begann, in dem wir gerade geparkt hatten (klingt nicht gerade sehr aufregend, ich weiß), das sich tatsächlich zu einer interessanten Unterhaltung entwickelte. Ich war überrascht, wie einfach die Kommunikation war, nachdem das Eis erst einmal gebrochen war.

Mit der Zeit wurde ich immer sicherer darin, mit Leuten zu sprechen, die ich nicht kannte. Natürlich habe ich nicht vor, jeden anzusprechen, der mir begegnet, aber ich bemühe mich, mit Fremden immer längere Gespräche zu führen. Das ist auf jeden Fall eine Fähigkeit, in der ich mich noch weiter üben möchte.

Was ich gelernt habe: Leg einfach los und ergreif die Initiative. Die Menschen sind meist sehr gesprächsbereit und viel freundlicher, als du denkst. Ich hatte angenommen, niemand würde sich auf dieses Experiment einlassen, aber die Reaktionen haben mich wirklich selbst überrascht.

Es kommt alles auf die Sichtweise an. Obwohl es den Anschein hatte, dass jeder in seiner eigenen Blase lebte, lag das zum großen Teil daran, wie ich die Situation betrachtete. Die meisten Leute wollen einfach nur in Ruhe ihren eigenen Sachen nachgehen, aber das heißt nicht, dass sie nicht mit dir reden wollen. Ich hatte eine solche persönliche Barriere aufgebaut, dass ich annahm, jeder sei so wie ich.

Das war nicht der Fall. Ich musste viele Male das Eis brechen, um das aus erster Hand zu erfahren, aber es hat die Art und Weise verändert, wie ich mit Menschen umgehe. Ich spreche jetzt ständig mit Fremden und habe unzählige zufällige Gespräche geführt. Mein altes Ich wäre wahrscheinlich zurückgeschreckt, aber durch diese Challenge habe ich sichtlich an Selbstvertrauen gewonnen.

»Unterwegs ohne Grund ein Gespräch mit jemandem zu beginnen, war für mich unvorstellbar.«

25. Mach den Beep-Test

Kategorie: körperliche Kraft
Klassifizierung: schnell erledigt
Schwierigkeitsgrad: 7 (schwer)
Zeitaufwand: eine Stunde inklusive Aufbau

Worum es geht: Der Beep-Test, auch Shuttle-Run-Test oder Piepstest genannt, ist eine Möglichkeit, sein Fitnesslevel zu bestimmen. Sportmannschaften und das Militär verwenden ihn häufig, um die aerobe Fitness zu messen. Im Grundsatz geht es darum, zwischen zwei Verkehrshütchen hin- und herzulaufen, die 20 Meter voneinander entfernt aufgestellt sind. Dabei muss man darauf achten, dass man den Kegel jeweils erreicht, bevor der nächste Piepston zu hören ist. Die Abstände zwischen den Tönen werden kürzer, während man die verschiedenen Stufen des Tests durchläuft. Der gesamte Test dauert etwa 20 Minuten. Um den Test erfolgreich zu absolvieren, muss man extrem fit sein.

Diese Challenge zeigt dir, wie weit du beim Beep-Test kommst, und erlaubt dir, dieses Ergebnis festzuhalten.

Was das Ziel ist: Dies ist eine großartige Möglichkeit, deine aktuelle Fitness einzuschätzen. Um eine hohe Punktzahl zu erreichen, braucht man ein gutes Maß an aerober Kapazität. Der Richtungswechsel ist anstrengend, verbessert aber deine Beweglichkeit. Es ist eine anspruchsvolle Challenge, die auch mentale Stärke erfordert.

Wie du es anpackst: Es gibt viele Möglichkeiten, den Beep-Test zu absolvieren. Die nachstehende Methode ist die einfachste und erfordert nur wenig Aufwand deinerseits (außer der eigentlichen Durchführung des Tests).

Schritt 1: Lade eine der vielen angebotenen Beep-Test-Apps auf dein Smartphone oder Tablet.

Schritt 2: Suche nun einem geeigneten freien Platz (öffentliche Parks eignen sich gut dafür), beschaff dir ein paar Pylone oder Ähnliches und sieh, wie weit du mit dem Test kommst.

Extra-Challenge: Absolviere den Test zweimal und schlage deinen eigenen Rekord.

Eine Punktzahl von 16 entspricht der Fitness, die ein Profifußballer oder ein Mitglied einer militärischen Eliteeinheit benötigt. Orientiere dich an dieser Zahl als ultimatives Ziel. Wenn du nahe dran bist, bist du auf dem besten Weg!

Tiefer einsteigen: Wenn du online nach einem Beep-Test suchst, wirst du sofort mit App-Angeboten zugeschüttet.

Sieh dir die Fitnessanforderungen für den Eintritt in verschiedene militärische Regimenter an, um eine erste Orientierung zu bekommen.

Die Allround-Fitness, die dort erforderlich ist, ist ganz schön anspruchsvoll. Schau, in welche Regimenter du derzeit eintreten könntest und welche für dich vielleicht noch zu anspruchsvoll sind.

Meine Erfahrung: Diese Challenge war im Prinzip recht einfach zu bewältigen. Nachdem ich mir eine Beep-Test-App auf mein Smartphone heruntergeladen hatte, bin in den Park bei mir um die Ecke gegangen, um die Aufgabe zu erledigen. Ich nahm zwei T-Shirts als »Verkehrshütchen« und habe mit einem Maßband 20 Meter abgesteckt.

Als ich anfing, zwischen den Pylonen zu joggen, schien die Herausforderung sehr überschaubar und mein Selbstvertrauen war groß. Innerhalb kurzer Zeit änderte sich das jedoch grundlegend und ich schnaufte wie ein asthmatisches Walross. Bald darauf hing ich in den Seilen und musste richtig kämpfen, um mit den Piepsern mitzuhalten. Ich war vollkommen überrascht, dass ein so kurzer Test körperlich so anstrengend sein konnte. Als ich den Test beendet hatte, musste ich mich erst einmal ausruhen, bevor ich wieder denken konnte. Auspowernd ist eine Untertreibung!

Das Schwierigste war für mich jedes Mal der Richtungswechsel an den Kegeln. Es kostet so viel Energie, ständig zu stoppen und wieder zu starten, das hat mich wirklich fertiggemacht. Es ist erstaunlich, wie anstrengend die Challenge durch den kumulativen Effekt der Richtungswechsel wird.

Insgesamt war es eine schwierige Erfahrung, hat aber auch Spaß gemacht. Ich werde diese Challenge in Zukunft nutzen, wenn ich ein schnelles körperliches und geistiges Training brauche.

Was ich gelernt habe: Der Beep-Test war eine anspruchsvolle Herausforderung, aber tatsächlich sehr nützlich. Ich habe jetzt einen tollen Fitnessmaßstab, mit dem ich meine aerobe Kraft messen kann.

In Zukunft kann ich die Ergebnisse vergleichen und meinen Fortschritt verfolgen.

Obwohl der Test relativ kurz war, hatte er es in sich. Ich liebe diese kurzen, knackigen Challenges, die relativ einfach zu absolvieren sind, aber einem viel abverlangen. Körperliche Herausforderungen wie diese sind für mich eine geniale Möglichkeit, mich in einem kontrollierbaren Rahmen an meine körperlichen Grenzen zu bringen. Dabei kamen meine Selbstdisziplin und meine Willenskraft zum Einsatz, die ich das ganze Jahr über ausgiebig trainiert hatte.

Jedes Mal, wenn ich in einer solchen Situation körperliche Schwierigkeiten überwinden muss, spüre ich, wie mein Selbstvertrauen wächst. Je mehr Challenges dieser Art ich bewältige, desto besser werde ich im Umgang mit mentalen Widerständen.

> »Ich liebe diese kurzen, knackigen Challenges, die relativ einfach zu absolvieren sind, aber einem viel abverlangen.«

26. Wie gut bist du am Steuer?

Kategorie: Fertigkeit
Klassifizierung: schnell erledigt
Schwierigkeitsgrad: 6 (mittel)
Zeitaufwand: ein Vormittag

Worum es geht: Kannst du die Kontrolle über deinen Wagen behalten, wenn er ins Rutschen kommt? Dafür gibt es spezielle Übungsplätze, die auch Kurse anbieten. Auf diesen Aquaplaningbecken, das sind im Wesentlichen große, mit Wasser bedeckte Freiflächen, kannst du das Steuern üben, wenn der Wagen sich eigentlich nicht mehr normal lenken lässt. Derartige Plätze befinden sich oft auf alten Flugplätzen und ermöglichen es dir, diese Fähigkeit in einem kontrollierten Rahmen zu trainieren. Du wirst von einem Ausbilder begleitet, der dir alles Nötige beibringt.

Wenn du noch keine Fahrerlaubnis hast, nimm dir den Führerschein als Ziel dieser Challenge vor. Du willst nicht Autofahren lernen? Wie wäre es mit dem Besuch einer Kartbahn als Alternative? Es gibt die verschiedensten Möglichkeiten, sei also kreativ, wenn du eine Ersatz-Challenge brauchst.

Was das Ziel ist: Wer Erfahrung im Umgang mit einem außer Kontrolle geratenen Auto hat, kann im Ernstfall sein Leben retten. Diese Fähigkeit kann dir helfen, einen möglichen Unfall zu vermeiden, und ist daher äußerst nützlich.

Dieses ziemlich spezielle Können muss man trainieren, was im Straßenverkehr allerdings nur schwer möglich ist, da man sich dort nicht absichtlich in solche Situationen bringen sollte.

Am Lenkrad eines Wagens zu sitzen, der sich nicht steuern lässt, ist auch eine gute Gelegenheit, sich schnell aus seiner Komfortzone herauszukatapultieren.

Wie du es anpackst: Finde ein Fahrsicherheitstraining in deiner Nähe und buche eine Schulung. Du wirst lernen, wie du ein rutschendes oder schleuderndes Fahrzeug kontrollieren kannst und wie du in solchen Situationen am besten reagierst.

Schritt 1: Suche online nach einem Fahrsicherheitstraining oder Aquaplaning-Becken in deiner Nähe.

Schritt 2: Buche einen Termin, um den Kurs zu besuchen.

Schritt 3: Absolviere den Kurs.

Die wichtigste Methode, einen rutschenden Wagen zu kontrollieren, besteht darin, die Räder in die Richtung zu lenken, in die man rutscht oder schleudert. Dies läuft unserem intuitiven Handeln zuwider und muss deshalb geübt werden. Aber nachdem du so zunächst der Schleuderbewegung gefolgt bist, musst du anschließend aus dem Schleudern herauslenken, damit das Auto nicht außer Kontrolle gerät. Dies ist eine sehr handfeste Erfahrung, die man wirklich erlebt haben muss, um sie zu verstehen.

Extra-Challenge: Der nächste Schritt wäre, sich auf einer Rennstrecke auszuprobieren. Du kannst »Fahrerlebnisse« buchen, bei denen du in der Regel mit einem Auto selbst eine Runde drehen darfst. Dabei sitzt jemand mit dir im Wagen, der dir helfen kann, deine Geschwindigkeit zu erhöhen und dir zeigt, wozu das Auto fähig ist. Jedes »Erlebnis« ist anders, sollte dich aber auf unterschiedliche Weise herausfordern.

Oder wie wäre es mit einen Stunt-Fahrkurs?

Überleg dir, ob du einen LKW-Führerschein machen möchtest. Damit kannst du große Fahrzeuge (LKWs, Pritschenwagen, Busse und so weiter) fahren, aber es ist nicht ganz unaufwendig. Du musst einen fünftägigen Kurs absolvieren und eine Reihe von Prüfungen ablegen. Es kann eine Weile dauern, bis du die Fahrtechnik draufhast, aber am Ende wirst du in der Lage sein, einen großen Lastkraftwagen zu fahren.

Tiefer einsteigen: Es gibt viele Fahrkurse für Fortgeschrittene, die ganz spezielle Fähigkeiten trainieren. Dazu gehören Stuntfahren, Ausweichmanöver und Rallyefahren. Das Ausprobieren der verschiedenen Kurse kann eine Menge Spaß machen. Schau, was es in deiner Nähe gibt und melde dich für einen Kurs an.

Kartfahren ist eine preiswerte und schnelle Möglichkeit, einen Adrenalinkick auf vier Rädern zu erleben. Such dir eine Kartbahn oder -halle in deiner Gegend und nimm an einem Rennen teil oder dreh einfach ein paar Runden.

Meine Erfahrung: Zu meinem Geburtstag bekam ich einen Gutschein für einen Fahrsicherheitskurs geschenkt. Das war eine gelungene Überraschung, denn ich wäre nie auf so eine Idee gekommen.

Nachdem wir auf dem Rollfeld angekommen waren, gab es zunächst eine Einweisung und einen Sicherheitsvortrag. Uns Schülern wurde erklärt, wie man durch Bremsen und Beschleunigen das Gewicht im Auto verlagern kann und wie sich das auf das Fahrverhalten auswirkt. Wir erhielten ein Menge Erläuterungen und Tipps und lauschten alle aufmerksam den Worten unseres Ausbilders. Anschließend wurden uns Autos zugeteilt sowie Fahrlehrer, die uns beim Üben der Schleudertechnik betreuen sollten.

Der Übungsplatz war mit Verkehrshütchen abgesteckt und bildete eine große Schleife. Am unteren Ende der Schleife, in der Nähe der Einweisungsstände, befand sich ein Schlauch, der Wasser über die gesamte Strecke spritzte. Dort übten wir, das Aquaplaning zu beherrschen.

Die Autos warteten in einer Schlange, bis sie an der Reihe waren. Die Lehrer zeigten uns, was wir tun mussten, und übergaben uns dann das Steuer. Am Anfang war es etwas beängstigend und die ersten paar Male geriet mein Wagen außer Kontrolle. Das ärgerte mich, weil ich früher bei Mario Kart 64 erstaunlich gut im Schleudern war. Das hier war wohl anders. Im Laufe der Stunde wurde ich immer besser darin, einen ins Rutschen gekommenen Wagen zu kontrollieren. Es wurde viel einfacher, als ich ein »Gefühl« dafür bekam, wie man richtig schleudert.

Was ich gelernt habe: Die Erfahrung war unglaublich und ich habe sehr viel daraus mitgenommen. Aus irgendeinem Grund war ich vorher extrem nervös. Aber sobald wir mit dem Training begannen, war die Nervosität weg. Es hat wirklich viel Spaß gemacht. Ich bin mit einer neuen Kompetenz vom Platz gegangen und hatte das Gefühl, nun ein besserer Fahrer zu sein.

Die Tatsache, dass dies eine Challenge war, die jemand anderes für mich ausgesucht hatte, war sehr interessant. Da es ein Geschenk war, hatte ich keine Wahl – der Kurs war schon gebucht, ich musste nur zur Stelle sein. Ich habe gerne die Kontrolle über die Dinge und so lernte ich, wie wichtig es ist, loszulassen und einfach zu folgen. Der stoische Grundsatz, dass wir nicht die Ereignisse, sondern nur unsere Reaktion darauf kontrollieren können, kommt mir hier in den Sinn.

Diese Challenge hat mir auch gezeigt, wie wichtig der Einfluss von anderen ist. Alleine wäre ich nicht auf diese Idee gekommen und hätte etwas verpasst, das für mein Jahr der Selbstoptimierung wirklich relevant war. Zusammenarbeit ist eine wunderbare Sache, aber sie kann nur stattfinden, wenn man bereit ist, seine Erfahrungen mit anderen zu teilen. Weil ich offen über all meine Challenges und Ängste gesprochen hatte, wurde mir dieses wunderbare Geschenk zuteil.

»Am Anfang war es etwas beängstigend und die ersten paar Male geriet mein Wagen außer Kontrolle.«

27. Lass deinen Adrenalinpegel steigen

Kategorie: mentale Kraft
Klassifizierung: schnell erledigt
Schwierigkeitsgrad: 9 (sehr schwer)
Zeitaufwand: ein paar Stunden

Worum es geht: Spüre dein Adrenalin – das Gefühl von Spannung in der Brust, ein trockener Mund und Schmetterlinge im Bauch. Das sind die gewünschten Empfindungen und es gibt viele, viele Möglichkeiten, sie heraufzubeschwören. Bei dieser Challenge geht es darum, deine Fähigkeit zu trainieren, mit Adrenalin zurechtzukommen und deinen Körper diesem Hormon auszusetzen.

Was das Ziel ist: Es ist wichtig, dass du lernst, mit einem Adrenalinkick umzugehen. Auch wenn du wegen irgendetwas nervös bist, willst du nicht gleich kollabieren. Der beste Weg, Gelassenheit zu entwickeln, ist, Adrenalin regelmäßig zu spüren. Wenn du lernst, wie dein Körper auf die Chemikalie reagiert, wirst du mit den Empfindungen vertrauter und kannst sie besser bewältigen. Mit etwas Übung wirst du überlegter reagieren und bessere Entscheidungen treffen, wenn dein Körper Angst signalisiert. Laufe nicht mehr vor beängstigenden Situationen davon!

Wie du es anpackst: Es gibt viele Möglichkeiten, Adrenalin durch deine Adern fließen zu lassen, also wähle etwas, das dein Herz zum Rasen bringt. Im Folgenden findest du zwei Optionen, aber du kannst diese Challenge variieren, wie es für dich passt.

Option 1: Besuche einen Freizeitpark und gehe dort auf das größte, furchterregendste Fahrgeschäft. In einer Warteschlange für ein riesiges Fahrgeschäft zu stehen, ist eine perfekte Möglichkeit, mentale Stärke zu entwickeln und sich mit dem Gefühl von Adrenalin im Körper vertraut zu machen. Eine schnelle Online-Suche wird dir eine Vielzahl von Optionen eröffnen. Alles, was du jetzt noch tun musst, ist hinzugehen und dir selbst Angst einzujagen.

Option 2: Springe von einem 10-Meter-Sprungbrett in einen Pool. Das ist sehr hoch und sollte deinen Adrenalinspiegel in die Höhe treiben. Suche dir einfach ein Schwimmbad in deiner Nähe, das ein olympisches Sprungbrett hat (der Standard ist 10 Meter) und wage den Sprung.

Extra-Challenge: Absolviere sowohl Option 1 als auch Option 2 an einem einzigen Tag.

Möchtest du die Dinge auf das nächste Level bringen? Melde dich zu einem Tandem-Fallschirmsprung an. Dies kann in deiner Nähe oder an einem exotischen Ort stattfinden. Auf jeden Fall musst du aus einem Flugzeug springen.

Wie wäre es mit einem Bungee-Sprung? Selbst diejenigen mit Nerven aus Stahl werden ins Schwitzen kommen.

Tiefer einsteigen: Canyoning ist eine Aktivität, die dich über natürliche Wasserbecken und Wasserfallrutschen durch einen Canyon führt. Es ist adrenalinfördernd und bietet viele Möglichkeiten, deine mentale Verfassung auf die Probe zu stellen. Canyoning gibt es überall auf der Welt, also schau nach, wo es in deiner Nähe angeboten wird und melde dich an.

Aktuell wird der höchste Bungee-Sprung der Welt in Colorado, USA, angeboten, er ist 321 Meter hoch.

Sich dir die Mr.-Bean-Folge an, in der er im Schwimmbad ist. Sein Versuch, von einem 10-Meter-Sprungbrett zu springen, ist urkomisch. Hoffentlich schaffst du es mit mehr Anmut als er.

Wenn es in deiner Nähe die Möglichkeit zum Fallschirmspringen gibt, frag dich, was dich noch zögern lässt.

Recherchiere alle Freizeitparks in deiner Umgebung, die du besuchen könntest.

Weltweit gibt es Unmengen davon zu entdecken.

Meine Erfahrung: Mein Freund James und ich hatten uns beim Deep Water Soloing angemeldet, einer Art des Kletterns, bei der man kein Sicherungsseil benutzt, sondern sich vom Meer auffangen lässt, wenn man fällt. Das klingt gefährlich und kann es auch sein. Allerdings galt unsere Tour als »sehr einfach« und sicher. Wir waren nicht leichtsinnig und wussten genau, was wir taten. Trotzdem hatte ich Angst und wollte auf keinen Fall in den eiskalten Ärmelkanal fallen!

Das Rauschen des Meeres war überwältigend, als ich die Route hinaufstieg. Das tiefe und kräftige Dröhnen, das ich in meiner Brust spüren konnte, ließ das Adrenalin durch meinen Körper schießen. Mein Herz raste und die Gedanken wirbelten durch meinen Kopf, als ich auf die Wellen blickte, die sich unter mir brachen.

Wir waren um einen riesigen Säulenblock gekraxelt, der ins Meer hineinragte, und dann über eine vorspringende Höhle zurück in Richtung Strand. In der Höhle, so hieß es, stürzen immer alle ab. Ich war nervös, als ich in die Dunkelheit eintrat und begann, schneller zu klettern. Ich konnte keine Haltegriffe mehr erkennen und begann, fester zuzupacken, als ich sollte, wodurch ich wertvolle Energie verschwendete. Die Tritte waren glitschig und ich spürte, wie die Kraft in meinen Armen nachließ. Ich wollte nicht fallen und mein Herz klopfte wie wild.

Ich rief rüber zu James, halb hysterisch und halb ängstlich: »Ich springe rein.« Und bevor ich meinen Satz beenden konnte, segelte ich schon durch die Luft. Der Wind pfiff mir um die Ohren und dann stürzte ich ins Meer. Es war unfassbar kalt, aber ein berauschender Moment. Ich schwamm an die Oberfläche, um James zu helfen, aber ein paar Augenblicke später war auch er im Wasser. Wir lachten, während wir in einem Zustand von kindlicher Euphorie zum Strand schwammen. Ein Gefühl der Erleichterung überkam mich, als das Adrenalin zu schwinden begann und wir uns am Strand entspannten. Es war ein unvergessliches Erlebnis und einer der Höhepunkte des Jahres.

Klettern war für mich eine gute Möglichkeit, in einer relativ sicheren Umgebung einen Adrenalinkick in meinem Körper zu erleben. Und das hat mir wirklich geholfen, meinen Verstand besser unter Kontrolle zu behalten, wenn in den verschiedensten Situationen mein Adrenalinpegel anstieg.

Für Kletterer besteht immer die Gefahr, dass sie beim Versuch, eine Route zu bewältigen, abstürzen. Das ist ein unvermeidlicher Bestandteil des Sports und zugleich etwas, mit dem man sich nur schwer abfinden kann. Wenn du Fortschritte im Klettern gemacht hast, wirst du irgendwann den »Vorstieg« übernehmen. Bei dieser Art des Kletterns kletterst du vom Boden aus, wobei du das Seil hinter dir herziehst, anstatt es bereits am oberen Ende der Route zu haben. Diese Art des Kletterns ist schwieriger und viel beängstigender, weil du dem Risiko ausgesetzt bist, heftige Stürze zu erleiden. Diese werden in der Klettergemeinde als »Whipper« bezeichnet. Wenn du wissen möchtest, wie das aussieht, suche auf YouTube, um Zusammenschnitte von Abstürzen zu sehen. Schon vom Zusehen bekommt man schweißnasse Hände.

Mir war irgendwann aufgefallen, dass die Angst vor Stürzen mein Klettern ungemein hemmte und zu einem Problem geworden war. Das Stürzen an sich ist durchaus sicher und es ist ein wichtiger Teil des Klettersports, aber ich kam damit einfach nicht klar. Wenn ich befürchtete abzustürzen, fing mein Körper an zu zittern und ich war nicht mehr in der Lage, den Aufstieg zu beenden. Dieses Adrenalin zu kontrollieren war für mich also unerlässlich.

Wie überwindet man eine solche Angst, die einen hemmt? Indem man ihr ins Gesicht blickt und anfängt, das Fallen zu üben. James und ich begannen mit Übungsstürzen. Wir fingen klein an und mit der Zeit steigerten wir die Höhe. Es war ein langsamer Prozess und jedes Mal spürte ich vor einem Übungssturz das Adrenalin in meinen Adern. Mit der Zeit stieg mein Selbstvertrauen durch dieses Training rapide an. Es war ein sehr ermutigender Prozess.

Jetzt beginnen wir jede Kletter-Session mit ein paar »Whippern«, um »den Kopf klar zu bekommen«, wie wir es gerne nennen. Wir haben riesige Stürze hingelegt, einige über 8 Meter tief, um unser Selbstvertrauen zu stärken. Ich kann das Adrenalin immer noch spüren, aber ich habe keine so große Angst mehr vor Stürzen und das verdanke ich der Tatsache, dass ich mich dieser Angst gestellt habe.

Was ich gelernt habe: Adrenalin als das zu erkennen, was es wirklich ist, war für mich ein Wendepunkt. Sobald ich anfing, diesen Prozess als eine chemische Reaktion in meinem Körper zu sehen, änderte ich meine Einstellung dazu.

Fight or flight – Kampf oder Flucht – ist die natürliche Reaktion auf eine potenziell gefährliche Situation. Unser Körper pumpt uns mit Adrenalin voll, damit wir schneller rennen können als die Bestie, die uns fressen will. Es gibt einen Witz darüber – zwei Männer treffen auf einen wilden, hungrigen und wütenden Löwen. Der erste Mann bückt sich und beginnt, seine Schnürsenkel zu binden. Der zweite Mann sagt: »Was machst du da? Du kannst doch keinem Löwen davonlaufen!« Der zweite Mann antwortet: »Ich weiß, aber ich kann schneller sein als du«, und sprintet davon. Grausam, aber es veranschaulicht meinen Standpunkt (irgendwie).

Wenn das Adrenalin nicht dazu dient, vor etwas wegzulaufen, ist es dazu da, dir zu helfen, etwas zu bekämpfen (Kampfmodus). Stell dir einfach den Schluss eines Schwarzenegger-Films vor und schon bist du in der richtigen Szenerie. Es geht um den Überlebensinstinkt in einer lebensbedrohlichen Situation.

Heutzutage müssen wir uns meist nicht mehr mit solchen Situationen auseinandersetzen, aber unsere evolutionäre Reaktion ist immer noch da. Diese zu beherrschen war eine sehr nützliche Fähigkeit, die ich mit Freude entwickelt habe.

Alles mit einer gewissen Distanz zu betrachten und anzuerkennen, dass Kampf oder Flucht ein natürlicher Prozess ist, den jeder Mensch erlebt, war extrem hilfreich. Ich begann, nach Möglichkeiten zu suchen, mit dem Adrenalin zu arbeiten, anstatt dagegen anzukämpfen. Das ist genau der Ansatz, den ich auch bei meinen Ängsten verfolge, und das ist extrem hilfreich.

Das Wichtigste, was ich tat, war, die Art und Weise zu ändern, wie ich auf Adrenalin reagierte. Ich begann, diese Chemikalie als eine Möglichkeit zu sehen, meinen Fokus zu verbessern. Ich tue jetzt so, als sei es eine »magische« Kraft, die mir hilft, bessere Leistungen zu erbringen. Als ich aufhörte, Adrenalin als eine negative Empfindung zu sehen, änderte sich alles. Es war wie eines dieser Bilder, auf dem zwei Bilder in einem versteckt sind. Zuerst sieht es aus wie eine alte Frau und dann plötzlich, wenn man es anders betrachtet, wird es zu einem Kaninchen. So ist es mir mit Adrenalin ergangen.

Ich betrachte diese Chemikalie jetzt als eine leistungssteigernde Droge, die es mir ermöglicht, in jeder Situation mein Bestes zu geben. Es funktioniert. Probiere es aus.

»Mein Herz raste und die Gedanken wirbelten durch meinen Kopf, als ich auf die Wellen blickte, die sich unter mir brachen.«

28. Stell dich ohne Grund in eine Warteschlange

Kategorie: mentale Kraft
Klassifizierung: schnell erledigt
Schwierigkeitsgrad: 5 (mittel)
Zeitaufwand: bis zu ein paar Stunden

Worum es geht: Stelle dich für etwas an und gehe dann, sobald du eigentlich an der Reihe wärest. Dies kann entweder zu Fuß geschehen oder zum Beispiel in einem Stau.

Was das Ziel ist: Das ist eine furchtbare Challenge! Niemand mag es, in einer Schlange zu warten. Die meisten Menschen hassen es sogar. Wer will schon unnötigerweise Schlange stehen? Etwas zu tun, das du hasst und langweilig oder frustrierend findest, ist der perfekte Weg, um deine Willenskraft auf die Probe zu stellen. Der Sinn dieser Übung besteht darin, deine mentale Widerstandsfähigkeit und deine Frustrationstoleranz zu steigern.

Wie du es anpackst: Für diese Challenge hast du zwei Optionen:

Option 1: Wenn du das nächste Mal eine riesige Warteschlange siehst, stelle dich hinten an. Es spielt keine Rolle, wofür sie ist. Wenn du am Anfang der Warteschlange angekommen bist, drehst du dich um und gehst. Täusche einen Anruf vor, tue so, als hättest du etwas vergessen oder gehe einfach lachend davon. Es spielt keine Rolle, wie du dich entfernst, solange du die Warteschlange durchgestanden hast.

Option 2: Mache eine Spritztour mit deinem Auto und fahre absichtlich zu einem Verkehrsbrennpunkt. Quäle dich durch den Stau, während du versuchst, nicht wütend darüber zu werden, dass du dich auf diese Challenge eingelassen hast.

Extra-Challenge: Nutze Google Maps und Online-Verkehrsmeldungen, um dich über hohes Verkehrsaufkommen zu informieren. Zur Rushhour hat man in den meisten Städten etliche Möglichkeiten, in einen Stau zu geraten.

Fahre in der Rushhour eine komplette Runde auf der A 10 rund um Berlin. Wenn dies zu weit von deinem aktuellen Standort entfernt ist, such dir eine ähnlich staureiche Strecke in deiner Umgebung, Hauptsache du bist am Ende richtig frustriert. Achte darauf, dass du dies an deinem freien Tag erledigst, damit du nicht zu spät zur Arbeit kommst. (Bitte schlag mich am Ende nicht.)

Schließe dich einer größeren Warteschlange an oder verbringe einen ganzen Tag in einer Warteschlange ohne Grund. Beliebte Touristenattraktionen sind ein guter Ort, um große Warteschlangen zu finden. Diese Herausforderung ist vor allem deshalb so schwer, weil es am Ende keine Belohnung gibt. Wenn du dich für eine Sehenswürdigkeit anstellst und sie dann auch tatsächlich besuchst, hast du deinem Anstehen einen Sinn und Zweck gegeben. Das Verlassen des Vorhabens in letzter Minute ist der entscheidende Faktor, der diese Challenge so hart macht.

Tiefer einsteigen: Touristenattraktionen sind in der Regel überfüllt und bieten zahlreiche Warteschlangen. Schau, was in deiner Nähe liegt und geh dorthin.

Google Maps und Verkehrsmeldungen leiten dich zu deiner nächsten Aufgabe: mit dem Auto im Stau zu stehen.

Meine Erfahrung: Ich hasse es, im Verkehr festzustecken. Die meisten Menschen tun das. Es ist langweilig und ich fühle mich, als würde ich mein Leben darauf vergeuden, auf die roten Ampeln vor mir zu schauen. Eine Herausforderung wie diese zu bewältigen, hat etwas leicht Masochistisches, und ich musste mich immer wieder dazu überreden. Meine Mutter denkt, ich sei verrückt, weil ich das mache, und sie hat wahrscheinlich recht.

Das erste Mal, dass ich bewusst nach dem Verkehrsaufkommen suchte, war auf dem Heimweg mit dem Auto. Ich habe meine Fahrt gegoogelt und bekam mehrere Optionen angezeigt. Logisch wäre hier gewesen, die kürzeste Fahrzeit zu wählen. Aber ich habe die längste Reisezeit gewählt – die M25 in der Rushhour, unnötigerweise. Warum sollte man auf der schlimmsten Straße Großbritanniens in der Rushhour fahren, wenn man es nicht muss? Diese Frage stellte ich mir immer wieder, als ich mich an der Auffahrt zur M25 einreihte.

Ich spare es mir, ausführlich zu schildern, wie ich im Stau stand, denn das wäre unheimlich langweilig. Ich bin sicher, du kannst dir die Situation gut vorstellen. Es war erbärmlich, wie ich im Schritttempo meinem Ziel entgegenkroch.

Die Fahrt dauerte doppelt so lange wie normal, während ich das Vergnügen hatte, im Auto zu sitzen und meine Geduld zu schulen. Hat das funktioniert? Nun, es war nicht einfach, aber ich denke, ich habe es ganz gut gemeistert. Ich bin sicher, es werden sich noch viele Möglichkeiten ergeben, mich mit ähnlichen Herausforderungen auf die Probe zu stellen.

Ich habe im Laufe des Jahres in vielen unnötigen Warteschlangen gestanden und es ist immer wieder eine große mentale Herausforderung. Ich werde langsam besser darin, mit den damit verbundenen Frustrationen umzugehen, aber es ist nicht einfach. Der Fortschritt ist gering, aber zumindest ist es ein Fortschritt.

Was ich gelernt habe: Geduld. Der Versuch, eine meditative Haltung gegenüber Warteschlangen einzunehmen, ist sehr hilfreich. Wenn ich es vermeiden kann, mich darüber aufzuregen, dass ich in einer Warteschlange oder im Verkehr feststecke, ist das Leben *viel* besser. Das buddhistische Konzept der Akzeptanz zu praktizieren, ist hier enorm wichtig. Ich bin nicht der Allerbeste, wenn es darum geht, mit dem Verkehr klarzukommen, also bedarf es einiger praktischer Philosophie und ernsthafter Anstrengungen, um nicht in Stress zu geraten. Da ich mir selbst ausgesucht habe, im Stau zu stehen, habe ich immerhin noch das Gefühl, dass es meine Wahl ist. Wenn mir der Stau jedoch unerwartet aufgezwungen wird, muss ich mich der Herausforderung stellen, »loszulassen« und meine Umstände zu akzeptieren. Auf dem Papier liest sich das einfach, aber erst durch das regelmäßige Üben dieser Denkweise und Einstellung ist es mir gelungen, besser damit zurechtzukommen.

> **»Meine Mutter denkt, ich sei verrückt, weil ich das mache, und sie hat wahrscheinlich recht.«**

29. Lerne eine schwierige Yogahaltung

Kategorie: körperliche Kraft
Klassifizierung: schnell zu lernen, aber erfordert Ausdauer, um es regelmäßig zu machen
Schwierigkeitsgrad: 5 (mittel)
Zeitaufwand: eine Stunde/kontinuierlich

Worum es geht: Yoga ist eine körperliche, geistige und spirituelle Lehre, die im alten Indien entstanden ist. Es gibt viele verschiedene

Schulen, die den Schwerpunkt auf verschiedene Aspekte des Yoga legen. Im Zusammenhang der Challenge werden wir die eher körperliche Seite des Yoga erkunden, die sich auf die Ausführung von Haltungen und Bewegungsabläufen konzentriert. Dabei geht es vor allem darum, nicht als verknoteter Haufen zu enden.

Das Ziel dieser Challenge ist es, eine schwierige Yogahaltung zu lernen und zu trainieren, bis du sie richtig ausführen kannst. Ich schlage den Kopfstand vor, da dies einige Übung erfordert.

Was das Ziel ist: Den Körper in ungewohnte Positionen zu bringen, kann unbequem und herausfordernd sein. Es ist körperlich anspruchsvoll und erfordert viel Kraft in Bauch und Rücken sowie Beweglichkeit. Du musst kontinuierlich trainieren, um die Haltung erfolgreich auszuführen, also ist Disziplin gefragt. Es ist ein großartiges mentales Training.

Yoga ist eine unglaubliche Trainingsmethode, die alle anderen Aktivitäten in deinem Leben unterstützen kann. Die Verbesserung deiner Beweglichkeit macht dich widerstandsfähiger gegen Verletzungen und kann deine Leistung in verschiedenen Sportarten fördern.

Yoga legt auch großen Wert auf Philosophie und die Verbindung zwischen Geist und Körper. Diese Konzepte zu erforschen und sie in deine Yogapraxis einzubringen, wird dir helfen, an deiner positiven Geisteshaltung zu arbeiten.

Wie du es anpackst: Für diese Challenge musst du deine Beweglichkeit Stück für Stück aufbauen, da bestimmte Yogahaltungen sehr anspruchsvoll sein können. Ein Kopfstand oder ein Handstand könnte eine der Stellungen sein, die du als Erstes lernen möchtest. Die folgende Anleitung bereitet dich auf den Kopfstand vor, ein guter Ausgangspunkt für dich.

Schritt 1: Stelle sicher, dass du genügend Platz hast. Es wäre wohl sinnvoll, wenn du die Ming-Vase beiseitestellst, falls du umfallen solltest.

Schritt 2: Hole dir ein Kissen und lege es vor dich.

Schritt 3: Bringe dein Schädeldach auf das Kissen und die Hände unter die Schultern.

Schritt 4: Verlagere dein Gewicht auf die Hände und den Kopf.

Schritt 5: Bringe deine Beine und dein Körpergewicht über deinen Kopf. Du musst deine Körpermitte anspannen, um alles in Position zu halten.

Schritt 6: Strecke die Beine aus und atme weiter. Herzlichen Glückwunsch!

Alles steht nun Kopf!

Schau dir vorher unbedingt ein paar Abbildungen oder Videos im Internet an, um die Haltung zu lernen. Am Anfang kann es etwas dauern, aber Übung macht den Meister.

Es kann hilfreich sein, einen Freund zu haben, der deine Beine stabilisiert, damit sie nicht kippen. Wenn du lieber alleine übst, kannst du stattdessen auch eine Wand nehmen.

Extra-Challenge: Alle Variationen des Handstands, der Spagat oder der Paradiesvogel können dir bestens als Herausforderungen dienen.

Versuche, im Handstand zu laufen, einen einhändigen Handstand zu machen oder einen Kopfstand ohne Hände.

Besuche einen Yogakurs für Fortgeschrittene oder teste etwas anderes aus wie Bikram-Yoga, auch Hot Yoga genannt (das fühlt sich an wie Yoga in einer Sauna).

Bestimmte Haltungen in eine Abfolge von Yogaübungen einzubauen ist eine bewährte Methode, sich weiter zu fordern. Aus dieser Challenge kannst du auch ein komplettes Workout machen – das ist eine unterhaltsame Möglichkeit, dein Leben mit einem Training zu bereichern.

Tiefer einsteigen: Die Liste der erlernbaren Yogahaltungen ist riesig, daher schlage ich vor, dass du online recherchierst und eine Auswahl heraussuchst, die du lernen möchtest. Wenn du dich für einige Haltungen entschieden hast, finde Online-Anleitungen oder frage einen Yogalehrer nach Tipps.

Beim Acroyoga machst du verschiedene Übungen zusammen mit einem Partner (denke an Akrobatik kombiniert mit Yoga). Warum schaust du nicht, wo in deiner Nähe ein Kurs angeboten wird?

Aerial Yoga nutzt aufgehängte Hängematten und Tücher. Ja, Hängematten, die von der Decke hängen und dazu dienen, Übungen kopfüber auszuführen. Klingt interessant, oder?

Instagram scheint dieser Tage von Yogavideos überschwemmt zu werden.

Nimm dir die Zeit, dich hier inspirieren zu lassen.

Meine Erfahrung: Ich bin zum Yoga gekommen, um mir bei Problemen zu helfen, die von meinem Laufsport herrührten. Als ich anfing, für meinen Marathon zu trainieren, bekam ich starke Schmerzen in meinen Knien und war gezwungen, einen Physiotherapeuten aufzusuchen. Mit Hilfe einiger korrigierender Übungen und einer speziellen Yogadiät wurde ich beschwerdefrei. Sobald ich anfing, regelmäßig Yoga zu praktizieren, verschwanden all die kleinen nagenden Schmerzen und ich schaffte es, meinen gesamten Marathon zu laufen, ohne mich zu verletzen.

Ich bin jetzt ein totaler Yogafan und benutze es als eine Art Unterstützungssystem sowohl für den Laufsport als auch fürs Klettern. Ich habe Kurse besucht (obwohl ich hier mit viel mentalem Widerstand zu kämpfen hatte), haufenweise Lehrvideos angeschaut und lange und anspruchsvolle Programme erstellt, die mich fordern. Ich kann meine Zehen berühren (vorher konnte ich mich nicht über meine Knie hinaus beugen) und habe einige interessante Haltungen gelernt.

Kopfstand zu lernen war für mich ein bedeutsamer Schritt. Es war nicht einfach und kam mir sehr ungewöhnlich vor. Wie oft ich beim Lernen gegen Möbel gekracht bin, war geradezu lachhaft. Die Nachbarn müssen sich gewundert haben, was da los war, weil es dabei in unserer Wohnung jedes Mal einen gewaltigen Knall gab. Ein erwachsener Mann, der auf den Boden aufschlägt, macht einen ziemlichen Lärm. Zum Glück sind diese Zeiten vorbei und ich kann jetzt mehrere Minuten lang ziemlich anmutig auf dem Kopf stehen.

Was ich gelernt habe: Yoga hat mir den Wert der Entschleunigung nahegebracht. Ich hatte mich wie ein Verrückter mit all meinen selbstauferlegten Challenges beschäftigt. Vorhaben mit aller Kraft anzugehen, war ein guter Weg, um Sachen zu erledigen, aber es dabei zu übertreiben war nicht gut. Ich verletzte mich ziemlich schnell und musste meine Widerstandsfähigkeit erhöhen, indem ich Dehnübungen und weniger heftige Übungen in mein Leben einführte. Yoga war der perfekte Weg, das zu tun.

Die dem Yoga zugrunde liegende Philosophie ist extrem hilfreich und hat viele Ideen verstärkt, die ich während der Challenges bereits entwickelt hatte. Vieles davon hat Ähnlichkeiten mit dem Buddhismus. Ein wirklich interessanter Ansatz, den ich gerne genauer erkunden möchte.

»Ich bin jetzt ein totaler Yogafan und benutze es als eine Art Unterstützungssystem sowohl für den Laufsport als auch fürs Klettern.«

30. Koch mal etwas Neues

Kategorie: Fertigkeit
Klassifizierung: schnell erledigt
Schwierigkeitsgrad: 7 (schwer)
Zeitaufwand: ein oder zwei Stunden

Worum es geht: Bereite ein anspruchsvolles Gericht zu, das du noch nie zuvor ausprobiert hast. Wähle auf jeden Fall etwas Ambitioniertes.

Was das Ziel ist: Bei dieser Challenge musst du den Anweisungen genau folgen. Je nach Komplexität des Gerichts kann dies sehr schwierig sein.

Wenn du die Aufgabe meisterst, hast du ein neues Gericht, das du in dein Kochrepertoire aufnehmen kannst. Hoffen wir, dass es gut schmeckt und du es noch öfters zubereiten wirst.

Wie du es anpackst: Das kann eine Menge Spaß machen. Das Endergebnis mit jemandem zu teilen, ist eine hervorragende Möglichkeit, Feedback zu deinen Kochkünsten zu bekommen. Top-Tipp hier: Wenn das Gesicht deines Gegenübers angewidert wirkt, er dir aber immer wieder versichert, dass es gut schmecke, ist das vermutlich nett gemeint und »eine Notlüge aus Höflichkeit«.

Schritt 1: Wähle das Gericht aus, das du kochen möchtest. Nutze als Inspiration Online-Rezepte oder Kochbücher, aber entscheide dich auf jeden Fall für etwas, das nicht ganz so einfach ist.

Schritt 2: Gehe einkaufen und besorge die Zutaten.

Schritt 3: Befolge die Anleitung Schritt für Schritt und bereite dein Gericht zu.

Schritt 4: Genieße deine Kreation.

Extra-Challenge: Lade Leute zu dir nach Hause ein und koche für sie dein spezielles Gericht. Der Druck, für andere kochen zu müssen, ist eine interessante Herausforderung. Wenn du dann noch ein guter Gastgeber sein möchtest, hast du einen Balanceakt vor dir. Besonders anspruchsvoll wird es, wenn du dich für ein ambitioniertes Menü für deine Gäste entscheidest.

Probiere es mal mit einem Rezept von Heston Blumenthal. Einige seiner Gerichte sind unglaublich kompliziert und man benötigt Tage für ihre Zubereitung.

Tiefer einsteigen: *Das perfekte Dinner* ist eine Fernsehserie, die sehr beliebt ist. Die Teilnehmer kochen abwechselnd in ihren Wohnungen füreinander und erhalten je nach Ergebnis eine Punktzahl. Mache dies mit Freunden nach und sieh, wie du dabei abschneidest.

Jiro und das beste Sushi der Welt ist einer der interessantesten Dokumentarfilme über Essen, die ich je gesehen habe. Der Chefkoch und Besitzer eines weltberühmten Sushi-Restaurants in Tokio ist der Star des Films. Sein Arbeitsalltag wird beleuchtet und was er mit seinem Restaurant erreicht hat. Es ist schwindelerregend teuer und unglaublich beliebt; die Warteliste ist dementsprechend ellenlang. Das Lokal hat nur zehn Plätze, ist aber mit drei Michelin-Sternen ausgezeichnet. Jiro arbeitet wahnsinnig hart, um alles perfekt zuzubereiten, und er hat ein unglaubliches Team, das ihn unterstützt. Die Hingabe dieses Mannes für Sushi ist unübertroffen. Diese Dokumentation sollte man sich unbedingt ansehen.

Blätter durch Rezeptbücher, um dich inspirieren zu lassen. Meine persönlichen Favoriten sind entweder von Jamie Oliver oder haben BBQ im Titel.

Auch die Netflix-Doku-Serie *Chef's Table* wird dir das Wasser im Munde zusammenlaufen lassen.

Meine Erfahrung: Für diese Challenge beschloss ich, Sushi-Rollen zuzubereiten. Ich hatte Japanisch gelernt und nun wollte ich dieses leckere und handwerklich anspruchsvolle Gericht ausprobieren. Sushi ist mein Lieblingsessen, also freute ich mich darauf, mein eigenes zu fabrizieren. Aus unerfindlichen Gründen nahm ich an, dass ich mich gut darin schlagen würde (Notiz an mich selbst: Nur weil man etwas mag, heißt das nicht, dass man es auch gut kann).

Ich recherchierte gründlich, was zu tun sei, und ging einkaufen, um die Zutaten zu besorgen. Nach einer Menge Vorbereitungsarbeit und Zeit in der Küche war ich bereit, mit dem Rollen des Sushi zu beginnen. Helen fand, dass es nach einem netten Zeitvertreib klang und beschloss, mit mir Sushi zu rollen. Wir legten beide den Reis auf die Blätter aus Nori (Seetang) und platzierten vorsichtig unsere Füllung auf dem Reis. Dann begann ich zu rollen. Es war wirklich nicht leicht und am Ende hatte ich eine deformiert aussehende Wurst mit seltsamen Beulen an verschiedenen Stellen – nicht ganz das, was ich mir vorgestellt hatte. Als ich das Messer nahm, um die Sushi-Wurst in kleinere Stücke zu schneiden, staunte ich nicht schlecht: Helen hatte ihre Sushi-Rollen bereits fertig aufgeschnitten und sie sahen tadellos aus – als wären sie von einem japanischen Koch frisch gerollt worden. Vielleicht würden meine auch so aussehen, nachdem ich die Rolle aufgeschnitten hatte, dachte ich …

Als wir schließlich fertig waren, stand vor uns ein Teller mit meinem Sushi und ein Teller mit Helens Sushi. Der Unterschied war zum Schreien!

Mein Teller sah aus wie ein Sushi-Friedhof, gefüllt mit deformiertem Sushi, das einfach schrecklich ausschaute. Der Seetang war zerrissen, der Reis fiel heraus und es war eine totale Sauerei. Helens Sushi hingegen war perfekt: nahtlos und schön – ihr Rollen sahen aus, als kämen sie aus einem Restaurant. Wir lachten viel darüber und ich versuchte, mir keine Ausreden einfallen zu lassen, warum mein Sushi so miserabel geformt war. Nun, man kann nicht in allem gut sein.

Was ich gelernt habe: Ich hatte angenommen, dass mir die Zubereitung von Sushi gut gelingen würde, aber es war eine totale Katastrophe. Es ist schon merkwürdig, dass ich dachte, dass ich das so leicht hinbekommen würde, bevor ich es überhaupt versucht hatte. Meine Einstellung war das direkte Gegenteil zu meinem normalen Mindset bei vielen dieser Challenges. Zum Beispiel hatte ich nicht geglaubt, dass ich jemals einen Marathon laufen würde, und hatte mich dann selbst eines Besseren belehrt, indem ich einen gelaufen bin. Dieses Mal lagen die Dinge jedoch anders – mein übermäßiges Selbstvertrauen machte mir einen Strich durch die Rechnung. Was ist also die Lehre daraus? Erstens: Hüte dich vor falschen Annahmen über etwas, das du noch nicht erlebt hast. Vielleicht wird etwas schwierig sein, vielleicht wird es leicht gehen. Es gibt nur einen Weg, das herauszufinden, und das ist durch direkte Erfahrung. Meine Vorstellungen waren hier der springende Punkt, denn sie hatten bisher meine Einstellung zu den Herausforderungen geprägt, noch bevor ich sie angegangen war. Indem ich mir meiner Vorurteile bewusst werde und versuche, Dinge nicht als schwierig oder leicht einzustufen, bin ich in der Lage, neuen Erfahrungen in meinem Leben mit Offenheit zu begegnen. All das ist leicht gesagt, aber die tatsächliche Veränderung deiner Vorurteile kann knifflig sein.

Es ist gar nicht so einfach, in etwas nicht gut zu sein und diese Tatsache würdevoll anzunehmen. Daraus die Lehre zu ziehen, war eine gute Erfahrung für mich. Helen hat vielleicht eine andere Meinung davon, wie »elegant« ich mit dieser Situation umgegangen bin, aber ich habe es versucht. Ehrlich!

Am Ende des Tages hat mein Sushi einigermaßen geschmeckt und ich hatte Spaß bei der Sache. Ich habe viel über die Zubereitung von japanischem Essen gelernt und einen neuen Respekt vor Sushi-Köchen gewonnen. Wenn ich diese Fähigkeit verbessern will, muss ich meinen Blick fürs Detail schärfen. Ich weiß, dass ich mit etwas Übung beim nächsten Mal bessere Sushis machen kann. Fürs Erste ruft das All-you-can-eat-Sushi-Buffet um die Ecke und ich bin bereit, einiges zu vertilgen.

»Es ist gar nicht so einfach, in etwas nicht gut zu sein und diese Tatsache würdevoll anzunehmen. Daraus die Lehre zu ziehen, war eine gute Erfahrung für mich.«

31. Absolviere einen Triathlon

Kategorie: körperliche Kraft
Klassifizierung: erfordert Ausdauer
Schwierigkeit: 10 (sehr schwer)
Zeitdauer: ein Vormittag plus Trainingszeit

Worum es geht: Ein Triathlon ist eine Ausdauersportart, die Schwimmen, Radfahren und Laufen kombiniert. Der Wettkampf ist in drei verschiedene Abschnitte unterteilt. Man beginnt mit dem Schwimmen, gefolgt vom Radfahren und dann wird gelaufen. Es gibt verschiedene Streckenlängen, die man je nach seiner Fitness und Erfahrung ausprobieren kann.

Die Herausforderung besteht darin, eine geeignete Distanz auszuwählen und dann den Triathlon zu absolvieren.

Was das Ziel ist: Alle drei Disziplinen unter einen Hut zu bringen, kann im Training eine echte Herausforderung sein. Außerdem ist es ein körperlich anspruchsvoller Wettkampf, der eine hervorragende Allround-Fitness und mentale Stärke erfordert.

Wie du es anpackst: Für deinen ersten Triathlon würde ich eine »Sprintdistanz« empfehlen. Diese beinhaltet 750 Meter Schwimmen, 20 Kilometer Radfahren und 5 Kilometer Laufen. Suche dir ein Rennen in deiner Nähe, melde dich an und achte darauf, dass du im Rahmen deines Trainings Fitness in jeder Disziplin aufbaust.

Schritt 1: Wähle einen Triathlon-Wettkampf aus, der dich anspricht, und melde dich an.

Schritt 2: Besorge dir für das Training ein gutes Rennrad und finde eine Schwimmmöglichkeit in deiner Nähe.

Schritt 3: Finde die rechte Balance zwischen den einzelnen Disziplinen und folge einem Trainingsplan, um deine Ausdauer für den Wettkampf zu verbessern.

Schritt 4: Absolviere den Triathlon.

ALTERNATIVE:
Gehe ins Fitnessstudio und bewältige die Distanzen in jeder Disziplin. Einfacher geht's nicht (theoretisch).

Extra-Challenge: Nimm an einem längeren Wettkampf teil. Die Optionen sind: Sprintdistanz, Kurzdistanz (Olympische Distanz), Mitteldistanz (Half-Ironman) und Langdistanz (Ironman). Setz dir ein herausforderndes Ziel und beginne mit dem Trainingsprogramm. Klingt einfach, oder?

Tiefer einsteigen: Wirf einen Blick auf den norwegischen »Norseman Xtreme Triathlon« – ein beeindruckendes Ereignis.

Meredith Kessler ist eine amerikanische Triathletin, deren Lebenslauf sehr inspirierend ist. Sie hat schon an vielen Ironman-Triathlons teilgenommen und einige davon sogar gewonnen. Suche einfach im Internet nach ihr.

Sean Conway ist ein Abenteurer, der als Erster den »Length of Britain«-Triathlon absolviert hat. Dabei schwamm, radelte und lief er über die gesamte Länge von Großbritannien. Danach ging er noch einen Schritt weiter und absolvierte einen Triathlon im Ultra-Stil, bei dem er die gesamte britische Küste umrundete: zu Fuß, mit dem Fahrrad und schwimmend. Es lohnt sich, sich mit seiner Reise und seinem persönlichen Bericht über das ganze Erlebnis zu beschäftigen. Er hat mehrere Bücher veröffentlicht und ist ein wirklich faszinierender Mensch. Außerdem hat er einen beeindruckenden Bart.

Triathlons sind in letzter Zeit extrem populär geworden, sodass du die Qual der Wahl hast, am welchem du teilnehmen möchtest. Lass dich von den Wettkämpfen in deiner näheren Umgebung inspirieren.

Meine Erfahrung: Mein Triathlon war eher ungewöhnlich – ich habe ihn komplett in einem Fitnessstudio bestritten. Im Laufe von fünf Wochen ging ich von der Sprintdistanz zur Olympischen Distanz über, und zwar alles drinnen. Wie du dir vorstellen kannst, musste ich viel Langeweile beim Training in Kauf nehmen (was sehr gut für mein Mindset war), aber ich schaffte es, innerhalb von fünf Wochen fünf Triathlons zu absolvieren, jeder etwas länger als der vorherige.

Am Anfang war es eine neue Erfahrung und ich freute mich einfach, die Triathlon-Distanz geschafft zu haben, doch nach fünf Wochen hatte ich die Nase voll von der Eintönigkeit dieser Triathlon-

Methode. Vielleicht war es eine dumme Idee, einen Triathlon in der Halle zu absolvieren, aber es fügte meiner Erfahrung dieser Challenge eine weitere Dimension hinzu.

Dabei ist es schon lustig, was abgeht, wenn du wirklich lange Zeit auf einem Ergometer in einem Fitnessstudio verbringst. Deine Gedanken schweifen in die verschiedensten Richtungen ab, um die Ziegelwand, auf die du starrst, weniger langweilig erscheinen zu lassen. An einem Punkt stellte ich mir vor, dass ich die gesamte Turnhalle mit Strom versorgen könnte, indem ich wie ein Verrückter in die Pedale trat. Ich spielte viele Spiele in meinem Kopf und versuchte, Intervalltraining einzubauen, um die Dinge ein wenig interessanter zu machen. Ich nutzte die Musik, die ich hörte, um die Zeit einzuteilen – bei einem Song trat ich fester in die Pedale, beim nächsten legte ich eine Pause ein. Das ging immer so weiter, bis es schließlich soweit war, die 2 Meter zum Laufband weiterzugehen.

Was ich gelernt habe: Womit ich bei den Triathlons im Fitnessstudio beziehungsweise Hallenbad vor allem zu kämpfen hatte, war Langeweile (mentaler Widerstand). Ich fand die fade Umgebung oft genauso schwierig wie das körperliche Training. Alles in allem war es eine tolle Challenge, aber sie hat nicht so viel Spaß gemacht, wie ich erwartet hatte. Hätte mir eigentlich klar sein müssen, oder?

Alle drei Disziplinen miteinander in Einklang zu bringen, war ebenfalls schwierig, und ich musste aufpassen, mich nicht zu früh zu verausgaben. Ich habe darauf geachtet, mir etwas Energie für den letzten Abschnitt des Triathlons aufzusparen, und das hat wirklich gut funktioniert. Obwohl sich meine Beine wie Wackelpudding anfühlten, als ich endlich zum Laufen kam, wurde ich gut darin, mein eigenes Tempo und meine Ausdauer einzuschätzen. Das war eine sehr wertvolle Lektion für mich, die ich auch bei anderen körperlichen Aktivitäten hervorragend umsetzen konnte.

Der nächste Triathlon, den ich mache, wird draußen stattfinden. Da bin ich mir sicher!

> »Vielleicht war es eine dumme Idee, einen Triathlon in der Halle zu absolvieren, aber es fügte meiner Erfahrung dieser Challenge eine weitere Dimension hinzu.«

32. Zieh dich aus

Kategorie: mentale Kraft
Klassifizierung: schnell erledigt
Schwierigkeitsgrad: 5 (mittel)
Zeitaufwand: ein paar Minuten bis ein paar Stunden

Worum es geht: Bestimmte Strände sind speziell für Menschen reserviert, die gerne nackt sind. Besuche einen dieser Strände und stolziere ohne Kleidung herum. Der Schwierigkeitsgrad dieser Challenge hängt stark davon ab, wie exhibitionistisch du veranlagt bist!

HINWEIS: Es gibt viele Einschränkungen in Bezug auf Nacktheit in der Öffentlichkeit. Wenn du im Adamskostüm auf einer Straße herumläufst, könntest du dir Ärger einhandeln, also sei vorsichtig, wo du dich ausziehst. Gehe dorthin, wo es erlaubt ist, nackt zu sein, und du wirst keine Probleme bekommen.

Was das Ziel ist: Viele Menschen sind extrem schamhaft und finden die Vorstellung, sich öffentlich nackt zu zeigen, sehr befremdlich. Was für eine großartige Hemmschwelle, an der man arbeiten kann!

Wie du es anpackst: Mit einer schnellen Internetrecherche findest du deinen lokalen FKK-Hotspot. Du brauchst noch nicht einmal die Badesachen einzupacken.
Schritt 1: Suche dir einen FKK-Strand in deiner Nähe.
Schritt 2: Gehe zum Strand.
Schritt 3: Zieh dich aus.
Schritt 4: Laufe ein bisschen herum.
            Geht doch!

Extra-Challenge: Nimm an einer »FKK-Fahrradtour« teil. Das sind organisierte Veranstaltungen, bei denen große Gruppen von Menschen nackt durch Städte radeln. Es ist eine Gelegenheit, sich weit aus seiner Komfortzone herauszuwagen und die Stadt in einem neuen Licht zu erleben. Finde online heraus, wann die nächste FKK-Fahrradtour in einer Stadt in deiner Nähe stattfindet. Melde dich an und schließe dich dem Pulk an.

Tiefer einsteigen: Recherchiere intensiver rund um deinen örtlichen FKK-Strand und die »FKK-Gemeinde«. Du wirst wahrscheinlich überrascht sein, wie beliebt das Ganze ist.

Meine Erfahrung: Ich bin alles andere als ein Nudist und als ich auf die Idee mit dieser Challenge kam, habe ich mich sofort unwohl gefühlt. Mir ist aber bewusst, dass einige Leute sehr glücklich ohne Kleidung sind. Ich habe tatsächlich einem meiner engsten Freunde dabei zugesehen, wie er nackt auf einem Tisch tanzte – auf einem Festival vor einer Menge von tausend Leuten. Er liebt es, nackt zu sein, und zieht sich auf Partys immer aus (mutig oder dumm, entscheide selbst). Der Gedanke daran ist mein schlimmster Albtraum! Ich hatte eine Menge mentalen Widerstand, mit dem ich hier zurechtkommen musste, und kämpfte immens mit dieser Challenge.

Ich muss zugeben, dass mein Versuch, diese Aufgabe zu bewältigen, ziemlich armselig war, aber ich habe es versucht. Der Gedanke, mich an einem öffentlichen Ort nackt auszuziehen, ist mir extrem unangenehm. Ich habe es geschafft, eine halbe Stunde lang an einem FKK-Strand in Kroatien zu liegen, wobei ich unglaublich große Angst hatte, fotografiert zu werden (hallo, Paranoia). Ich habe es auch geschafft, nackt zu baden. Beides war wirklich schwierig für mich, aber es ist das Mitmachen, das zählt, oder?

Was ich gelernt habe: Es ist erstaunlich, wie unwohl wir uns fühlen können, wenn die Schicht Stoff fehlt, die uns sonst bedeckt. Ich konnte kaum glauben, wie schwer mir das fiel. Der Widerstand deutet eindeutig darauf hin, dass ich viel aus dieser Erfahrung lernen kann, auch wenn die Lektion darin besteht, dass es eine Grenze gibt, wie weit ich gehen würde.

Ich stelle mir vor, wie Epiktet mit mir ein Wörtchen über diese Challenge reden will und mich auffordert, mich ein bisschen zusammenzureißen. Er würde direkt nackt Rad fahren und dabei spotten, warum ich mich ihm nicht anschließe. Ich vermute, er würde mir sagen, ich solle aufhören, mich so sehr darum zu scheren, was andere Leute denken. Das ist ein toller Ratschlag. Wie auch immer, ich habe jetzt ein deutliches Bild vor Augen von dem nackten Stoiker, der mich auf einem Fahrrad umkreist und mich ermutigt, mich auszuziehen. Ja, das ist eine ziemlich erschreckende Vorstellung!

»Es ist erstaunlich, wie unwohl wir uns fühlen können, wenn die Schicht Stoff fehlt, die uns sonst bedeckt.«

33. Probiere eine neue Sportart aus

Kategorie: körperliche Kraft
Klassifizierung: schnell erledigt
Schwierigkeitsgrad: 6 (mittel)
Zeitaufwand: ein paar Stunden

Worum es geht: Probiere eine Sportart aus, die du noch nie ausgeübt hast. Das kann ein Individual-, Team- oder Extremsport sein. Das wichtigste Kriterium ist, dass du es noch nie zuvor gemacht hast. Das unbekannte Element ist hier das entscheidende.

Was das Ziel ist: Ein Neuling zu sein, kann schwierig sein und du fühlst dich wahrscheinlich überfordert. Diese Challenge wird dich dazu ermutigen, deine Fähigkeit zu trainieren, dich mit neuen Menschen zu verständigen, Anweisungen zu verstehen und etwas Ungewohntes zu erleben. Wenn du eine Mannschaftssportart ausprobierst, musst du als Mitglied eines Teams funktionieren und mit einem breiten Spektrum an unterschiedlichen Persönlichkeiten klarkommen.

Wahrscheinlich wird es anfangs schwer sein und du wirst mit vielen mentalen Widerständen zu kämpfen haben. Neue Sportarten auszuprobieren kann sehr anstrengend sein und ist eine gute Möglichkeit, deine dynamische Denkweise zu testen.

Wie du es anpackst: Schau, welche Sportarten in deiner Nähe angeboten werden, und melde dich für ein Probetraining an. Ein paar Mal hingehen, um die Grundlagen zu verstehen, ist eine gute Idee, aber das Hauptziel ist, dass du dich in einer ungewohnten Umgebung mit einer ungewohnten körperlichen Aktivität beschäftigst.

Folgende Sportarten könntest du ausprobieren: Boxen, Kampfsport, Tai Chi, Badminton, Segeln, Fechten, Gymnastik, Wasserball, Skifahren, Snowboarding, Volleyball oder Stand-up-Paddling. Die Liste ist unerschöpflich und wird natürlich für jede Person anders aussehen. Die oben genannten Sportarten sind völlig willkürliche Beispiele, wähle also etwas Neues und Aufregendes auf der Grundlage deiner bisherigen Erfahrungen.

Schritt 1: Suche online nach interessanten Sportarten, die du noch nie ausprobiert hast.

Schritt 2: Melde dich für ein oder zwei Schnuppertrainings an, um ein Gefühl für die neue Sportart zu bekommen.

Schritt 3: Gehe hin und nimm am Training teil.

Schritt 4: Wiederhole dies ein paar Mal, bis du ein grundlegendes Verständnis für die Sportart bekommst.

Extra-Challenge: Schreibe eine Liste mit allen Sportarten, die du noch nie ausprobiert hast, und arbeite dich hindurch. Wer weiß, vielleicht wird eine davon zu deiner neuen Freizeitbeschäftigung.

Tiefer einsteigen: Suche in deiner Umgebung nach neuartigen und ungewohnten Sportangeboten. Das Internet wird dir zeigen, welche Möglichkeiten dir offenstehen.

Meine Erfahrung: Für diese Challenge entschied ich mich, das Wellenreiten auszuprobieren. Da ich noch nie gesurft hatte, wollte ich mich unbedingt darin versuchen und sehen, ob ich die Grundlagen in den Griff bekommen könnte. Ich meldete mich für zwei morgendliche Surfsessions an aufeinanderfolgenden Tagen an. Ich hoffte, dass ich so genug Zeit haben würde, um ein Gefühl für den Sport zu entwickeln.

Mein Surflehrer hielt sich nicht lange auf. Nach einer fünfminütigen Einweisung, was zu tun sei, stürzten wir uns ins Meer. Ich war ein wenig nervös, als ich auf die Wellen und den beeindruckenden Wellengang blickte. Aber ich hatte keine Gelegenheit, lange darüber nachzudenken, denn ich wurde laut dazu aufgefordert, noch weiter zu waten. Etwa bei Brusttiefe stieg ich auf das Brett und ließ mich auf dem Wasser treiben. Die Wellen schlugen von allen Seiten gegen uns, als mein Surflehrer das Surfbrett umdrehte, so dass es dem Strand zugewandt war. Ich sollte zuerst paddeln und dann die »Pop-up«-Technik anwenden, die er mir gerade zwei Minuten lang erklärt hatte. Eine Welle kam, ich paddelte und los ging's. Das Brett bewegte sich schnell auf dem Kamm der Welle und ich dachte bereits, ich hätte es geschafft. Ich versuchte, auf dem Brett »hochzukommen«, aber sobald ich mich bemühte aufzustehen, stürzte ich kopfüber ins Wasser. Fehlversuch Nummer eins.

Und genau so ging es noch ungefähr anderthalb Stunden lang weiter. Mein Surflehrer half mir, mich auf dem Brett aufzustellen, und ich fühlte mich dabei wie ein Kind. Ich wurde vorsichtig an die richtige Stelle geführt und dann losgelassen, als die Welle kam. Ich schaffte es, 1 Meter oder so auf den Füßen zu bleiben, dann fiel ich. Ich versuchte es immer wieder, scheiterte aber immer wieder. Es war harte Arbeit.

Nach einer Weile jedoch begann ich, mich zu entspannen und bekam ein Gefühl dafür, was ich tun musste. Plötzlich stand ich aufrecht und das Gleichgewicht fühlte sich gut an. Es machte klick und ich ritt die Welle bis zum Strand im Stehen. Es war ein unglaubliches Gefühl. Ich schaffte es, diese Leistung noch ein paar Mal zu wiederholen, aber es war alles in allem nichts, womit man sich rühmen konnte.

Der zweite Tag war eine Mischung aus Misserfolgen und dem einen oder anderen erfolgreichen Ritt bis an den Strand. Diesmal war ich mehr auf mich allein gestellt, so dass sich die ganze Erfahrung viel freier anfühlte. Zu wissen, dass ich einen Lehrer in der Nähe hatte, falls es Probleme geben sollte, war wirklich hilfreich, aber den Freiraum zu haben, Dinge selbst herauszufinden, war besonders vorteilhaft. Es machte großen Spaß und ich begann zu erkennen, wie süchtig es machen konnte. »Eine Welle noch«, sagte ich mir und vermasselte dann die nächsten sechs bis sieben Versuche. Die Erfahrung war jedoch brillant und eine durch und durch tolle Challenge.

Was ich gelernt habe: Das Meer kann einschüchternd sein. Manchmal sieht es aus, als sei der Strand ganz weit weg und man fühlt sich echt vollkommen allein. Das Meer ist unglaublich kraftvoll und das Treiben auf dem Surfbrett gab mir ein Gefühl der Bedeutungslosigkeit. Nicht auf eine schlechte Art und Weise, sondern einfach ein Gefühl, dass wir Menschen wirklich nur winzige Dinge sind, die auf einem sehr großen Planeten in einem riesigen Universum leben. Die Natur ist unvorstellbar gewaltig und das Surfen ist (oder zumindest erschien es mir so) ein Versuch, sich mit ihr zu vereinigen.

Ich nahm auf jeden Fall ein Gefühl dafür mit, wie schwierig Surfen wirklich ist und wie viel Respekt vor dem Meer man haben muss, wenn man Surfer ist. Ich war an einem sehr »sicheren« Ort unter dem wachsamen Auge eines erfahrenen Surflehrers. Ich kann mir vorstellen, dass es in manchen Teilen der Welt extrem gefährlich ist, sich im Meer aufzuhalten. Ständig beim Surfen zu versagen und dann ein oder zwei Belohnungen zu bekommen (stehend bis zum Strand zu surfen), machte die Erfahrung besonders wertvoll. Am Anfang gelang es mir überhaupt nicht, aber mit Beharrlichkeit und Entschlossenheit bekam ich einen kleinen Vorgeschmack darauf, wie dieser Sport sein könnte. Die richtige Einstellung (Growth Mindset) zu haben, war essentiell und ich glaube nicht, dass ich diesen Ansatz vorher gehabt hätte. Es ist erstaunlich, wie sich durch die Änderung meiner Einstellung meine Welt geöffnet hat.

»Am Anfang gelang es mir überhaupt nicht, aber mit Beharrlichkeit und Entschlossenheit bekam ich einen kleinen Vorgeschmack darauf, wie dieser Sport sein könnte.«

34. Jongliere mit drei Bällen

Kategorie: Fertigkeit
Klassifizierung: schnell erledigt
Schwierigkeitsgrad: 4 (leicht)
Zeitaufwand: eine Stunde

Worum es geht: Erlerne den klassischen Trick, drei Bälle in der Luft zu jonglieren.

Was das Ziel ist: Jonglieren kann eine relativ schnell zu erlernende Fähigkeit sein. Es ist ein toller Partytrick und eine lustige Beschäftigung, um deine Koordination, Konzentration und dein Muskelgedächtnis zu trainieren. Es wird auch deine Frustrationstoleranz auf die Probe stellen.

Wie du es anpackst: Am einfachsten ist es, wenn du dir von jemandem, der bereits jonglieren kann, die Technik beibringen lässt. So erhältst du direktes Feedback und kannst während des Trainings Fragen stellen. Alternativ dazu kann ein Lehrvideo im Internet als visuelle Anleitung dienen. Im Folgenden erläutere ich eine methodische Vorgehensweise:

Schritt 1: Kaufe oder leihe dir drei Jonglierbälle. Zitronen, Limetten oder Mandarinen funktionieren auch gut, aber bedenke, dass du sie am Anfang wahrscheinlich oft runterfallen lässt. Theoretisch können wir mit allem jonglieren, was wir halten können, aber es ist wahrscheinlich am besten, die Kettensägen vorerst wegzulegen und mit etwas Kleinerem und Kugelförmigem zu beginnen.

Schritt 2: Suche dir eine Vorlage, an der du dich orientieren kannst und die dir hilft, dir den Vorgang klar vorzustellen.

Schritt 3: Halte zwei Bälle in der rechten Hand und einen Ball in der linken.

Schritt 4: Wirf einen Ball in einem Bogen etwa auf Kopfhöhe von der rechten Hand zur linken Hand.

Schritt 5: Wenn sich der ankommende Ball aus der rechten Hand der linken Hand nähert, wirf den Ball aus der linken Hand schnell in einem Bogen in Richtung rechte Hand. Dadurch hast du in der linken Hand Platz, um den ankommenden Ball zu fangen.

Schritt 6: Der Ball der linken Hand fliegt nun auf deine rechte Hand zu. Wenn er sich der rechten Hand nähert, wirf den Ball, der sich gerade in der rechten Hand befindet, wieder im Bogen zur linken Hand und fange den ankommenden Ball mit deiner leeren rechten Hand. Anschließend fange den soeben geworfenen Ball mit der linken Hand. Du hast nun einen Jonglierzyklus abgeschlossen. Super! Am

Anfang wird das schwer sein, aber mit etwas Übung solltest du den Zyklus mit Leichtigkeit durchführen können.

Schritt 7: Füge weitere Jonglierzyklen hinzu, bis du die Bälle mühelos so lange jonglieren kannst, wie du möchtest.

Extra-Challenge: Jongliere mit vier, fünf, sechs oder sieben Bällen. Messer oder Feuerstäbe eignen sich für ein ebenso eindrucksvolles wie irrsinniges Upgrade. Es gibt auch unzählige Tricks und Variationen, die man erlernen kann, um seiner Jonglierkunst mehr Flair zu verleihen.

Choreografiere vielleicht einen Jonglage-Auftritt, indem du mehrere Tricks miteinander verbindest, sodass du eine kurze Nummer erhältst, die du vorführen kannst.

Lerne Einradfahren (eine weitere Challenge für sich) und kombiniere dies mit Jonglieren. Das ist wirklich auf eine krasse Herausforderung!

Tiefer einsteigen: Die Kontaktjonglage benutzt Glaskugeln, um wunderbare Illusionen zu erzeugen. Die Kugeln bleiben die meiste Zeit in Kontakt mit deinem Körper, daher der Name »Kontaktjonglage«. Such dir einige Online-Videos heraus, um eine Vorstellung davon zu bekommen, wie das funktioniert, und ziehe in Erwägung, es einmal auszuprobieren.

Die Jongleure des Cirque du Soleil sind unglaublich. Schau dir ihre Videos an und mach dich darauf gefasst, davon ganz gefangen genommen zu werden.

Flairbartending ist eine andere Art des Jonglierens, die es auch wert ist, näher kennengelernt zu werden.

Meine Erfahrung: Jonglieren lernen ging bei mir ziemlich flott. Nachdem ich die grundlegende Technik beherrschte, war es eine

Frage des Übens, bis ich es konnte. Anfangs ließ ich die Bälle zwar ständig fallen, aber meine Hand-Augen-Koordination verbesserte sich schnell und so klappte es nach kurzer Zeit richtig gut.

Als ich entspannt mit drei Bällen jonglieren konnte, begann ich, an Tricks und Kunststücken zu arbeiten. Dies dauerte allerdings länger, da einige der Tricks viel Übung erforderten. Doch ich entwickelte so eine nützliche Fähigkeit und sollte ich jemals beschließen, abzuhauen und mich einem Zirkus anzuschließen, dann habe ich eine gute Grundlage für den Anfang.

Besonders viel Spaß macht es mir, im Haus meiner Eltern mit Obst zu jonglieren, vor allem wegen der übertriebenen Reaktion meiner Mutter. Ich habe ihre Mandarinen nur dreimal fallen lassen und einmal einen Pfirsich zerdrückt ... Worüber beschwert sie sich eigentlich?

Was ich gelernt habe: Diese Fähigkeit hat mich gelehrt, wie wichtig Ausdauer ist. Etwas wiederholt zu tun und kleine Änderungen vorzunehmen, kann frustrierend sein. Ich bin anfangs oft gescheitert und ich denke, diese Erfahrung ist wichtig. Zu lernen, wie man mit Misserfolgen umgeht, mit ihnen arbeitet und sie schließlich in Erfolge umwandelt – das möchte ich auf größere Projekte in meinem Leben übertragen. Auch wenn Jonglieren lernen recht schnell geht, ist es das perfekte Modell, um eine Fähigkeit zu entwickeln. Aber vier Bälle oder mehr ... Nun, das ist eine andere Geschichte.

> **»Zu lernen, wie man mit Misserfolgen umgeht, mit ihnen arbeitet und sie schließlich in Erfolge umwandelt – das möchte ich auf größere Projekte in meinem Leben übertragen.«**

35. Meistere deine Höhenangst

Kategorie: mentale Kraft
Klassifizierung: schnell erledigt
Schwierigkeitsgrad: 5 (mittel)
Zeitaufwand: ein oder zwei Stunden

Worum es geht: Begib dich hoch hinauf auf eine Klippe, ein Gebäude oder einen Turm.

Was das Ziel ist: Höhenangst ist sehr weit verbreitet – viele Menschen haben ein Problem mit großen Höhen. Indem man sich an hohe Orte begibt, stellt man sich dieser Angst, was einem dabei hilft, innerlich zu wachsen. Nimm dir anfangs etwas Realistisches vor und baue dein Selbstvertrauen und deinen Wagemut langsam auf.

Wie du es anpackst: Viele hohe Türme und Gebäude haben Aussichtsplattformen, die unglaubliche Ausblicke bieten. Dies ist eine großartige Gelegenheit, um einen neuen Ort von oben zu erleben. Es gibt auch unzählige unberührte Gegenden, die schwindelerregende Abgründe haben. Eine kurze Internet-Suche sollte dir viele Orte zeigen, die du erkunden kannst.
Schritt 1: Suche den nächstgelegenen hohen Turm oder natürlichen schwindelerregenden Abgrund heraus.
Schritt 2: Besuche diesen Ort.
Schritt 3: Genieße die Aussicht.

Auf dem Papier klingt das einfach und für einige Leute wird es das auch sein. Aber für andere wird es ein schweißtreibender Albtraum werden.

Extra-Challenge: Betritt den Glasboden einer Aussichtsplattform. An einigen Stellen besteht der Boden hier aus sehr dickem Glas, das man betreten kann, wodurch du direkt über einer Höhe stehst, die dir den Magen umdreht. Wenn du unter Höhenangst leidest, kann dies sehr, sehr, sehr herausfordernd sein. Berühmte Beispiele sind: CN Tower in Toronto, Sears Tower in Chicago, der Glassteg der London Bridge und der Glassteg des Grand Canyon. Dies ist definitiv eine unangenehme Erfahrung und eine mentale Herausforderung.

Einige Aussichtsplattformen bieten »Sky Walks« an, bei denen du dir einen Klettergurt anlegst und die Stege an der Außenseite des Gebäudes betreten kannst. Probier es aus, wenn du dich traust.

Seile dich von einem Gebäude oder einer kleinen Klippe ab. Beim Abseilen wirst du mit einem speziellen Gerät die Wand eines Gebäudes oder eine Klippe hinuntergelassen. Es gibt Komplettangebote, bei denen dein Abseilerlebnis perfekt organisiert ist. Alles, was du tun musst, ist hinfahren, bezahlen und die Abseilaktion durchführen.

Tiefer einsteigen: Abseilangebote findet man überall. Schau online nach, wo in deiner Nähe das Abenteuer des Abseilens offeriert wird.

Sieh dir ein paar Videos von Touristen an, die auf der Zhangjiajie-Glasbrücke in China fast eine Panikattacke bekommen, um eine Vorstellung davon zu erhalten, wie schwer diese Herausforderung für manche Menschen sein kann.

Suche online nach Aussichtsplattformen von Türmen in deiner Umgebung, um zu sehen, wo du live Schwindelgefühle erleben kannst. Heißluftballons bieten ebenfalls eine hervorragende Möglichkeit, sich in die Höhe zu schwingen. Warum buchst du nicht eine Fahrt, um diese Herausforderung zu meistern?

Alain Robert ist ein Freikletterer, der mittlerweile für das Besteigen von Gebäuden auf dem ganzen Planeten bekannt ist. Sein Lebenslauf ist atemberaubend und umfasst seillose Besteigungen des Empire State Building, des Eiffelturms und des Taipei 101. Sieh dir einige Videos seiner unglaublichen Kletterevents an und mache dich darauf gefasst, dass dir der Atem stocken wird.

Meine Erfahrung: Obwohl ich ein Kletterer bin, habe ich immer noch Probleme mit Höhen. Ich musste wirklich hart daran arbeiten, mich den Ausblicken auszusetzen, die das Klettern mit sich bringt. Das ist ein andauernder Prozess und etwas, das mich ständig hellwach sein lässt. Interessanterweise ereignete sich eines meiner schwindelerregendsten Erlebnisse meilenweit von den Bergen entfernt.

Helen und ich waren im Urlaub in Chicago und beschlossen, den Sears Tower zu besuchen: ein atemberaubendes architektonisches Wunderwerk, das sich mit 443 Metern Höhe über die Skyline von Chicago erhebt. Im oberen Teil des Gebäudes befindet sich eine weltberühmte Aussichtsplattform. Ein interessantes Merkmal des Turms sind mehrere riesige Glaskästen, die aus seiner Spitze herausragen. Wer hier auf die Glasfläche hinaustritt, gewinnt den Eindruck, über dem Nichts zu stehen. Das schien mir ein machbares Ziel zu sein und eine gute Möglichkeit, sich der Erfahrung von vertikaler Höhe zu stellen. Als Kletterer, dachte ich, würde mir dieses Abenteuer sicher recht leichtfallen. Wie falsch ich doch lag! Sobald wir aus dem Aufzug stiegen, fühlte ich mich ausgeliefert. Als ich mich den raumhohen Fenstern näherte, begannen meine Handflächen zu schwitzen und mir wurde schwindelig. Langsam näherte ich mich dem Rand und spähte hinunter auf die tief unten liegenden Straßen von Chicago. Ich fühlte mich bereits unwohl, obwohl ich mich noch nicht einmal in der Nähe der Glaskästen befand.

Wir erkundeten in Ruhe die Aussichtsplattform, während ich erpicht darauf war, einen möglichst großen Abstand vom Rand zu halten (um damit endlich das Schwitzen zu stoppen). Es fühlte sich an, als würde mein Gehirn mir einen Streich spielen, denn ich hatte ständig das Gefühl, dass der Turm umkippt. Es war ein bizarres Gefühl.

Als wir uns den Glaskästen näherten, wurde mir richtig übel. Es war schon komisch, Helen dabei zuzusehen, wie sie direkt auf das Glas zuging, als ob es nichts sei. Sie machte ein paar Fotos und spazierte lässig über der sich darunter auftuenden Leere. Ich war entschlossen, cool zu bleiben, und versuchte, geradeaus auf das Glas zu gehen, aber mein Körper und mein Gehirn hielten mich davon ab. Es endete damit, dass ich seltsame schlurfende Schritte machte, die mich aussehen ließen, als würde ich tanzen. Ich holte tief Luft und setzte einen Fuß auf das Glas. Die Tiefe unter mir war einfach nicht fassbar für mich und mir wurde extrem heiß. Ich bahnte mir langsam einen Weg zur Glaswand, etwa anderthalb Meter vom Rand des Gebäudes entfernt. Es war unglaublich schwierig und mein Gehirn spielte mir immer wieder Streiche. Als ich an der hinteren Wand ankam, machte Helen ein Foto, um das Erlebnis zu dokumentieren – ich sah aus wie ein aufgeschrecktes Tier! Es ist eigentlich ein ziemlich lustiges Bild, das sehr genau zeigt, wie unwohl ich mich fühlte.

Nach ein paar Minuten verließ ich die Glasfläche und mein Körper entspannte sich augenblicklich. Ich konnte nicht glauben, wie kräftezehrend es war. Meine Beine fühlten sich ganz weich an und mir war richtig schwindelig. Mein Magen drehte sich und wollte nichts lieber, als sofort den Tower zu verlassen.

Unten auf der Straße angekommen, spürte ich ein großes Gefühl der Erleichterung. Ich begann, mich wieder normal und nicht mehr unbehaglich zu fühlen. Ich war so überrascht, wie erdrückend die ganze Erfahrung für mich gewesen war. Die Höhenangst hatte mich voll erwischt!

Seit der Erfahrung auf dem Sears Tower habe ich immer noch Probleme mit von Menschen geschaffenen Höhen, und wann immer ich plane, auf einen weiteren Hochhausturm zu steigen, weiß ich, dass es eine Herausforderung wird. So bietet mir jeder neue Ort mit Aussichtsplattform eine großartige Chance, aus meiner Komfortzone herauszukommen. Ich weiß, dass es schweißtreibend werden wird, aber ich finde es auch gut, mich dazu zu zwingen, damit klarzukommen.

Was ich gelernt habe: Das Gefühl, beim Klettern nach unten zu schauen, unterscheidet sich deutlich von dem des Ausgeliefertseins auf von Menschen geschaffenen Höhen. Aus irgendeinem Grund kann ich beim Klettern viel besser damit umgehen (obwohl es immer noch schwierig ist). Bei hohen Türmen scheine ich Höhenangst viel intensiver zu erleben. Ich vermute, dass es die Tragweite des sich Ausgeliefertfühlens ist, die mir den Magen umdreht.

Mich zu zwingen, mich der Höhenangst auszusetzen, ist ein wiederkehrendes Thema in meinem Leben. Ob ich nun klettere oder Türme und Aussichtsplattformen besuche, der regelmäßige Umgang mit dieser Erfahrung ist gut für mein Selbstvertrauen. Ich weiß, dass mein Körper auf eine bestimmte Art und Weise auf die Situationen reagiert, also muss ich nur meinen Weg, damit umzugehen, steuern. Wenn ich in Panik gerate, kann ich mir das inzwischen gut ausreden. Kognitive Verhaltenstherapie ist die Rettung! Es ist unangenehm, aber es ist eine ganz normale Reaktion, Angst zu haben, wenn man sich der Höhe aussetzt. Es ist im Wesentlichen eine Selbsterhaltungstechnik, deren Überwindung ich hier anstrebe. Manchmal fällt mir das leicht, manchmal nicht. Es ist der Versuch, sie zu überwinden, der zählt, und ich habe durch diesen Prozess eine Menge gelernt.

»Helen machte ein Foto, um das Erlebnis zu dokumentieren – ich sah aus wie ein aufgeschrecktes Tier!«

36. Verbessere deine Ernährung

Kategorie: mentale Kraft
Klassifizierung: monumental
Schwierigkeitsgrad: 8 (schwer)
Zeitaufwand: ein Jahr

Worum es geht: Das Ziel dieser Challenge ist es, sich gesünder zu ernähren. Das klingt ein wenig schwammig, aber das Wichtigste ist, dass du dich ganz bewusst mit den Lebensmitteln, die du konsumierst, beschäftigst und nach gesünderen Optionen suchst, um deine Ernährung insgesamt zu verbessern. Dies wird davon abhängen, wie gesund deine Lebensmittelauswahl bereits ist, aber das Hauptziel ist es, eine vernünftige Ernährungsweise zu entwickeln, an die du dich halten kannst.

Was das Ziel ist: Richtiges Essen ist für einen ausgewogenen und gesunden Lebensstil unerlässlich. Viele Menschen haben eine ungesunde Beziehung zum Essen, so dass es für sie schwierig ist, sich genau bewusst zu machen, was sie da eigentlich essen. Es erfordert außerdem viel Disziplin, sich für eine gesunde Ernährung zu entscheiden. Abnehmen ist nicht leicht. Sich jeweils für die gesunde Alternative zu entscheiden, kann schwierig sein (ich weiß, dass nicht nur ich damit zu kämpfen habe!). Es ist eine Herausforderung, gegen den Drang anzukämpfen, das zu essen, was wir wollen, anstatt das, von dem wir wissen, dass es gut für uns ist. Sich konsequent für gesundes Essen zu entscheiden, erfordert Disziplin. Disziplin erfordert mentale Stärke. Die Tatsache, dass dies etwas ist, das wir regelmäßig tun müssen, um Ergebnisse zu erzielen, macht es *noch* schwieriger. Diese Challenge kann sehr anspruchsvoll sein.

Wie du es anpackst: Sich zum Ziel zu setzen, dass 80 Prozent von dem, was man isst, »naturbelassen« und »gesund« sein soll, kann ein guter Anfang sein. Schau dir die Nahrungsmittel an, die du konsumierst, und überlege, wie du sie durch gesündere Alternativen ersetzen kannst. Ich möchte dich dazu ermutigen zu definieren, was »gesund« ist. Die Verantwortung für deine eigene Ernährung kannst nur du selbst übernehmen.

Schritt 1: Schau dir deine aktuelle Ernährung an und überlege, welche Lebensmittel nicht besonders gesund sind.

Schritt 2: Ersetze diese Lebensmittel durch gesunde Alternativen.

Schritt 3: Wiederhole dies, bis du dich überwiegend gesund ernährst.

Die Umstellung deiner Ernährung kann sehr schwierig sein und manchmal wird es ein Kampf sein zu entscheiden, was du essen darfst. Es sollte kein Problem sein, wenn du hin und wieder von deiner »naturbelassenen« und »gesunden« Ernährung abweichst. Versuche einfach sicherzustellen, dass 80 Prozent deiner Ernährung aus dem gesunden Teil besteht, nicht aus dem ungesunden Teil.

Extra-Challenge: Halte deine neue Ernährungsweise ein Jahr lang ein. Strebe eine völlig naturbelassene und gesunde Ernährung an. Verzichte auf Zucker und Kohlenhydrate, reduziere deinen Salzkonsum und verzehre weniger Fleischprodukte. Es ist nicht einfach, dies konsequent durchzuhalten.

Erforsche alternative Ernährungsformen und beobachte, welche Ergebnisse du damit erzielst. Probiere vegetarische oder vegane Ernährung aus.

Tiefer einsteigen: *Bärenstarke Küche* von Bear Grylls untersucht, was die moderne westliche Ernährung für unseren Körper bedeutet. Das Buch bietet gesunde und schmackhafte Rezepte zum Ausprobieren und liefert eine großartige Einführung in die richtige Art der Ernährung.

Es gibt unzählige ernährungsbezogene Dokumentationen und Artikel im Internet, die dich mit einer Fülle von Informationen versorgen. Tim Ferriss' Ratschläge zur »Slow Carb Diät« sind eine großartige Informationsquelle und ein guter Startpunkt.

Darm mit Charme von Giulia Enders ist eine faszinierende Lektüre. Es verdeutlicht, wie wichtig unser Verdauungssystem ist und dass wir unsere Darmflora richtig ausbalancieren müssen.

Super Size Me ist eine interessante Dokumentation über einen Mann, der sich einen Monat lang nur von McDonalds ernährt. Es ist wirklich erschreckend, was diese Fastfood-Diät in nur 30 Tagen mit seinem Körper anstellt. Der Dokumentarfilm bietet einen guten Ausgangspunkt, um diese Challenge zu starten, denn er motiviert einen, sich von Junk-Food fernzuhalten.

Ziehe in Erwägung, einen Ernährungsberater aufzusuchen, um mehr über deine persönliche Beziehung zum Essen zu erfahren.

Meine Erfahrung: Für diese Challenge wollte ich die Verantwortung für alles, was ich esse, selber übernehmen, um meinen Körper mit gesunden Lebensmitteln zu versorgen. Ich war richtig scharf darauf, meine Ernährung zu verbessern, da es mir in der Vergangenheit schwergefallen war, kluge Entscheidungen im Hinblick auf mein Essen zu treffen. Meine persönliche Philosophie war immer: Wenn ich mich nicht entscheiden kann, bestelle ich einfach eine Pizza. Du kannst dir vorstellen, wohin mich dieser Weg geführt hatte.

Obwohl ich Bedenken dagegen hatte, beschloss ich, einen Ernährungsberater aufzusuchen, um besser zu verstehen, welche Lebensmittel ich essen sollte, und mehr darüber zu erfahren, wie eine ausgewogene Ernährung aussehen sollte. Doch wenn ich ganz ehrlich bin, hatte ich nicht erwartet, dass mir eine Ernährungsberatung viel weiterhelfen würde. Aber ich war bereit, es zu versuchen, also ging ich hin.

Die Ernährungsberatung und all die Sachen, die mir in dieser Sitzung klar wurden, waren sensationell! Ich bekam eine Fülle von Informationen, die ich erst einmal wirken lassen musste, und fühlte mich total inspiriert. Ich erhielt Bücher zum Lesen und viele hilfreiche Unterlagen. Alles, was noch zu tun war, war, meine Ernährung konsequent und diszipliniert umzustellen.

Ich stürzte mich mit ganzem Herzen auf meinen neuen Ernährungsplan und war sehr streng mit mir selbst. Innerhalb von ein paar Wochen hatte ich eine Jeansgröße abgenommen, nur weil ich mich gesund ernährte. Ein Gewinn! Ich war zu der Zeit schon ziemlich fit, aber meine neue Ernährung veränderte noch mal einiges. Mein Energielevel stieg und meine Leistung beim Klettern, Laufen und beim Yoga schoss in die Höhe. Ich fühlte mich leichter auf den Beinen und die übliche Trägheit, die ich oft verspürte, schwand allmählich. Die Ernährungsumstellung hatte auch einen positiven Einfluss auf meine Angstzustände.

Ich hielt mich lange Zeit strikt an diese Ernährungsweise, begann dann aber, ein wenig zu besessen davon zu werden. Hier war mehr

Gelassenheit gefragt, denn ich schimpfte mit mir selbst, wenn ich mal über die Stränge schlug. Jetzt habe ich einen gesünderen Ansatz und gönne mir auch ab und an mal etwas. Ich versuche, die Philosophie der 80-prozentigen gesunden Ernährung umzusetzen, und das bringt immer noch gute Ergebnisse. Wenn ich mich mal nicht ganz so gut fühle, kann ich meine Ernährungsweise immer noch korrigieren und weiß genau, was ich essen und welche Ergebnisse ich erwarten kann.

Was ich gelernt habe: Ernährung ist so wichtig, aber es ist eine mentale Herausforderung, konsequent immer nur gesunde Entscheidungen zu treffen. Wenn Menschen eine Diät beginnen, unterschätzen sie meiner Meinung nach die mentale Stärke, die nötig ist, um ihre Ziele zu erreichen. Das ist der Grund, warum so viele Menschen ihre Diät wieder aufgeben. Der Jo-Jo-Charakter von Diäten hat eine riesige Industrie geschaffen, in der eine Modediät die nächste ablöst. Abnehmen sollte nicht das Endziel sein, aber das scheint bei vielen Diäten der Fall zu sein. Eine langfristige, realistisch umsetzbare gesunde Ernährung ist das, was wir alle brauchen. Etwas, das machbar ist und es unserem Körper erlaubt, richtig zu funktionieren.

Ich war erstaunt über den Unterschied, den ich spürte, als ich begann, mit einer bewussteren Einstellung zu essen. Es war wunderbar. Und mit der Zeit wurde es einfacher – nach einer Weile war mir die gesunde Alternative sogar oft die liebere.

Doch manchmal kann die Entscheidung für die leichtere, gesündere Mahlzeit auch schwierig sein und unsere Willenskraft auf eine Weise auf die Probe stellen, mit der man nicht rechnet. Dies konsequent durchzuhalten, erfordert ständige Disziplin. Und weil Disziplin mentale Stärke erfordert, müssen wir diese bei jedem Essen trainieren. Es gelingt mir nicht immer, aber ich bewege mich in die richtige Richtung.

Im Folgenden findest du die vier wichtigsten Tipps, die ich in meine Ernährung eingebaut habe. Sie waren besonders hilfreich für mein Wohlbefinden und haben die besten Ergebnisse erzielt. Ich hoffe, sie bringen auch dich weiter.

Tipp 1: Zucker. Das Wichtigste, worauf du achten solltest, ist Zucker. Zucker ist in so vielen Dingen versteckt und verursacht weltweit eine große Menge an gesundheitlichen Problemen. Wenn du deinen Zuckerkonsum reduzierst, wird sich deine Ernährung sofort verbessern. Ein kompletter Verzicht wäre sogar noch besser, aber das ist sehr schwer zu erreichen. Mache dich darauf gefasst, dass der Heißhunger einsetzt. Wenn du eine Zeit lang keinen Zucker mehr isst, wirst du staunen, wie süß alles schmeckt.

Tipp 2: Steigere deinen Gemüsekonsum. Iss mehr Gemüse und achte auf Abwechslung. Ganz einfach.

Tipp 3: Kohlenhydrate. Reduziere deinen Kohlenhydratkonsum und du wirst dich nicht mehr so träge fühlen. Brotprodukte dominieren in der westlichen Welt, sind aber nicht gut für unseren Körper. Streiche beziehungsweise reduziere die Menge an Kohlenhydraten, die du zu dir nimmst, und du wirst die Resultate praktisch sofort spüren.

Tipp 4: Frischwaren. Wenn etwas in Plastik verpackt ist oder stark verarbeitet wurde, ist es wahrscheinlich nicht so frisch – schau dir einfach die lange Liste der Zutaten auf der Rückseite der Verpackung an. Wenn es mehr als drei oder vier sind, weißt du, dass es wahrscheinlich mit Stabilisatoren und Zusatzstoffen vollgepumpt ist. Und die sind wirklich nicht gut für uns.

»Ich war erstaunt über den Unterschied, den ich spürte, als ich begann, mit einer bewussteren Einstellung zu essen. Es war wunderbar.«

37. Seilspringen wie Rocky

Kategorie: körperliche Kraft
Klassifizierung: erfordert Ausdauer
Schwierigkeitsgrad: 7 (schwer)
Zeitaufwand: ein paar Tage

Worum es geht: Lerne, seilzuspringen wie ein Boxer und verschiedene Seilspring-Tricks auszuführen.

Was das Ziel ist: Seilspringen ist eine großartige Form der körperlichen Betätigung. Es fördert die Koordination, die aerobe Fitness und stärkt die Arm- und Beinmuskulatur. Es ist eine fantastische Möglichkeit, sich aufzuwärmen und daher eine großartige Übung, um den Kreislauf anzuregen, bevor du eine andere Sportart ausübst. Es erfordert außerdem sehr wenig Ausrüstung und nur wenig Platz.

Richtig Seilspringen lernen samt diverser Tricks kann einige Zeit in Anspruch nehmen. Du brauchst Geschicklichkeit und Präzision, um reibungslos zu springen, und dein Weg dorthin wird wahrscheinlich mit Frustrationserlebnissen gepflastert sein. Es gibt viele Gründe, diese Challenge anzunehmen!

Wie du es anpackst: Das Seilspringen braucht ein wenig Übung, damit es sich natürlich anfühlt, bleib also dran.
Schritt 1: Kaufe dir ein Springseil. Das sollte nicht viel kosten und kann entweder aus Plastik oder Leder sein. Achte darauf, dass es die richtige Länge hat (es sollte locker den Boden berühren, wenn deine Arme entspannt sind und du beide Enden des Seils hältst).

Schritt 2: Schau dir als Anhaltspunkte ein paar Online-Anleitungen an, um eine Vorstellung von der Technik zu bekommen.

Schritt 3: Halte in jeder Hand ein Ende des Springseils und schwinge es vorwärts über den Kopf (über den Rücken nach vorne) und in Richtung Boden. Dies sollte eher eine schnippende Bewegung sein als eine große Armbewegung.

Schritt 4: Wenn sich das Seil deinen Füßen nähert, springe über das Seil. Dies sollte ein kleiner schrittartiger Sprung sein, kein massiver, hoher Kraftsprung.

Schritt 5: Nach dem Sprung wiederholst du den Vorgang, schnippst das Seil wieder über den Kopf und unter den Füßen durch, bis du dich mit dem Springen über das Seil vertraut gemacht hast. Wenn du die Technik richtig hinbekommst, ist das sogar recht mühelos.

Schritt 6: Lerne ein paar Tricks, um deine Performance aufzupeppen. Einige grundlegende, die du ausprobieren solltest, sind der »Criss Cross«, das »Hüpfen auf einem Bein« und der »Achterstart«. Es gibt so viele Varianten zu entdecken, also mach dich auf die Suche nach neuen Tricks.

Schritt 7: Nutze das Seilspringen, um dich vor anderen sportlichen Betätigungen aufzuwärmen.

Extra-Challenge: Lerne mehr Tricks und entwickle eine ausgefeilte Übungsfolge. Das Einführen von »doppelten« und »dreifachen« Sprüngen, bei denen das Seil zwei- oder dreimal um dich herumwirbelt, bevor du (mit den Füßen) wieder auf dem Boden landest, ist sehr schwierig.

Versuche, 100 Sprünge ohne Unterbrechung zu absolvieren. Wenn dir das zu leicht ist, versuche es mit 500. Immer noch zu leicht? Wage dich an 1000 Sprünge ohne Unterbrechung.

Tiefer einsteigen: Schau dir die Trainingssequenzen in den *Rocky*-Filmen an, um dich inspirieren zu lassen, und suche online nach berühmten Boxern, die ihre Fähigkeiten im Seilspringen demonstrieren. Muhammad Ali und Anthony Joshua wären ein guter Einstieg.

Meine Erfahrung: Es hat eine ganze Weile gedauert, bis ich gelernt habe, richtig seilzuspringen. Es war ein frustrierender Prozess und stellte meine Geduld auf die Probe, aber es hat sich gelohnt. Jetzt dient mir das Seilspringen als schnelle und einfache Möglichkeit, mich vor dem Training aufzuwärmen.

Das erste Springseil, das ich kaufte, war viel zu kurz – es muss ein Kinderseil gewesen sein. Lange Zeit war ich genervt und musste schließlich im Internet nach Rat suchen. Erst dann gingen mir bezüglich der Seillänge die Augen auf. Du würdest doch auch nicht mit einem Kinderfahrrad fahren, oder? Ich kam mir entsprechend dämlich vor, da ich eindeutig ein Kinderspringseil benutzt hatte. Es hatte zwar keine Power Rangers drauf oder so etwas, aber es war offensichtlich zu kurz. »Jeder macht mal Fehler«, sagte ich mir, während ich gleich in den Laden ging und ein Erwachsenenspringseil besorgte. Sofort wurde das Ganze einfacher.

Es dauerte trotzdem noch eine Weile, bis ich in der Lage war, problemlos ohne Unterbrechung zu springen. Zunächst setzte ich mir das Ziel, zehn vollständige Sprünge zu schaffen. Als ich dies konnte, erhöhte ich auf 20. Das ging so weiter, bis ich ohne große Probleme 100 erreichte. Dann begann ich, Tricks einzubauen. Der »Criss Cross« war der erste, den ich lernte. Um diesen reibungslos auszuführen, brauchte ich einige Zeit, aber schließlich konnte ich damit mein Training ein wenig variieren. Danach wagte ich mich an weitere Tricks, bis ich eine Auswahl interessanter Seilspringtricks im Repertoire hatte. Ich stelle mir manchmal vor, ich sähe aus wie Rocky, während ich das alles mache. Vielleicht kannst auch du dich mit diesem Bild vor Augen motivieren …

Was ich gelernt habe: Seilspringen war eine große Geduldsprobe für mich. Wie oft war ich kurz davor, einen neuen Highscore im Dauerspringen zu erreichen, und vermasselte es dann doch … Das war geradezu grotesk. Manchmal fühlte es sich an, als wäre das Springseil verflucht und würde mich absichtlich ärgern. Nichtsdestotrotz blieb ich dran und schaffte es, trotz aller Schwierigkeiten mein Niveau zu steigern.

Diese Challenge hat mir gezeigt, wie wichtig es ist, mit meinen Frustrationen zu arbeiten und nicht gegen sie. Je entspannter ich war, desto einfacher war es für mich, diese neue Kunst zu erlernen. Wenn ich frustriert und angespannt war, verlangsamte sich der Prozess spürbar. Die Balance zu finden und entspannt an diese Aufgabe heranzugehen, war entscheidend im Hinblick auf meine Resultate.

Beim Seilspringen konnte ich auch viele andere Lektionen, die ich im Laufe des Jahres gelernt habe, wieder einsetzen. Zum Beispiel, konsequent zu sein, positiv zu bleiben und mit negativen Einstellungen klarzukommen.

>>Diese Fähigkeit hat mir gezeigt, wie wichtig es ist, mit meinen Frustrationen zu arbeiten und nicht gegen sie.<<

38. Digital Detox

Kategorie: mentale Kraft
Klassifizierung: erfordert Ausdauer
Schwierigkeit: 7 (schwer)
Zeitdauer: 24 Stunden

Worum es geht: Verzichte 24 Stunden lang auf dein Handy.

Was das Ziel ist: Wir sind so abhängig von unseren Mobiltelefonen, dass sie zu einem Teil unseres Wesens geworden sind. Eine Pause von der Technologie zu machen und sich vom Netz zu trennen, ist eine Möglichkeit, sich von der Hektik des modernen Lebens zu erholen. Es wird nicht einfach und du wirst vielleicht überrascht sein, wie abhängig du tatsächlich von deinem Handy bist.

Ich sehe oft Menschen, die sich zu einer gemeinsamen Mahlzeit hinsetzen und schweigend an ihren Smartphones kleben. Es ist deprimierend, ein Paar dabei zu beobachten, wie sie ihre Köpfe in ihre Displays versenken, anstatt miteinander zu reden, aber so ist es nun mal: der Fluch der modernen Welt. Offensichtlich ist es nötig, das Telefon mal für 24 Stunden auszuschalten, um uns unsere Abhängigkeit von dieser Technologie bewusst zu machen und dieses Verhaltensmuster zu durchbrechen. Dementsprechend wichtig ist diese Herausforderung.

Es ist tatsächlich nicht einfach, digitale Enthaltsamkeit umzusetzen. Und wenn ich etwas schwierig finde, dann … ja, du hast es erraten – kommt es direkt auf die Liste!

Wie du es anpackst: Möglicherweise wird es für dich nicht leicht sein, dieses »digital detox« für 24 Stunden durchzuhalten.

Schritt 1: Lege einen Zeitraum von 24 Stunden fest, in dem du dein Handy nicht nutzen wirst. Das Wochenende könnte sich dafür anbieten, aber bei dieser Herausforderung geht es nicht unbedingt um Annehmlichkeiten.

Schritt 2: Schalte dein Handy aus. Ja, es gibt tatsächlich eine Taste dafür. Google, wie du dein Telefon ausschaltest, falls du es vergessen hast.

Schritt 3: Gib der Versuchung nicht nach! Verbringe deine freie Zeit damit, die Welt um dich herum im Hier und Jetzt zu genießen, frei von digitalen Ablenkungen.

Extra-Challenge: Versuche, eine Woche ohne dein Handy auszukommen.

Verbringe 24 Stunden ohne jegliche Technologie (dazu gehört auch unnötiger Stromverbrauch).

Verzichte eine Woche lang auf soziale Medien.

Tiefer einsteigen: Das Buch *Die 12 Schritte aus der Sucht: Wie du dich von deinen Abhängigkeiten befreist* von Russell Brand bietet einen persönlichen Bericht über seinen Kampf mit der Sucht und Tipps, wie wir uns ihr gegenüber wappnen können. Diese Methode lässt sich leicht übertragen auf die heutige Besessenheit der Gesellschaft von Technologie und sozialen Medien. Lies ein paar Seiten und schau, ob es dich anspricht.

Es gibt schon Produkte auf dem Markt, mit denen man sein Handy für einen bestimmten Zeitraum wegschließen kann. Wenn du zum Beispiel dein Handy in so eine Box legst und einen Timer einstellst, kannst du nicht mehr darauf zugreifen, bis der Timer klingelt und die Box entsperrt wird. Das sind in der Tat extreme Maßnahmen …

Außerdem gibt es viele Apps zur Produktivitätssteigerung, mit deren Hilfe du dein Mobiltelefon sperren kannst oder den Zugriff aufs Internet verhinderst. Ziehe diese Optionen in Betracht, wenn du wirklich nicht die Finger von deinem Handy lassen kannst.

Meine Erfahrung: Ich habe kürzlich versehentlich mein Smartphone blockiert. Ich weiß nicht wirklich, wie es passiert ist, nehme aber an, dass es etwas mit meiner Hosentasche, der Nichterkennung meines Fingerabdrucks und irgendwelchem Apple-basierten Hexenwerk zu tun gehabt haben muss. Als ich mein Telefon aus der Tasche zog, sagte mir das Display, dass mein iPhone deaktiviert worden sei und ich es mit iTunes verbinden müsse. Ich konnte es buchstäblich nicht bedienen, bis ich wieder zu Hause war an meinem Computer. Wow! Sofort wurde ich in eine Welt ohne Technologie katapultiert. Ich musste Texte und E-Mails verschicken und ich hatte eine lange Reise mit der U-Bahn beziehungsweise dem Zug vor mir. Ohne Musik und Internet fühlte ich mich zurückgeworfen in ein dunkles Zeitalter, worüber ich nicht besonders glücklich war. Die ganze Erfahrung brachte mich zum Nachdenken darüber, wie unglaublich abhängig wir als Gesellschaft von unseren Mobiltelefonen sind. Dies als Challenge aufzunehmen, wäre ein sehr interessantes Experiment, dachte ich mir, während ich im Zug Däumchen drehte.

Die Zeit ohne mein Smartphone zu verbringen war überraschend schwierig. Es zeigte mir, wie drastisch sich die Welt in so kurzer Zeit für mich verändert hat. Als ich zur Schule ging, hatte niemand ein Handy und die Welt drehte sich trotzdem weiter. Jetzt kann schon ein schwacher Akku bei mir Panik auslösen. Schon interessant, diese Abhängigkeit, und eine Auszeit von ihr zu nehmen, war erfrischend.

Während des 24-Stunden-Zeitraums wollte ich immer wieder mein Smartphone checken und dann fiel mir ein, dass ich es nicht benutzen durfte. Es war erstaunlich, wie häufig das passierte! Ich dachte an etwas wirklich »Wichtiges«, das ich tun musste, und griff automatisch zum Smartphone. Es war ein sehr unbewusster und automatischer Prozess, der irgendwie beängstigend war ... Am Ende gelang es mir jedoch zu widerstehen.

Am zweiten Tag wurde der Verzicht besonders schwer. Sogar das Aufwachen erwies sich als schwieriger als sonst – kein Telefonalarm! Schließlich waren die 24 Stunden um und ich erlaubte mir, mich wieder mit der digitalen Welt zu verbinden. Hatte ich etwas verpasst? Nichts Wichtiges. Die eine oder andere E-Mail, die beantwortet werden musste, und ein paar Nachrichten (die alle nicht dringend waren). Es war erstaunlich, wie nervös ich ohne mein Smartphone war.

Was ich gelernt habe: Mein Smartphone ist ein Teil von mir. Es ist unglaublich, wie einflussreich diese Technologie ist und wie abhängig ich mittlerweile von ihr bin. Mein Smartphone für eine relativ kurze Zeit aus meinem Leben zu verbannen, war viel schwieriger, als ich erwartet hatte. Sich bewusst zu machen, wie viel Macht dieses kleine Stück Technologie über mein Leben hat, war schon sehr faszinierend.

Ich fühlte mich ziemlich gut, weil es mir gelungen war, 24 Stunden ohne mein Smartphone auszukommen. Es fühlte sich an, als hätte ich mehr Zeit (definitiv eine Illusion). Normalerweise gibt es den ganzen Tag über Momente, in denen ich mal »schnell« aufs Smartphone schaue, um etwas zu erledigen, und dann auf irgendwelchen Webseiten hängen bleibe. Eine halbe Stunde später schaue ich mir ein Video von einem russischen Mann an, der an einem Seil von einem Gebäude schwingt. Wie bin ich hier gelandet? Ich weiß es nicht einmal! Da, wo ich mich sonst zeitverschwenderischen Web-

Orgien hingab, hatte ich plötzlich Platz in meinem Terminkalender, und dadurch entstand das Gefühl von mehr Zeit. Das war ein schönes Gefühl.

Das Experiment war sehr aufschlussreich und ich glaube, dass es sehr sinnvoll ist, sich von der modernen Technologie zeitweise abzukoppeln. Zu erfahren, wie abhängig ich vom Smartphone bin, war sehr interessant, wenn auch ein wenig schockierend. Ich werde mich bemühen, mich häufiger auszuklinken, und die Welt um mich herum unmittelbar und ohne Ablenkungen zu erleben.

»Mein Smartphone für eine relativ kurze Zeit aus meinem Leben zu verbannen, war viel schwieriger, als ich erwartet hatte.«

39. Lerne einen Zaubertrick

Kategorie: Fertigkeit
Klassifizierung: erfordert Ausdauer
Schwierigkeitsgrad: 5 (mittel)
Zeitaufwand: ein paar Tage

Worum es geht: Lerne, einen Zaubertrick vorzuführen.

Was das Ziel ist: Bei dieser Challenge geht es darum, eine neue Fähigkeit zu erlernen, die präzise und raffinierte Handgriffe erfordert. Es wird wahrscheinlich einige Übung und eine Menge Charisma benötigen, um den Trick perfekt hinzubekommen. Die Vorführung des Tricks kann auch dazu führen, dass du dich unsicher fühlst, weil du dich präsentieren musst. Alles großartige Möglichkeiten, um dich aus deiner Komfortzone herauszuholen.

Wie du es anpackst: Es gibt unzählige Zaubertricks, die man lernen kann, aber ich schlage vor, mit einem Kartentrick zu beginnen.

Viele Kartentricks basieren darauf, dass du deinem Gegenüber eine Karte »aufdrängst«. Wenn dein Gegenüber aufgefordert wird, eine Karte aus dem Deck zu wählen, gib ihm eine Karte, die du bereits kennst und zuvor ausgewählt hast. Auf dieser Grundlage kannst du einige sehr beeindruckende und spektakuläre Tricks vorführen.

Im Folgenden wird ein sehr einfacher Trick beschrieben, bei dem du deinem Zuschauer eine Karte »aufzwingen« kannst:

Schritt 1: Schau dir heimlich die verdeckte oberste Karte des Decks an, ohne dass die Zuschauer davon etwas mitbekommen. Dies ist nun die Karte, die du »erzwingen« wirst.

Schritt 2: Mische das Deck »kontrolliert«, wobei du sicherstellst, dass immer dieselbe Karte oben auf dem Deck bleibt. Dies erfordert Übung, da es enorm viele Möglichkeiten gibt, die Illusion zu erzeugen, dass die Karten gemischt werden. Schau dir einige YouTube-Videos an, in denen gezeigt wird, wie das »falsche Mischen« funktioniert, und studiere sie ein.

Schritt 3: Bitte einen Zuschauer, das Deck in drei Stapel aufzuteilen. Achte währenddessen darauf, wo die oberste »erzwungene« Karte liegt, indem du dir merkst, auf welchem Stapel sie liegt.

Schritt 4: Bitte den Zuschauer, auf einen der drei Stapel zu zeigen. Wenn er auf den Stapel zeigt, auf dem die »erzwungene« Karte oben liegt, bitte ihn, die oberste Karte zu nehmen. Wenn er auf einen der anderen Stapel zeigt, entferne einfach diesen Stapel und bitte ihn, erneut auf einen zu zeigen. Dieser ganze Vorgang dient dazu, den Zuschauer zu verwirren. Egal, auf welchen Stapel er zeigt, du wirst diesen entweder wegnehmen oder den Zuschauer die oberste Karte nehmen lassen, wenn es der Stapel mit der »erzwungenen« Karte ist. Mit ein wenig Charisma wird dieser Teil des Tricks besonders gut gelingen.

Schritt 5: Bitte deinen Zuschauer, sich die Karte anzusehen und sie dann wieder in den Stapel zu legen. Achte darauf, dass er den Stapel gründlich mischt, bevor er ihn dir zurückgibt.

Schritt 6: Sage dem Zuschauer, dass du einen guten Geruchssinn hast und allein durch den Geruch die gewählte Karte erkennen wirst. Durchsuche die Karten, bis du deine Karte findest (du weißt ja bereits, welche es ist, weil du den Zuschauer zuvor gezwungen hast, diese zu wählen). Schnüffle an ein paar Karten, lass es so aussehen, als wärst du unsicher, dann decke die richtige Karte auf. Die meisten Leute werden darüber erstaunt sein und die nächsten zehn Minuten damit verbringen, an den Karten zu schnüffeln. Zum Totlachen!

Von diesem Trick gibt es viele Varianten. Das Wichtigste ist, dass du deinem Zuschauer die Karte »aufzwingst«. Wenn du verschiedene Möglichkeiten lernst, dies zu tun, kannst du dir einige sehr lustige Kunststückchen einfallen lassen. Wenn ich zum Beispiel weiß, dass mein Zuschauer das Herz As nehmen wird, kann ich ein Duplikat dieser Karte an den unmöglichsten Stellen platzieren. Wenn du dich besonders geschickt anstellst, kannst du die Karte in der Tasche des Zuschauers verstecken. Dein Publikum wird verblüfft sein!

ANMERKUNG – Wiederhole nie den gleichen Trick sofort noch einmal. Deine Zuschauer werden besonders genau hinschauen und jeden Schritt ganz penibel analysieren.

Extra-Challenge: Lerne mehrere Zaubertricks mit und ohne Karten und erstelle ein Programm.

Führe deinen Trick einem Fremden vor.

Tiefer einsteigen: David Blaine ist ein herausragender Zauberkünstler und ein unglaublicher Straßenmagier. Er hat eine ganze Reihe skurriler Zauberkunststücke und -tricks im Repertoire, aber seine Straßenmagie ist das, was ich besonders beeindruckend finde.

The Magic Circle ist eine britische Gesellschaft für Profi- und Amateurzauberer. Wenn du dich besonders zur Zauberkunst hingezogen fühlst, solltest du dir überlegen beizutreten. Es ist aber nicht einfach, aufgenommen zu werden, und du musst über wahrhaft ausgefeilte Fähigkeiten verfügen, um die Aufnahmeprüfung zu bestehen.

YouTube ist eine grandiose Plattform für Zauberer, also schau dich dort um und lass dich verblüffen.

Meine Erfahrung: Ein paar grundlegende Zaubertricks zu lernen, hat viel Spaß gemacht. Mich amüsiert es, wie die Leute reagieren, und es kann sehr lustig sein, ihnen dabei zuzuschen, wie sie versuchen herauszufinden, was ich da eigentlich gemacht habe. Jeder will verstehen, wie der Trick funktioniert, und manche Leute können einfach nicht lockerlassen. Sie bestehen darauf, dass man den Trick wieder und wieder macht. Es macht großen Spaß, diese Leute hereinzulegen und so zu tun, als ob es echte Magie wäre.

Nachdem ich gelernt hatte, wie man eine Karte »erzwingt«, begann ich, ein paar interessante Trickideen zu entwickeln. Wenn man ein paar grundlegende Konzepte kennt, ist es einfach, verschiedene Elemente dieser Tricks zu kombinieren und eigene zu erfinden. Es war ein ziemlich kreativer Prozess und hat mir ein Gefühl für die Feinheiten der Zauberkunst beschert.

Ich habe eine spektakuläre Methode entwickelt, um die Karte eines Zuschauers am Ende eines Tricks zu enthüllen. Nachdem ich meinem Zuschauer die Karte aufgezwungen habe, nehme ich sechs Karten und bitte ihn, die Karten zwischen den Fingerknöcheln zu halten. Wenn ich die Karten genau richtig treffe, fliegen sie aus den Händen meines Zuschauers, sodass nur die von ihm gewählte Karte zurückbleibt. Das hört sich komplizierter an, als es ist. Trotzdem habe ich zunächst viele Versuche gebraucht, um diesen Trick richtig hinzubekommen, und es ist mir auch mehrmals gelungen, den Trick in letzter Minute zu ruinieren. Ich habe dem Kartenhalter nicht klar genug Anweisungen gegeben und dann alle Karten quer durch den Raum geschleudert – das Ergebnis waren ein verwirrter Zuschauer und ein frustrierter Zauberer. Einmal habe ich meine Freunde zum Lachen gebracht, als ich es schaffte, das Finale dreimal hintereinander zu verbocken. Je mehr ich mich ärgerte, desto lustiger fanden es meine Freunde. Die ganze Sache war urkomisch und wir waren alle völlig aus dem Häuschen, als ich es endlich richtig hinbekam.

Mit der Zeit und etwas Übung habe ich das Ende des Tricks gemeistert und bekomme jetzt begeisterte Reaktionen von den Leuten, wenn ich ihn vorführe (und es richtig mache). Es hat sehr viel Spaß gemacht, diese Kunstform näher kennenzulernen.

Was ich gelernt habe: Selbstvertrauen ist das A und O. Alle Tricks, die ich einstudiert habe, sind denkbar einfach auszuführen und brauchen nicht viel Übung, erfordern aber definitiv ein gewisses Maß an

Persönlichkeit. Es liegt alles an der Ausführung und das ist eine sehr interessante Fähigkeit, die es zu entwickeln gilt. Wenn alle Augen auf einen gerichtet sind, ist ein gewisser Druck vorhanden. Den Trick richtig hinzubekommen und ihn »magischer« erscheinen zu lassen als er ist, kann fantastische Reaktionen hervorrufen.

Diese Challenge hat mich ermutigt, im Mittelpunkt der Aufmerksamkeit zu stehen und selbstbewusster mit meinen Fähigkeiten aufzutreten, als ich tatsächlich bin. Wenn ich Tricks vorführe, muss ich sie mit Präzision und Selbstvertrauen ausführen, um gute Ergebnisse zu erzielen. Wenn es funktioniert, ist es brillant, aber das richtige Timing ist entscheidend.

Es war auch ein gewisses Maß an Disziplin erforderlich, um die Tricks zu perfektionieren, an denen ich arbeitete. Einige der Handgriffe mussten immer und immer wieder wiederholt werden, bevor ich mich bei der Ausführung sicher fühlte. Ein lockeres Skript zu entwickeln, um die Aufführung zu begleiten, war ebenfalls amüsant und erforderte Kreativität. Mit dem richtigen Spruch hier und da wird der Trick erst richtig lebendig.

Der Höhepunkt dieser Erfahrung war die Interaktion mit meinen Opfern (Menschen, die das Pech hatten, dass ich ihnen einen Trick vorführen durfte). Das Zaubern kann eine Menge Spaß machen und überraschend entwaffnend sein. Im Anschluss an einen Zaubertrick habe ich schon einige lustige und interessante Gespräche geführt.

> **»Diese Challenge hat mich ermutigt, im Mittelpunkt der Aufmerksamkeit zu stehen und selbstbewusster mit meinen Fähigkeiten aufzutreten, als ich tatsächlich bin.«**

40. HIIT (Hochintensives Intervalltraining)

Kategorie: körperliche Kraft
Klassifizierung: schnell erledigt
Schwierigkeit: 9 (sehr schwer)
Zeitdauer: 30 Minuten

Worum es geht: Ein HIIT-Workout kann man mit vielen verschiedenen Cardio-Übungen durchführen. Die Idee ist, eine Zeit lang mit maximaler Intensität zu trainieren, gefolgt von einer kurzen Pause. Dies wiederholst du dann mehrere Male. Ein HIIT-Workout ist normalerweise recht kurz und intensiv.

Was das Ziel ist: Dies ist sowohl mental als auch körperlich extrem anstrengend. Diese Art von Training ist brutal und es kann durchaus vorkommen, dass dir sogar übel wird von der Anstrengung. Es ist verdammt schwer durchzuhalten und eine Session kann einen total fertigmachen. Habe ich dich überzeugt?

Wie du es anpackst: Du kannst ein HIIT-Workout mit jeder Art von Cardio-Training durchführen. Das Wichtigste, was du brauchst, ist eine Uhr oder ein Timer, damit du weißt, wie lange du trainiert hast. Ein Countdown-Timer ist besser, da du nicht ständig auf die Uhr schauen musst. Die meisten Geräte in Fitnessstudios verfügen über einen Timer, der dir bei der Durchführung dieser Herausforderung hilft.

Schritt 1: Entscheide dich für eine Cardio-Übung, die zu deinem HIIT-Workout passt. Beispielsweise Laufen, Rudern, Radfahren, Treppauf- und Treppablaufen, Schwimmen oder Seilspringen. Es gibt noch viele weitere Möglich-

keiten, also fühle dich nicht durch meine Vorschläge eingeschränkt.

Schritt 2: Wärme dich fünf bis zehn Minuten lang mit leichtem
Cardio-Training auf.

Schritt 3: Trainiere nun zwanzig Minuten lang abwechselnd eine
Minute so intensiv wie möglich (absolutes Ausdauertraining), gefolgt von einer Minute sehr leichtem (Gott
sei Dank) Erholungs-Cardio. Das Workout ist deshalb so
kurz, weil du zwischendurch so extrem hart trainierst. Insgesamt absolvierst du zehn Minuten sehr anspruchsvolles
Training, gepaart mit leichterem, erholsamem Cardio.

Schritt 4: Abkühlen mit leichtem Ausdauertraining

Schritt 5: Erhole dich. Vielleicht in einem abgedunkelten Raum.

Extra-Challenge: Du könntest das Training auch schwieriger gestalten, indem du die Erholungszeit auf 30 Sekunden reduzierst und
die Gesamtdauer des HIIT-Trainings verlängerst.

Tiefer einsteigen: Versuche, an einem HIIT-Kurs im Fitnessstudio
oder Sportverein teilzunehmen.

Es gibt viele HIIT-Programme im Internet, die du ausprobieren
kannst, also mach dich auf die Suche nach Inspiration.

»Fartlek« ist das schwedische Wort für »Fahrtspiel« und obwohl
es sich nicht um ein HIIT-Workout im engeren Sinne handelt, ist
es eine Art von Intervalltraining, das sich speziell an Läufer rich-
tet. Das Ziel ist es, deine eigenen Intervalle zu erstellen angepasst
an deine Umgebung. Wenn du zum Beispiel zwei Laternenmasten
siehst, kannst du dich selbst herausfordern, zwischen ihnen zu sprin-
ten. Bäume, Häuser, Bänke – all das funktioniert auch. Du hast so
viele Möglichkeiten – deiner Kreativität sind keinerlei Grenzen ge-

setzt. Das Ziel ist es, immer wieder Intervallstrecken für deinen Lauf zu finden. Auf diesen kannst du dann je nach Laune intensiv oder eher locker trainieren. Diese selbst auferlegten Intervalle zwingen dich dazu, kreativ zu sein und Tempo in deinen Lauf zu bringen. Das macht eine Menge Spaß und kann deine Kondition erheblich steigern.

Meine Erfahrung: Diese Art von Training ist wirklich intensiv. Es hat dazu beigetragen, mein Herz-Kreislauf-System zu stärken, und ich dachte, es wäre eine einfache Möglichkeit, ein schnelles Training zu absolvieren, wenn ich unter Zeitdruck stehe. »Einfach« war allerdings das falsche Wort.

Das erste Mal absolvierte ich ein HIIT-Workout auf einem Rudergerät im Fitnessstudio. Ich legte einen Plan fest, wie ich meine Zeit einteilen würde, und begann mit dem Aufwärmen.

Die motivierende Musik setzte ein und ich legte mich richtig ins Zeug. Nach einer Minute war ich ziemlich erschöpft und froh über die Erholungspause. Dies war wahrscheinlich der einzige »leichte« Teil der Übung. Jedes Mal, wenn ich die intensive Minute der Übung begann, wurde sie für mich härter und härter. Ich musste es nur zehnmal machen, aber es fühlte sich sehr, sehr anstrengend an. Mich selbst an die absolute Grenze zu treiben erforderte eine Menge Konzentration und die Regenerationszeit von einer Minute reichte mir nicht aus.

Zum Ende des HIIT-Trainings war ich völlig fertig. Mir war die ganze Zeit speiübel und meine Beine hörten nicht auf zu zittern. Ich bekam sofort Kopfschmerzen und fühlte mich absolut furchtbar. Das Training war so anstrengend, dass ich fast so lange brauchte, um mich zu erholen, wie ich trainiert hatte. Tolle Sache! Obwohl es mir im Nachhinein viel leichter fällt, das zu sagen.

Ich nutze jetzt HIIT-Übungen, wenn ich mich wirklich anstrengen will und unter Zeitdruck stehe, obwohl mich die Folgen einer Trainingseinheit ziemlich außer Gefecht setzen können. Es ist ein großartiger Weg, um explosionsartig Kraft aufzubauen, und ich benutze es oft beim Laufen. Ich liebe »Fartleks« und denke, dass dies eine lustige Art ist, einem Lauf etwas Würze zu verleihen.

Was ich gelernt habe: Es ist erstaunlich, wie ein so kurzes Workout so schwierig sein kann. Das Training an meinem absoluten Limit war so unangenehm, dass ich hart darum kämpfen musste, nicht aufzugeben. Wenn man sich so schrecklich fühlt, ist es sehr einfach, aufhören zu wollen. Die ganze Erfahrung war für mich eine Übung in Willenskraft und Entschlossenheit.

Nachdem ich meine erste HIIT-Session absolviert hatte, hatte ich große Bedenken, eine weitere zu machen. Das war ein enormer mentaler Widerstand, gegen den ich ankämpfen musste, er stellte all meine stoischen und buddhistischen Philosophien auf die Probe. Der Versuch, präsent zu bleiben und sich nicht auf die brutale Natur des Bevorstehenden zu konzentrieren, ist eine interessante Erfahrung, besonders wenn man weiß, dass man sich danach schrecklich fühlen wird!

»Mir war die ganze Zeit speiübel und meine Beine hörten nicht auf zu zittern.«

41. Schlafe auf dem Fußboden

Kategorie: mentale Kraft
Klassifizierung: schnell erledigt
Schwierigkeit: 8 (schwer)
Zeitdauer: eine Nacht

Worum es geht: Schlafe eine ganze Nacht lang auf dem Fußboden neben deinem Bett.

Was das Ziel ist: Diese Challenge ist unbequem, schrecklich und kaum durchzuhalten. Dass das Bett neben dir dich die ganze Nacht lockt, dürfte die Schwierigkeit zusätzlich erhöhen. Diese Herausforderung im Stil einer Militärübung ist nichts für zarte Gemüter.

Wie du es anpackst: Das hört sich einfach an, erfordert aber tatsächlich einiges von dir, um es durchzuziehen.
Schritt 1: Lege dich auf den Fußboden neben dein Bett. Es sind weder Kopfkissen noch Bettdecke oder aufblasbare Matratze erlaubt.
Schritt 2: Verbringe nun die ganze Nacht hier. Viel Glück!

Extra-Challenge: Führe diese Challenge in deinem Garten durch und setze dich dabei den Elementen aus.
Nimm einen Stuhl, vorzugsweise aus Holz und unbequem, und verbringe die ganze Nacht schlafend auf ihm (oder versuche zumindest, auf ihm zu schlafen).

Tiefer einsteigen: Es kann nützlich sein, sich mit einigen Entspannungstechniken vertraut zu machen, bevor du dich dieser

Herausforderung stellst. Das Schlafen auf dem Boden wird nicht bequem sein, also konzentriere dich darauf, das Unbehagen mental zu überwinden.

Meine Erfahrung: Manchmal, nur manchmal, denke ich, ich bin ein Idiot. Auf dem Fußboden neben meinem Bett zu schlafen war unglaublich ungemütlich. Ich konnte nicht einschlafen und es war eine grauenhafte Nacht. Warum hatte ich mich darauf eingelassen? Alles im Namen der Selbstoptimierung, sagte ich mir immer wieder. Aber das machte die Sache nicht einfacher.

Auf dem Boden ohne Bettzeug und Kopfkissen zu schlafen war für die ersten zehn Minuten in Ordnung, aber dann wurde es *sehr* schmerzhaft. Ich musste mich auf den Rücken legen, denn auf der Seite zu liegen war einfach zu unbequem. Die Nacht schien sich dramatisch in die Länge zu ziehen, da mir der Gedanke, ein Idiot zu sein, nicht aus dem Kopf ging. Schließlich kam ich zur Ruhe und fiel in einen sehr unruhigen Schlaf. Ich wachte mit starken Schmerzen auf, stand auf, ging herum, streckte mich ein wenig und legte mich dann wieder hin. Ich versuchte, mich auf meinen Atem zu konzentrieren, und probierte zu meditieren, um meinen Geist zu beruhigen und mit dem Unbehagen fertig zu werden. Das funktionierte und erlaubte mir, wieder in einen weiteren unruhigen Schlaf zu driften.

Am nächsten Tag fühlte ich mich den ganzen Tag über erschöpft (die Art von Müdigkeit, die man mit einem sehr schlechten Jetlag in Verbindung bringt). Aber ich hatte eine lustige Geschichte, eine neue Erfahrung und einen neu gewonnenen Respekt vor Matratzen gewonnen. Ich konnte eine weitere Challenge von der Liste streichen und war unglaublich stolz.

Was ich gelernt habe: Ich kann mit Sicherheit sagen, dass dies eines der übelsten Nachtlager meines Lebens war. Das hätte ich allerdings schon vor der Herausforderung ahnen können. Der Schwierigkeitsgrad war ähnlich hoch wie beim Biwak, obwohl es etwas einfacher war, weil ich nicht den Elementen ausgesetzt war.

Es war schwierig, diese Challenge bis zum Ende durchzuhalten. Wenn ich müde bin, fühle ich mich mental schwächer und habe nicht so viel Kontrolle darüber, wie ich Dinge rational betrachte. Mein Bett schien die ganze Nacht nach mir zu rufen und es war eine enorme Anstrengung, es zu ignorieren. Ich schaffte es, der Versuchung zu widerstehen, aber es war keine leichte Aufgabe!

Die Challenge kam gegen Ende meines Jahres der Widrigkeiten, also hatte ich schon einige schwierige Situationen hinter mir. Das brachte sie vom Bereich des Unmöglichen in den Bereich des vielleicht Möglichen. Zu einem früheren Zeitpunkt in diesem Jahr wäre ich wohl an dieser Aufgabe gescheitert. Meine gesammelten Erfahrungen haben mir sicherlich geholfen. Sie haben mir gezeigt, dass ich einen weiten Weg zurückgelegt und große Fortschritte gemacht habe. Dank dieser Herausforderungen war diese verrückte Erfahrung möglich.

»Ich kann mit Sicherheit sagen, dass dies eines der übelsten Nachtlager meines Lebens war.«

42. Trage einen Tag lang ein total auffälliges Outfit

Kategorie: mentale Kraft
Klassifizierung: schnell erledigt
Schwierigkeit: 5 (mittel)
Zeitdauer: ein Tag

Worum es geht: Versuche, Kleidung zu tragen, die die Leute dazu bringt, dich anzuschauen. Je ausgefallener, desto besser! Entscheide dich für etwas, das sich stark von deiner normalen Kleidung unterscheidet und vorzugsweise etwas, in dem du dich unwohl fühlst. Das kann so einfach sein wie das Tragen einer Farbe, die dir peinlich ist (pink/lila/lindgrün), bis hin zum Tragen eines ausgefallenen Kostüms. Der stoische Philosoph Cato trug absichtlich Sachen, die seine Mitmenschen dazu brachten, über ihn zu lachen. Diese Idee ist nicht neu, aber es ist eine großartige und einfache Methode, um uns in Verlegenheit zu bringen.

Du könntest dich auch dafür entscheiden, bei arktischen Winterbedingungen in Flip-Flops und einem T-Shirt oder an einem Sommertag in einer Skijacke das Haus zu verlassen. Auf alle Fälle solltest du Kleidung tragen, in der du dich unwohl fühlst und die wahrscheinlich eine Reaktion in der Öffentlichkeit hervorrufen wird. Du erhältst einen Bonuspunkt, wenn jemand dich anspricht.

Was das Ziel ist: Die Leute werden dich anstarren, besonders wenn du lächerlich aussiehst. Diese Challenge ist eine großartige Möglichkeit, dein Selbstvertrauen zu steigern und dich selbst nicht so ernst zu nehmen. Die meisten Menschen wollen nicht wie ein Idiot aussehen und werden daher solche Situationen bewusst vermeiden – ein Grund mehr für dich, diese Herausforderung anzunehmen!

Wie du es anpackst: Diese Challenge kann eine Menge Spaß machen. Du kannst dein ausgefallenes Outfit entweder selbst auswählen oder, wenn du mutig bist, einen Freund oder eine Freundin bitten, es für dich auszuwählen.

Schritt 1: Entscheide dich, was du anziehen wirst. Schau, welche Outfits du zu Hause zusammenstellen kannst, die albern aussehen. Berücksichtige auch das Wetter bei der Wahl deines Outfits. Wenn du nichts Ausgefallenes zu Hause hast, gehe einkaufen und kaufe dir etwas, das peinlich aussieht.

Schritt 2: Ziehe dein ausgefallenes Outfit an.

Schritt 3: Gehe zu Fuß in die Fußgängerzone deiner Stadt und schau in ein paar Läden vorbei.

Schritt 4: Kehre nach Hause zurück (ohne zu rennen) und feiere deine Tapferkeit.

Du kannst deine Erfahrung in den sozialen Medien dokumentieren, um dich selbst weiter herauszufordern. Ein fotografischer Beweis macht die Dinge viel erschreckender!

Für eine etwas einfachere Version, kannst du es zunächst mit einer subtilen Veränderung versuchen. Für einige Frauen könnte es eine große Herausforderung sein, ohne Make-up aus dem Haus zu gehen. Warum versuchst du als Mann nicht, das Haus *mit* Make-up zu verlassen? Vielleicht etwas Lippenstift oder Eyeliner? Irgendeine subtile Veränderung: ein Hut, der dir nicht steht, schlechtsitzende Kleidung (zu eng oder zu locker) oder eine sehr schrille Farbe sollte für den Anfang reichen und wird dir den Einstieg in diese Challenge erleichtern.

Extra-Challenge: Sei richtig extravagant und zieh in einem Karnevals-kostüm los – aber außerhalb der jecken Jahreszeit. Das wird garantiert dazu führen, dass sich einige Leute nach dir umdrehen.

Du kannst deinen Spaziergang auch in einer wirklich belebten Gegend machen. An einem Ort wie der Oxford Street in London, der Fifth Avenue in New York oder einem gut besuchten Einkaufs-zentrum am Wochenende sollten sogar die selbstbewusstesten Menschen ein wenig zusammenzucken, wenn sie in ihrem schrillen Out-fit herumlaufen.

Tiefer einsteigen: Schau dich im nächstgelegenen Kostümverleih um, welche Verkleidungen und Outfits es dort gibt.

Wohltätigkeits- und Secondhandläden bieten stets ein buntes Sortiment an Kleidung an. Hier kannst du dich gut mit modischen Kuriositäten eindecken.

Meine Erfahrung: Das ungeheuerlichste Kleidungsstück, das ich besitze, ist eine riesige Nylonweste (die viel zu groß ist) mit Palmen und der amerikanischen Flagge drauf. Sie stammt aus Miami und ist absolut grauenhaft. Ich kleide mich eigentlich sehr konservativ und bevorzuge gedeckte Töne und einfache, minimalistische Kleidung. Schon das Anziehen dieser Weste fühlt sich für mich falsch an. Das Haus mit diesem Ding zu verlassen, ist wirklich peinlich, aber die Weste ist so hässlich, dass ich sie schon wieder gut finde. Sie ist so anders als alles andere, was ich besitze, und bringt mich jedes Mal zum Lachen, wenn ich sie sehe. Das war eigentlich der Grund, warum ich sie überhaupt gekauft habe.

In letzter Zeit habe ich damit experimentiert, für die jeweilige Jahreszeit nicht passende Kleidung zu tragen. Um mich selbst heraus-zufordern, bin ich mitten im Winter in T-Shirt und Shorts durch die

Londoner Innenstadt gelaufen. Ich habe den ganzen Tag über keine einzige Person gesehen, die ein T-Shirt trug (alle waren in Mäntel gehüllt), und ich wurde mehrmals schief angeschaut, als ich durch die Stadt schlenderte, als ob es Sommer sei.

Ich war auch in einem schrecklichen Gewitter in Flip-Flops unterwegs und auch das hat eine gewisse Resonanz hervorgerufen. Zwar keine große Reaktion, aber man merkt, dass die Leute hinschauen.

Was ich gelernt habe: Mich ganz bewusst peinlichen Situationen auszusetzen, hat mir mehr Selbstvertrauen gegeben. Man macht sich schnell Gedanken darüber, wie die Leute einen beurteilen, aber wen kümmert das wirklich? Die Leute werden dich ansehen, wahrscheinlich denken, dass du ein bisschen seltsam bist und es dann vergessen. Ist das so schlimm? Wenn wir uns klar darüber werden, warum es uns so widerstrebt, etwas Unerhörtes zu tragen, hilft uns das, diese selbst geschaffene Sorge abzubauen. Warum ist es wichtig, was die anderen denken? Wir sind alle so erpicht darauf, Leute zu beeindrucken, die wir noch nie getroffen haben. Diese Übung war für mich großartig, um diesen Gedanken weiter zu vertiefen und mir vorzustellen, wie es sich anfühlte, wenn jeder sich ein Urteil über mich bilden würde.

>**»Die Leute werden dich ansehen, wahrscheinlich denken, dass du ein bisschen seltsam bist und es dann vergessen. Ist das so schlimm?«**

43. Via Ferrata (Klettersteig)

Kategorie: körperliche Kraft
Klassifizierung: erfordert Ausdauer
Schwierigkeit: 10 (sehr schwer)
Zeitdauer: ein Tag/Wochenende

Worum es geht: Während des Ersten Weltkriegs befand sich eine der Frontlinien in den italienischen Alpen. Das Gelände war sehr unwegsam, daher installierten die Truppen Metallleitern, Drahtseile und Brücken, um den Vormarsch zu erleichtern. Diese Vie Ferrate, was auf Italienisch »Eisenwege« bedeutet, sind heute sehr beliebt und man findet ähnliche Klettersteige in vielen Gebirgsregionen der Welt.

Die Routen ermöglichen Nicht-Bergsteigern den Zugang zu faszinierendem Terrain bei relativer Sicherheit. Das wichtigste Sicherheitsmerkmal ist ein Drahtseil, das entlang der Strecke verläuft. Wenn man sich auf dem Klettersteig bewegt, benutzt man ein Klettersteigset mit Karabiner, das speziell entwickelt wurde, um sich in das Seil einzuklinken. Wenn du ausrutschst, verhindert das Sicherungsseil, dass du fällst.

Die Challenge besteht darin, einen einfachen Klettersteig zu finden und die Route zu bewältigen.

Was das Ziel ist: Diese Challenge hat viele Facetten – du lieferst dich den Elementen aus, wirst körperlich herausgefordert und überwindest spannende Hindernisse in einer atemberaubenden Umgebung. Zudem befindest du dich in einer Berglandschaft, die Schwindelfreiheit und Nerven aus Stahl erfordert.

Wie du es anpackst: Einer der Gründe, warum diese Challenge besonders schwierig ist, ist, dass du in ein Gebirge reisen musst, in dem es Klettersteige gibt. Das allein erfordert einigen Aufwand, aber vertraue mir, es lohnt sich! In Großbritannien gibt es nur eine Handvoll; der Lake District und Schottland bieten die interessantesten Optionen. In deutschsprachigen Raum findest du einige Klettersteige, vorwiegend in den Alpen, aber auch in den Mittelgebirgen. Insgesamt gibt es in Amerika und Europa eine ganze Menge, die wahrscheinlich reizvollsten liegen in den italienischen Dolomiten. Wenn du dich beim Wandern auf Klettersteigen alleine unsicher fühlst, könntest du dich einer Gruppe mit Führer anschließen. Diese Herausforderung lässt sich wahrscheinlich am besten mit einem Urlaub verbinden oder wenn du zufällig in einem geeigneten Gebirge bist.

Eine einfache Alternative, die dem Klettersteig-Erlebnis sehr nahe kommt, auch wenn sie nicht ganz so spektakulär ist, sind die Baumkronen-Abenteuerparks, auch Kletterwälder genannt, die immer beliebter werden. In Großbritannien gibt es eine Firma namens »Go Ape«, die eine Reihe von Parcours hoch oben in den Baumwipfeln anbietet. Es gibt verschiedene Hindernisse, Leitern und Brücken, die in beträchtlicher Höhe zu bewältigen sind. Auch wenn es nicht ganz dasselbe ist, so gibt es doch viele anspruchsvolle Elemente in einem Kletterwald, und es ist eine Möglichkeit, diese Challenge ein wenig einfacher zu gestalten. In jedem Fall braucht es für den »Sprung ins Ungewisse« einen gewissen Vertrauensvorschuss. Google einige Bilder, um eine Vorstellung von den Schwierigkeiten des Parcours zu bekommen.

Schritt 1: Finde einen geeigneten Klettersteig, der dich anspricht. Es gibt Tausende zur Auswahl, also suche etwas aus, das für deinen Anspruch geeignet ist. Einige sind sehr kurz, während andere einen ganzen Tag im Hochgebirge in Anspruch nehmen können.

Schritt 2: Entscheide, ob du einen Guide anheuern, Teil einer Gruppe sein oder alleine gehen möchtest. Ich würde empfehlen, nur dann alleine zu gehen, wenn du schon Erfahrung im Klettern oder viel Zeit in den Bergen verbracht hast. Anstelle eines professionellen Guides könntest du auch einen Freund, der Klettersteig-Erfahrung hat, um Begleitung bitten.

Schritt 3: Buche einen Termin für den ausgewählten Klettersteig und plane den Rest der Reise um die Tour herum. Ich gehe davon aus, dass du keinen Klettersteig vor der Haustür hast, also ist es sinnvoll, das Erlebnis in ein Mini-Abenteuer zu verwandeln. Vielleicht kannst du auf dem Weg sogar ein paar weitere Challenges einbauen.

Schritt 4: Bezwinge den Klettersteig. Denk daran, viele Fotos zu machen, da die Aussicht oft unglaublich schön ist!

Schritt 5: Kehre sicher zu deinem Zeltplatz, Hotel oder Biwakplatz zurück.

ALTERNATIV:
Wenn du es nicht in die Berge schaffst, kannst du dieses Abenteuer durch einen Besuch im Kletterwald ersetzen.

Extra-Challenge: Einige Klettersteige können extrem schwierig sein und erfordern grundlegende Kletterfähigkeiten. Die Routen sind in verschiedene Kategorien gruppiert, um dir eine Vorstellung davon zu geben, wie schwer der Aufstieg sein wird. Um die Challenge zu steigern, wage dich an eine schwierigere und längere Route.

Tiefer einsteigen: Wer sich für Klettersteige interessiert, für den sind die Dolomiten das gelobte Land. Es gibt so viele überwältigende Routen, die man ausprobieren kann – gepaart mit ihrer faszinierenden Geschichte, sind es wirklich wunderbare Orte zum Erkunden.

Google »Kletterwald«, um zu sehen, welche Höhenabenteuer du in deiner Nähe erleben kannst.

Es gibt zahlreiche Kletterhallen, die neben Kletterwänden auch Klettersteige anbieten. Eine Internet-Recherche wird dir die nächstgelegene Option für deinen Standort zeigen. Dies ist eine gute Möglichkeit, sich mit den grundlegenden Sicherheitsmerkmalen eines Klettersteigs vertraut zu machen.

Meine Erfahrung: Mein Freund Matt und ich hatten das Glück, im Sommer meines Jahres der Widrigkeiten zehn Tage in den Dolomiten verbringen zu können. Ich wollte mich mental und körperlich weit aus meiner Komfortzone hinausbegeben. Es sollte ein kletterbasiertes Abenteuer werden, das all meine Fähigkeiten und mein körperliches Training auf die Probe stellen würde. Die Alpen riefen …

Wir hatten unsere Kletterfähigkeiten im Laufe des Jahres weiterentwickelt und uns bei allen möglichen Kletterabenteuern in Großbritannien verausgabt. Uns in den größeren Gebirgszügen zu erproben, erfüllte mich mit einer Mischung aus Angst und Vorfreude, aber ich wusste, dass ich reich entlohnt werden würde. Wir waren während der gesamten Reise ohne Guide unterwegs, was neu für mich war, ein mutiger Schritt ins Ungewisse. Bisher hatte mich bei meinen Unternehmungen im Hochgebirge immer ein Guide begleitet. Die Verantwortung für uns selbst zu übernehmen und umsichtige Entscheidungen in einer gefährlichen Umgebung zu treffen, stellte für mich ein großartiges mentales Training dar. Es machte mich allerdings auch etwas nervös.

Neben einer Mischung aus Sportklettern, Bouldern, alpinem Bergsteigen und Wandern hatten wir einige Klettersteige ins Auge gefasst, die wir meistern wollten. Der wichtigste davon war der »Cliffhanger«. Diese Tour war durch den gleichnamigen Film mit

Sylvester Stallone in der Hauptrolle bekannt geworden. Wir beide fanden diesen Film großartig und wollten unbedingt diese berühmte Route klettern. Leider waren bei unserer Ankunft die Skilifte wegen einer außerplanmäßigen Reparatur geschlossen. Sie würden den ganzen Sommer über nicht in Betrieb sein. Wenn wir diese Strecke gehen wollten, müssten wir etwa acht Stunden zusätzlich wandern. Wir hatten ein sehr kleines Zeitfenster, um die Tour zu absolvieren, da unser Zeitplan für diese Woche sehr eng getaktet war. Die Wanderung würde sich wahrscheinlich bis nach Anbruch der Dunkelheit hinziehen, wir hatten nicht genügend Vorräte für die zusätzliche Etappe und die Wettervorhersage war nur für den Vormittag gut. Wir mussten uns entscheiden. Was sollten wir tun? Die Route war lang und eine Entscheidung für den Aufstieg bedeutete ein großes Risiko. Wir kamen zu dem vernünftigen Entschluss, sie diesmal auszulassen und uns auf ein alternatives Ziel zu konzentrieren. So enttäuschend das auch war, ich konnte meine Philosophie »Dinge zu akzeptieren, die außerhalb meiner Kontrolle liegen« anwenden. Ich nutzte diesen buddhistischen und zugleich stoischen Ansatz, um die Tatsache zu akzeptieren, dass wir diese Route nicht klettern würden. Diese Prinzipien in die Praxis umzusetzen war nicht einfach – ich war zwar viel weniger verärgert, als ich es in der Vergangenheit gewesen wäre, aber immer noch bitter enttäuscht.

Der Klettersteig, den wir stattdessen wählten, war ein weiterer Klassiker und im Nachhinein bin ich sehr froh, dass wir uns für diese Alternative entschieden. Die Route hieß Via Ferrata Sentiero de Luca und wurde als relativ leicht eingestuft. Wir beschlossen, sie in einen Via Ferrata Trailrun zu verwandeln, also mit Langstreckenlaufeinheiten zu kombinieren, um den Schwierigkeitsgrad zu erhöhen.

Die Route begann auf einem gut ausgebauten Bergpfad. Da wir uns jedoch auf fast 3000 Metern über dem Meeresspiegel befanden, wurde diese »leichte« Steigung zu einer wahnsinnigen Herausforderung. Wir waren innerhalb der ersten fünf Minuten vollkommen außer Puste. Ganz ehrlich, in der Höhenluft zu joggen ist hart! Erst kurz zuvor hatte ich noch einen Marathon absolviert, war also in bester körperlicher Verfassung, aber das hier war verdammt beschwerlich.

Nach 30 bis 40 Minuten intensiven Laufens erreichten wir schließlich den Anfang des Klettersteigs und waren beide hundemüde. Dieser spezielle Klettersteig war äußerst geschichtsträchtig und führte an verschiedenen Bunkern aus Kriegszeiten vorbei, die in die Seite des Berges gehauen waren. Es war eine Mischung aus Höhlenwanderung und Hochgebirgskletterei – das hatte keiner von uns erwartet. Nach einigen Kletterpassagen am Grat betraten wir einen stockdunklen Tunnel. Die Dunkelheit war überwältigend. Wir hatten beide Stirnlampen, fühlten uns aber beim Betreten des Tunnels trotzdem unsicher. Also verlangsamten wir unser Tempo und drangen weiter in die Dunkelheit vor. Nachdem wir gut fünf Minuten lang einen sehr steilen Pfad hinaufgegangen waren, konnten wir nirgendwo mehr Licht von außen erkennen. Wir schalteten beide unsere Stirnlampen aus, empfanden aber die Kälte des tiefen Berggesteins in Verbindung mit der intensiven Dunkelheit als zu überwältigend. Es war eine ungewöhnliche Erfahrung, an einem so unwirtlichen Ort zu sein. Für die Männer an der Front war dies zur täglichen Realität geworden. Wir waren im Hochsommer dort und versuchten, Ruhe zu bewahren, aber diese armen Soldaten hatten hier das ganze Jahr überstehen müssen. Im Winter muss es besonders hart gewesen sein. Wenn man dann noch bedenkt, dass auf die Soldaten geschossen wurde, wird einem deutlich, was für eine furchtbare Situation das damals war. Man kann sich gar nicht vorstellen, mit welchen Widrigkeiten diese Soldaten zu kämpfen hatten.

Schließlich sahen wir in der Ferne einen winzigen Lichtpunkt und näherten uns endlich dem Ende des Tunnels. Hinter uns lagen gut 500 Meter totale Finsternis und eine Wahnsinnserfahrung. Wir platzten aus dem Tunnel ins helle Sonnenlicht und vor uns tat sich ein gigantischer Abgrund auf. Was für ein Kontrast! Dann mussten wir uns einen schmalen Pfad entlanghangeln und um uns herum war nichts als Luft. So etwas sieht man sonst nur in Filmen. Es war wirklich unglaublich, wobei mir die meiste Zeit das Herz in die Hose rutschte.

Wir erreichten wieder den Grat und kletterten einige hundert Meter weiter. Der Weg war gesäumt von verlassenen, in den Fels gehauenen Kasernen – er führte in Tunnel hinein und wieder heraus, in der einen Minute befanden wir uns in völliger Finsternis, in der nächsten Hunderte von Metern über einem steilen Abgrund. Es war ganz schön herausfordernd, aber ich fühlte mich sehr lebendig und wach. Schließlich erreichten wir den Gipfel eines Berges mit Blick auf die drei imposanten Felstürme der gegenüberliegenden Tre Cime di Lavaredo. Die Aussicht war atemberaubend. Jede der »Drei Zinnen« ist höher als das Empire State Building und erfüllt einen mit einem Gefühl der Ehrfurcht. Wir genossen die Aussicht bei einem kleinen Mittagessen.

Die nächste Herausforderung war der Abstieg. Dieser war viel einfacher und weniger anstrengend für die Atemwege, sodass wir schnell vorankamen. Wir stiegen vorsichtig ab, da Teile des Weges rutschig waren. Die Seile des Klettersteigs boten Halt, aber man will doch auf keinen Fall abstürzen. Der Höhepunkt des Abstiegs war ein kleiner Tunnel, durch den wir auf Händen und Knien kriechen mussten.

Nachdem wir uns von den Stahlseilen des Klettersteigs losgehakt hatten, konnten wir den leichten Abstieg über einen Gebirgspfad genießen. Wir joggten zurück zum Auto und schafften es, dabei ziemlich viel Tempo zu machen. Die Leute neigen dazu, einen anzuschauen, als ob man verrückt wäre, wenn man in den Bergen rennt. Ich liebe das! Angekommen beim Auto aßen wir das wahrscheinlich beste Eis meines Lebens. Nach diesem unglaublichen Abenteuer schmeckte es noch besser.

Was ich gelernt habe: Die Via Ferrata Sentiero de Luca war zweifellos eine der besten Erfahrungen, die ich je in den Bergen gemacht habe. In der Tat ist es eine der großartigsten Erfahrungen, die ich je auf diesem Planeten gemacht habe. Allzu leicht hätten wir uns in unseren Ärger über den verpassten »Cliffhanger«-Klettersteig hineinsteigern können. Aber weil wir unsere Pläne ändern mussten, hatten wir am Ende eine unvergessliche Zeit.

Diese Erfahrung bestärkte meine Einsicht, dass, wenn sich eine Tür schließt, eine andere öffnet. Im Nachhinein war es für mich einfach, diesen Zusammenhang zu erkennen, aber in dem Moment war es mir schwergefallen, über die Enttäuschung hinwegzukommen, dass wir unser ursprüngliches Ziel nicht erreichen konnten. Dieses Konzept auf andere Bereiche meines Lebens zu übertragen, wird enorm wichtig sein für meine Zukunft, da dies nicht das einzige Mal sein wird, dass ich in meinem Leben vor verschlossenen Türen stehe. Ich bin nicht immer der Beste darin, ein unerwünschtes Ergebnis als Chance zu sehen, aber ich muss versuchen, die Dinge zu akzeptieren und nach vorne zu schauen. Es gibt überall etwas zu lernen, wenn man offen genug ist, es zu sehen, und mit etwas Übung hoffe ich, diese Lektionen schneller erkennen zu können.

»Diese Erfahrung bestärkte meine Einsicht, dass, wenn sich eine Tür schließt, eine andere öffnet.«

WAS NUN?

Inzwischen solltest du eine Vorstellung davon haben, wie die Challenges funktionieren und worauf sie abzielen. Ich möchte dich dazu ermutigen, dieses Buch in ein praktisches Experiment zu verwandeln, während du die Aufgaben bewältigst. Jedes Mal, wenn du deine Komfortzone verlässt, wirst du mental stärker und steigerst deine Fähigkeit, mit schwierigen Situationen im Leben umzugehen. Ich bin davon überzeugt, dass die Challenges in diesem Buch auch eine Menge Spaß machen. Ich hoffe, dass du inspiriert wirst, sie auszuprobieren und damit deine mentale Widerstandsfähigkeit zu verbessern.

Nachdem du dieses Buch durchgearbeitet hast, wirst du vielleicht darüber nachdenken, wie es nun weitergeht. Zum Glück gibt es mehrere Möglichkeiten für dich, die Ideen und Challenges, die ich dir vorgestellt habe, auszubauen und weiterzuentwickeln.

Als Erstes solltest du dir den »Extra-Challenge«-Abschnitt einer jeden Aufgabe vornehmen. Dort werden dir anspruchsvollere Herausforderungen vorgestellt, die du in deinem Tempo angehen kannst. Diese erfordern wesentlich mehr Einsatz und sollten dir genug Schwierigkeiten bescheren, an denen du dir die Zähne ausbeißen kannst.

Vielleicht hast du auch Lust, einige der vorgestellten Fertigkeiten und Aktivitäten weiter zu vertiefen. Ich würde mich freuen, wenn dich ein paar der Challenges dazu inspiriert haben, neue Hobbys zu entwickeln. Energie in diese Interessen zu investieren, wird sich als sinnvoller Zeitvertreib herausstellen und dir wunderbare Lebenserfahrungen schenken.

Es ist sehr wichtig, immer weiter zu machen und den Lern- und Selbstoptimierungsprozess voranzutreiben. Um die Fertigkeiten zu nutzen, die du im Rahmen der Challenges neu erworben hast, schlage ich vor, dass du dich mehr oder weniger regelmäßig mit ihnen beschäftigst. Wenn du zum Beispiel gelernt hast, wie man Rubik's Cube löst, wäre es wirklich schade, diese Fähigkeit aus Bequemlichkeit wieder zu verlieren. Am Anfang musst du den Würfel vielleicht einmal pro Woche lösen, um sicherzustellen, dass du dir die Methode wirklich eingeprägt hast. Mit der Zeit und etwas Übung wirst du dich aber nicht mehr so oft damit befassen müssen und es wird reichen, ihn etwa einmal pro Monat zu lösen. Ich nehme mir Rubik's Cube gelegentlich vor, um sicherzustellen, dass es immer noch klappt. Selbst wenn ich denke, dass ich mich nicht erinnern kann: Sobald ich den Würfel in die Hand nehme, ist mir die Methode wieder präsent. Es ist erstaunlich, was ein Gedächtnis zu leisten vermag!

Das Gleiche gilt für die Fitness. Ich nutze Sport und körperliche Anstrengungen, um mich auch mental fit zu halten. Es kann hart sein, seine Fitness aufrechtzuerhalten, aber am Ende ist es das wert. Es gibt zahlreiche Gründe, um in Form zu bleiben, meiner Meinung nach ist regelmäßiger Sport vor allem für eine ausgewogene Lebensweise unerlässlich. Nicht nur deine mentale Belastbarkeit wird zunehmen, sondern auch deine Willenskraft und deine Gesundheit werden davon profitieren.

Die Challenges im Rahmen eines geselligen Miteinanders zu bewältigen, kann besonders lustig werden. Wenn du Freunde zur moralischen Unterstützung mitschleppst und sie ermutigst, an der von dir gewählten Aktivität teilzunehmen, wird dies eine völlig neue Erfahrung sein. Das macht sich vor allem bemerkbar, wenn du mit

Dingen zu tun hast, die du sehr schwierig findest. Die Unterstützung eines Freundes kann etwas Beängstigendem den Stachel ziehen und es zu einem Erlebnis machen, an das man sich gerne zurückerinnert.

Wenn du Kinder hast, warum beziehst du sie nicht in einige der Challenges mit ein? Du kannst viele dieser Aufgaben in Abenteuer für die ganze Familie verwandeln. Die Hauptsache ist, dass du beim Abarbeiten der Liste flexibel bleibst und die Vorgaben bei Bedarf abänderst. Ich bin mir nicht sicher, ob dein Achtjähriger 24 Stunden lang fasten möchte – das könnte zu einigen Auseinandersetzungen führen! Passe alles an deine Lebensumstände an und schon kann es losgehen.

Erstelle deine eigene Liste mit persönlichen Challenges – das ist eine weitere gute Möglichkeit, dich weiterzuentwickeln. Hoffentlich hast du bereits begonnen, Ideen für Herausforderungen zusammenzustellen, die für dich von Bedeutung sind. Wenn du die Vorschläge aus meiner Liste und deiner Liste kombinierst (hast du sie übrigens einmal verglichen und wenn ja, hast du eigentlich große Unterschiede festgestellt?), dann sollte die Auswahl groß genug sein, um dich auf Trab zu halten!

Challenge-Tage

Eine interessante, wenn auch sehr anspruchsvolle Art, einige der Aufgaben in diesem Buch anzugehen, besteht darin, sich einen »Challenge-Tag« vorzunehmen. Das Ziel ist es, so viele Aufgaben wie möglich innerhalb von 24 Stunden zu bewältigen. Du kannst dies allein oder mit einem Freund oder einer Gruppe von Freunden tun. Dies kann auf jede Art und Weise geschehen, die dir persönlich zusagt, und wird höchstwahrscheinlich in einem bizarren und anstrengenden Tag enden. Ich bin zuversichtlich, dass es einer sein wird, den du nicht so schnell vergessen wirst. Es könnte durchaus der außergewöhnlichste Tag in deinem Leben werden!

Im Folgenden findest du ein Beispiel für einen Tag, an dem du 14 Challenges binnen 24 Stunden absolvieren kannst. Mit ein wenig Planung kannst du leicht eine Agenda erstellen, die sogar noch mehr umfasst, als mein unten skizzierter »Challenge-Tag« … Stoff zum Nachdenken. Du musst dich wahrscheinlich im Voraus auf diesen Tag vorbereiten, indem du ein paar wesentliche Dinge besorgst, also fange an, dir Gedanken darüber zu machen, was du brauchst.

Beispiel für einen Challenge-Tag

Stehe zwei Stunden früher auf als sonst und geh sofort kalt duschen.

Führe noch vor dem Frühstück ein HIIT-Trainingsprogramm durch und gehe dabei an deine körperlichen Grenzen (möglicherweise brauchst du nach dem Training eine weitere kalte Dusche). Danach iss einen Happen und mach einen Spaziergang, wobei du dich peinlich anziehen solltest. Ein originelles Kostüm oder etwas Unpassendes für das Wetter dürfte genügen. Geh auf jeden Fall in deiner ungewöhnlichen Aufmachung in ein paar Läden hinein. Nach dem Einkaufen suche eine beliebte Touristenattraktion auf und stelle dich am Ende der Warteschlange an. Warte geduldig, bis du an der Reihe bist und renne dann lauthals lachend wie ein Idiot davon. Jetzt geh nach Hause. Auf dem Weg solltest du unbedingt anhalten und mit Fremden plaudern.

Wenn du nach Hause kommst, ist es Zeit fürs Mittagessen. Iss etwas, von dem du weißt, dass es dir eigentlich nicht schmeckt, und zwinge dich, es noch einmal zu probieren. Mein Mittagessen würde eine Mischung aus Austern, Durian, Lauch-Kartoffel-Suppe und Leber beinhalten. Das Essen sollte mit einer interessanten Auswahl an Insekten abgeschlossen werden, um den Gaumen zu kitzeln. Nach dem Mittagessen liegt der Schwerpunkt auf dem Erlernen neuer Fertigkeiten. Beginne damit, Jonglieren zu üben, einen Rubik's Cube zu lösen oder einen Zaubertrick einzustudieren. Du kannst deine Zeit auch dazu nutzen, die Aussprache des längsten Bahnhofs von Wales zu lernen.

Den frühen Abend verbringe damit, eine kurze Rede bei einer »Toastmasters«-Veranstaltung zu halten, bei der die Teilnehmer sich im öffentlichen Reden üben. Vielleicht möchtest du eine Rede über deinen bizarren Tag halten. Nach der Rede begib dich ins Grüne, am besten außerhalb der Stadt, und suche dir den perfekten Platz für dein Biwak im Freien. Bevor du schlafen gehst, koche ein neues und komplexes Gericht auf einem offenen Feuer, um den Challenge-Tag abzuschließen.

Die Leute werden dich für verrückt erklären, wenn du ihnen von deinem Tag erzählst, aber du hast der Angst und der Absurdität die Stirn geboten und dich weit aus deiner Komfortzone herausgewagt. Du bist jetzt offiziell ein Stoiker. Herzlichen Glückwunsch!

Challenge-Tage könnten in deinem Kalender zu jährlichen Fixpunkten werden, an denen du dich mit Freunden triffst, um Herausforderungen zu bewältigen und verrückte Dinge zu tun. Das könnte Schule machen und du hättest sicherlich eine Fülle interessanter Geschichten zu erzählen, die sich aus diesen Tagen ergeben. Schlage die Idee deinen Freunden vor und schau, wer abenteuerlustig genug ist mitzumachen.

Urlaub mit Challenges

Eine Erweiterung des oben beschriebenen Konzepts wäre ein »Urlaub mit Challenges«, bei dem du bewusst nach neuen und abenteuerlichen Unternehmungen suchst, die dich weit aus deiner Komfortzone herausbringen. Das könnte ein Gastfamilienprogramm sein, bei dem du in eine neue Sprache eintauchst. Du kannst dies mit dem Austesten neuer Sportarten, dem Essen neuer Speisen und dem Erlernen neuer Fertigkeiten verbinden. Du kannst dich für einen Segelurlaub entscheiden und lernen, wie man segelt. Du kannst reiten gehen (auch wenn du Pferde absolut hasst und sie dir eine Heidenangst einjagen). Oder du entscheidest dich für einen adrenalingeladenen Urlaub im Bereich Extremsport, bei dem du Wildwasser-Rafting, Fallschirmspringen und Bungee-Jumping ausprobierst. Die Möglichkeiten sind endlos!

Ein »Urlaub mit Challenges« könnte auch einfach darin bestehen, in ein Land zu reisen, das du nicht kennst oder vor dessen Besuch du Angst hast. Ich stand einer Reise nach Indien immer etwas skeptisch gegenüber, weil ich ein paar weniger angenehme Geschichten über Menschen gehört hatte, die dort krank geworden sind. Außerdem hatte ich ein paar Reisedokumentationen gesehen und war mir nicht sicher, wie ich persönlich mit dem Chaos in Städten wie Neu-Delhi zurechtkommen würde (Stichwort: starre Denkweise). Das schien die perfekte Herausforderung für mich zu sein, also buchte ich Flüge und stürzte mich ins Abenteuer.

Ich habe mich in Indien absolut wohl gefühlt und hatte eine tolle Zeit. Zuweilen war es eine Herausforderung und am Ende wurde ich krank. Ich habe mich in einen Mülleimer am Taj Mahal übergeben (im Nachhinein urkomisch) und war für ein paar Tage ans Bett gefesselt. Aber es war machbar und ein tolles mentales Training für mich. So konnte ich auf jeden Fall üben, eine Situation neu zu bewerten!

Ich fand die Menschenmassen beeindruckend und die Verkehrsstaus waren ganz anders als in Großbritannien. Da standen sogar wilde Kühe mitten auf der Straße! Ich erinnere mich auch daran, dass mir ein junger Mann die Straße entlang folgte und mir anbot, meine Ohren für einen sehr guten Preis zu reinigen. Ich lehnte ab, da sein Metalllöffel mit Wachs bedeckt war und wirklich scheußlich aussah. Was für ein wunderbar ungewöhnliches Angebot.

Das Land erfüllte mich an jeder Ecke mit Staunen und Faszination. Es war heiß, überfüllt und es herrschte eine Armut, wie ich sie noch nie erlebt hatte, aber es war eine wirklich bereichernde Erfahrung, die ich nie vergessen werde. Ich fühlte mich manchmal außerhalb meiner Komfortzone, aber das war ja das Gute daran. Ich finde, dass Reisen eine großartige Möglichkeit ist, dies zu tun, und ich liebe es, neue Orte zu besuchen, neues Essen zu probieren und neue Leute zu treffen, und zwar genau aus diesem Grund.

Die Welt steht dir offen und mit der richtigen Einstellung und der Bereitschaft zum Abenteuer kannst du überall hingehen und einen extrem lebensverändernden und tiefgreifenden Urlaub erleben. Wenn du dich bewusst auf die Suche nach Dingen machst, die dir Angst machen und vor denen du bisher eher zurückgeschreckt bist, und dir vornimmst, sie auszuprobieren, wirst du sehen, ob die Konzepte dieses Buches bei dir angekommen sind und wirklich etwas in deinem Leben verändert haben. Vielleicht ist es gerade der Langstreckenflug, der für dich eine Herausforderung ist. Wer weiß? Nur du kannst das entscheiden und schließlich sind die Möglichkeiten allesamt äußerst spannend.

LEKTIONEN AUS MEINEM JAHR DER HERAUSFORDERUNGEN

Ich habe so viel über mich selbst gelernt, während ich diese Challenges absolviert habe, und habe eine große Wandlung vollzogen. Es war ein unglaubliches Jahr und ich fühle mich wieder als Herr meiner selbst. Meine Ängste sind auf ein Mindestmaß zurückgegangen und ich kann mit Schwierigkeiten viel souveräner umgehen als früher – ich denke, dieses Projekt war ein voller Erfolg. Der nächste Schritt für mich besteht darin, dieses Konzept an andere weiterzugeben und zu hoffen, dass es eine signifikante und positive Veränderung in deinem Leben bewirken kann (ja genau, in deinem).

Es war kein einfaches Jahr und viele schwierige Momente haben mich an die Grenzen des für mich Machbaren gebracht. Es war gekennzeichnet durch Misserfolge, Überraschungen, Frustrationen und Enttäuschungen, aber das ist alles Teil der Erfahrung.

Ich habe lange und intensiv darüber nachgedacht, was mich dieses Jahr gelehrt hat, und möchte dir die zehn wichtigsten und nachhaltigsten Lektionen vorstellen, die ich aus diesem Projekt mitgenommen habe:

Lektion 1: Selbst auferlegte Barrieren

Bei den Handlungsmustern, die sich während meines Jahres der Auseinandersetzung mit Widrigkeiten immer wiederholten, waren die selbstbegrenzenden Überzeugungen besonders auffällig. Es war unglaublich, wie oft ich schon im Vorhinein der Meinung war, dass ich etwas nicht tun könne. Jedes Mal, wenn ich etwas ausprobierte, von dem ich dachte, dass ich es nicht schaffen würde, war ich erstaunt, wie sehr sich die Realität von meiner Wahrnehmung unterschied. Wenn ich diese Lektion aus meinem Jahr der Widrigkeiten mitnehmen und auf alle Bereiche meines Lebens anwenden kann, werde ich in der Lage sein, so viel mehr zu erreichen, als ich mir je hätte vorstellen können. Ich hätte nie gedacht, dass ich einen Marathon laufen könnte, ich hätte nie gedacht, dass ich ein Buch schreiben könnte, ich hätte nie gedacht, dass ich ein Fasten durchstehen könnte, ich hätte nie gedacht, dass ich eine kalte Dusche nehmen könnte und ich hätte nie gedacht, dass ich eine Fremdsprache lernen könnte. Die Liste der Dinge, von denen ich dachte, ich könnte sie nicht tun, war riesig.

Dieses ganze Projekt hat mir einen wertvollen Einblick in meine Art zu denken gegeben. Mit Hilfe der kognitiven Verhaltenstherapie habe ich es geschafft, mein automatisches negatives Denken tiefgreifend zu hinterfragen. Ich weiß, dass ich nicht der Einzige bin, der so denkt und täglich auf selbstbegrenzende Überzeugungen stößt. Wenn du dich umschaust, findest du diese Denkweise überall! Wir alle setzen uns selbst Grenzen, aber ich glaube, es ist wichtig, diese Barrieren zu durchbrechen. Indem wir uns selbst aus unserer Komfortzone zwingen, und sei es nur ein wenig, können wir beginnen, diese Barrieren abzubauen. Und sobald diese Barrieren fallen, setzen wir eine Welt voller Potenzial frei.

Du bist zu so viel mehr fähig, als du denkst. Wenn du diese Theorie in der Praxis erprobst, indem du Dinge tust, von denen du bisher dachtest, dass du sie nicht kannst, wird dir das klar. Lasse nicht zu, dass deine falschen Annahmen von etwas deine Erfolgschancen einschränken. Dies war eine große Lektion, die ich lernen musste, und sie wurde mir erst richtig bewusst, nachdem ich mehrere selbst auferlegte Barrieren durchbrochen hatte. Vielleicht können meine Träume doch noch Wirklichkeit werden.

Lektion 2: Durchhaltevermögen

Das wiederholte Scheitern und das Weitermachen trotz dieser Misserfolge war eine weitere wichtige Lektion für mich. Hartnäckig und diszipliniert zu sein, hat sich wahrhaftig ausgezahlt. Wenn man erst einmal die Ergebnisse sieht, hat man auch gleich das überzeugendste Argument dafür, niemals aufzugeben. Das war etwas, das ich wirklich aus erster Hand erfahren musste, um es gänzlich zu verstehen. Direkte Erfahrung ist ein wunderbarer Lehrer!

Viele der Fertigkeiten, die ich im Laufe des Jahres entwickelt habe, erforderten, dass ich mich immer wieder gegen Widerstände durchsetzte. Einige der Fertigkeiten erforderten besondere Geschicklichkeit und dementsprechend benötigte ich viel Zeit, bis ich sie erlernt hatte, aber der Schlüssel zum Erfolg war, eine Niederlage nicht zu akzeptieren. Der Wunsch, mit den Fingern zu pfeifen, schien ewig zum Scheitern verurteilt – bis ich es endlich packte. Und als ich es geschafft hatte, fühlte es sich fantastisch an! Ganz ehrlich, es hat unglaublich lange gedauert, bis ich diese Technik verinnerlicht hatte.

Es war sehr anstrengend, beim Japanischlernen dranzubleiben, und auch hier konnte ich nur durch die Überwindung meines mentalen Widerstands befriedigende Fortschritte erzielen. Ich kann kaum glauben, dass ich jetzt ein Gespräch auf Japanisch führen kann. Von Zeit zu Zeit muss ich mich kneifen, wenn ich über Skype mit meinen Lehrern in einer fremden Sprache plaudere. Es ist genial!

Es war tatsächlich ganz einfach, ich musste nur genug Zeit für das aufwenden, was ich lernen wollte. Wenn eine bestimmte Methode nicht funktionierte, veränderte ich meinen Ansatz ein wenig, aber ich machte trotzdem weiter. Das Wichtigste ist, wie wir mit etwas arbeiten, das nicht funktioniert. Stur zu sein und immer wieder das Gleiche zu tun, ist nicht die Lösung. Durchhaltevermögen sollte gepaart sein mit der Fähigkeit, die Herangehensweise an eine Herausforderung anzupassen. Das Ausprobieren von verschiedenen Ansätzen ist der Schlüssel dazu, dass deine Hartnäckigkeit zum Erfolg führt. Es ist extrem wichtig, einen ausgewogenen Weg zu finden, sich deinem Ziel zu nähern, und aus Misserfolgen zu lernen.

Niemals aufzugeben und hartnäckig zu sein, war eine unglaublich nützliche Lektion, die ich hier gelernt habe und die mir dabei geholfen hat, eine Reihe großartiger Fertigkeiten zu erwerben.

Lektion 3: Besessenheit

Manchmal dusche ich warm. Sag es aber bloß niemandem …

Nein, im Ernst, es sollte wirklich kein Problem sein, wenn du dir eine Auszeit gönnst, statt ständig Vollgas zu geben. Ich fand mein Jahr der Widrigkeiten unglaublich intensiv, aber ich war sehr streng mit mir selbst, das grenzte schon an Besessenheit. Wenn ich es nicht schaffte, mein tägliches Pensum an Japanisch, Meditation, Schreiben und so weiter zu erfüllen, oder wenn ein Training ausfallen musste, war ich extrem frustriert. Loszulassen und zu versuchen mit allem etwas entspannter umzugehen, wäre hilfreich gewesen. Der Trick ist, alles nicht so verbissen zu sehen, auch um den Menschen um dich herum nicht so auf den Wecker zu gehen.

Ich unternahm mit einem meiner Freunde einen Ausflug mit dem Auto in den Norden, um die Landschaft kennenzulernen und New-castle zu besuchen. Wir waren noch nie zuvor dort gewesen und waren gespannt darauf, die Stadt zu besichtigen. Ich war voll im »Fordere mich so sehr wie möglich heraus«-Modus, was für alle um mich herum furchtbar nervig gewesen sein muss. Ich bestand darauf, in einen eiskalten Fluss und einen See zu steigen, und war ständig auf der Suche nach Dingen, mit denen ich mich selbst herausfordern konnte. Ich denke, es wäre besser gewesen, ein bisschen kürzer zu treten und mich nicht so sehr zu verausgaben.

Wenn du in deinem Leben eine tiefgreifende Veränderung vor-nimmst, kann das extrem ermutigend sein und es ist leicht, sich von dieser Veränderung geradezu besessen zu fühlen. Es macht süchtig und kann die Art und Weise, wie man sein Leben lebt, beherrschen. Allerdings hasste ich es, wenn ich keine Fortschritte machte oder mich nicht an den Plan hielt. Diese mentale Inflexibilität wurde aber auf lange Sicht eher zum Hindernis. Am Anfang hat es mir geholfen, mein Leben zu verändern und Dinge zu erledigen. Das war fantas-tisch. Nach einer Weile jedoch, wenn ich an einem Tag nicht das er-reichte, was ich wollte, war ich nur noch frustriert. Ich konzentrier-te mich dann auf die Misserfolge des Tages. Es wäre eine gesündere Einstellung gewesen, immer nach den Lehren zu suchen, und hätte mir eine Menge unnötigen Ärger über mich selbst erspart.

Manchmal wirst du nicht alles erreichen können, was du dir vor genommen hast. Das Leben kommt dir in die Quere. Du wirst ein Training verpassen, das Falsche essen, das Falsche sagen, frustriert sein und dich nutzlos fühlen. Das ist ganz normal. Vernünftig darauf zu reagieren ist das Wichtigste. Bleib entspannt, mach dir keine Gedanken über Rückschläge und mach weiter. Mit sich selbst hart ins Gericht zu gehen, ist paradoxerweise sowohl ein Segen als auch ein Fluch. Du wirst motiviert sein, dich aber schrecklich fühlen, wenn du etwas nicht erreichst. Das sollte nicht dein Fokus sein. Blick in die Zukunft, bleib positiv und suche immer nach dem, was du daraus lernen kannst. Nicht zu streng mit sich selbst zu sein, ist eine sehr wichtige Fähigkeit. In Japan gibt es das Sprichwort »Sogar Affen fallen von den Bäumen«. Es bedeutet, dass niemand perfekt ist. Wir alle haben Fehler und es ist wichtig, sie zu akzeptieren und herauszufinden, was sie uns über uns selbst lehren.

Ich konfrontiere mich immer noch mit Widrigkeiten, aber auf eine weniger intensive Weise. Ich habe das Gefühl, dass ich jetzt viel ausgeglichener bin, und das tut mir sehr gut. Letztendlich ermöglicht es mir, nachsichtiger mit mir selbst zu sein, um ein langes Leben zu führen und sowohl körperlichen als auch mentalen Burnout zu vermeiden. Wenn ich gelegentlich verschlafe oder ein Training ausfallen lasse, kann ich jetzt viel besser damit umgehen. Lass nur bitte Epiktet nichts davon wissen! Das Letzte, was ich brauche, wenn ich es mir für ein paar zusätzliche Stunden im Bett gemütlich mache, ist, dass er mir die Decke wegreißt und mir einen großen Vortrag darüber hält, dass ich ein fauler Stoiker bin.

Lektion 4: Konzentriere dich auf das Erreichte

Ich fand es äußerst hilfreich, mich auf das zu konzentrieren, was ich bereits erreicht habe. Nachdem ich begonnen hatte, die Challenges in diesem Buch anzugehen, wuchs mein Selbstvertrauen. Wenn ich mich auf die Dinge konzentrierte, die ich bereits bewältigt hatte, half mir das ungemein, mich voranzubringen. Wie ich mich auf das fokussiere, was ich erreicht habe? Ich wende eine bestimmte Art an, Notizen aufzuschreiben. Vor kurzem habe ich über eine Technik gelesen, die sich »das Wundervoll-Glas« nennt und die ich absolut genial finde. Sie stammt aus dem Buch *Tools der Mentoren* von Tim Ferriss, das ich sehr empfehlen kann. Das Konzept besteht darin, dass du jedes Mal, wenn du etwas Positives erlebst, eine Notiz dazu machst und sie in ein Glas legst. Das Gefäß kann digital sein (eine Notiz auf deinem Smartphone oder Computer) oder ein echtes Glas, aber das Wichtigste ist, dass du jedes Mal aufschreibst, wenn dir etwas Positives widerfährt. Das kann zum Beispiel so etwas Einfaches sein wie die Tatsache, dass dir jemand die Tür aufhält, oder so etwas Außergewöhnliches wie eine Beförderung. Wenn du einen Fremden anlächelst (und dieser zurücklächelt), eine gute Tasse Tee trinkst, dich mit einem alten Freund triffst oder Menschen sagst, dass du sie liebst – all das kommt auf die Liste. Die Möglichkeiten sind endlos.

Das Ziel dieser Übung ist zweierlei. Erstens konzentrierst du dich auf die guten Dinge, die dir passieren, und entwickelst so eine positivere Denkweise. Wenn du einen schrecklichen Tag hattest, ist es sehr einfach, dich auf all die furchtbaren Dinge zu konzentrieren, aber was ist mit dem perfekten Parkplatz, den du am Ende des Tages gefunden hast? Die Übung bringt dich dazu, immer nach dem Guten zu suchen, und diese kleine Veränderung kann mit der Zeit einen enorm positiven Einfluss auf dein Leben haben.

Zweitens: Wenn du das Gefühl hast, dass dir das Glück nicht gewogen ist und die Dinge nicht so laufen, wie du es dir wünschst, schaue dir einfach deine Liste an. Du wirst erstaunt sein, wie viele großartige Dinge dir tatsächlich widerfahren sind. Nach ein paar Wochen wird die Liste riesig sein und die Betrachtung all dieser Wunder kann sehr wirkungsvoll sein.

Ich habe eine Übung entwickelt, die vom »Wundervoll-Glas« inspiriert ist und dazu dient, alle Herausforderungen festzuhalten, die ich überwunden habe. Ich habe es »das Glas der Widrigkeiten« genannt. Sehr originell, ich weiß!

Für diese Übung notiere ich alle herausfordernden Dinge, die mir im Laufe des Tages begegnet sind und die ich gemeistert habe. Der Einfachheit halber schreibe ich sie auf meinem Smartphone in einen Ordner mit dem Titel »Glas der Widrigkeiten«. Das können große Dinge sein wie die Challenges in diesem Buch oder kleinere Dinge wie ein unangenehmes Gespräch mit jemandem. Jedes Mal, wenn ich es geschafft habe, an einem Tag eine Schwierigkeit zu meistern, kommt sie auf die Liste. Das bringt mich dazu, nach Schwierigkeiten zu suchen, die ich überwunden habe, von kleinen Dingen bis hin zu großen. Jede Art von mentalem Widerstand kommt auf die Liste. An einem typischen Tag stehen all meine morgendlichen Routineaktivitäten auf dieser Liste, alle kniffligen Dinge, die ich bei der Arbeit erledigt habe, oder alle persönlichen Lebensprobleme, die ich gelöst habe. Sie müssen wirklich nicht groß sein, aber wie das Konzept des »Wundervoll-Glases« hilft es mir, mich auf das zu konzentrieren, was ich geschafft habe.

Manchmal mache ich mir Notizen zu den damit verbundenen Schwierigkeiten und was ich aus der Erfahrung gelernt habe. Wenn ich diese Liste dann durchgehe, ist es für mich erstaunlich zu sehen, was ich alles überwunden und erreicht habe. Fang jetzt gleich damit an und auch du wirst sehen, wie stark du bist. Sobald du dir selbst beweist, dass du viele kleine Hürden überwinden kannst, wird der Schneeballeffekt dich auch durch deine größten und ehrgeizigsten Challenges tragen.

Lektion 5: Erst wenn man sich seinen Ängsten stellt, wächst man wirklich.

Es sollte eigentlich ziemlich offensichtlich sein, aber ich habe lange gebraucht, um mich meinen Ängsten zu stellen. Meine Ängste anzugehen und ihnen in die Augen zu sehen, war nicht immer meine spontanste Reaktion! Es fühlt sich widersinnig an, sich seinen Ängsten zu stellen, aber es ist wirklich ein wunderbar ermächtigender und lebensverändernder Prozess. Auf dem Papier ist es so einfach, aber in Wirklichkeit ist es eine der schwierigsten Sachen, die man tun kann. Und gerade dort, wo es schwierig wird, geschieht Wachstum. Und Wachstum bringt eine ganze Welt voller positiver Energie und großartiger Möglichkeiten mit sich.

Sich seinen Ängsten zu stellen, erfordert Mut und ist nichts, was man auf die leichte Schulter nehmen sollte. Mit meinen Ängsten umgehen zu lernen, war eine weitere wertvolle Lektion für mich. Oft waren es kleine Ängste, die mich in den Widerstand brachten, wenn ich versuchte, eine Herausforderung zu meistern. Als ich zum Beispiel das erste Mal eine Skype-Stunde auf Japanisch hatte, war ich total nervös. Ich hätte sie fast in letzter Minute abgesagt und war tatsächlich etwas panisch. Sobald die Stunde jedoch begonnen hatte, hatte ich keine Angst mehr. Zugegeben, es war keine große Angst, aber all dies ist Teil des »mentalen Widerstands«, den ich in allen Bereichen meines Lebens verringern möchte.

Ich hatte große Angst vor Nadeln und diese in den Griff zu bekommen, hat mir eine Menge beigebracht. Sich akupunktieren zu lassen, mag für viele Leute einfach erscheinen, aber für mich war es eine riesige Herausforderung. Die andere Seite der Angst zu sehen war erstaunlich und die Überwindung der Angst vor Nadeln hat sich für mich sehr gelohnt.

Den Weg zu kennen, den man gehen muss, heißt nicht, dass es einfach ist, ihn tatsächlich zu gehen. Jedes Mal, wenn ich einer neuen Angst begegne (ob groß oder klein), muss ich mich mit der gleichen Art von Widerstand auseinandersetzen. Doch ich plane, diese Herausforderungen, die zweifellos auch in Zukunft in meinem Leben auftauchen werden, weiterhin mit Hartnäckigkeit und Mut frontal anzugehen. Hoffen wir, dass ich nicht noch eine Phobie gegen Pizzen entwickele.

Lektion 6: Suche nach der Lektion

Es gibt *immer* eine Lektion, die wir lernen können. Aus Misserfolgen, Erfolgen und Widrigkeiten können wir *immer* etwas mitnehmen. Um die Lektion zu finden, müssen wir manchmal etwas genauer hinschauen, aber sie existiert *immer*.

Im *Daodejing* (ein altes chinesisches Buch, das von Laotse geschrieben wurde und das die Grundlage für den Taoismus darstellt) steht ein außerordentlicher Satz: »Das Glück verbirgt sich im Unglück.«

Es findet sich immer etwas Gutes im Schlechten, doch um das zu verstehen, müssen wir die Art und Weise, wie wir die Dinge betrachten, verändern. Diese Prämisse zwingt uns dazu, stärker nach dem Positiven zu suchen. Manchmal ist es vielleicht nicht sofort offensichtlich, aber es wird sich mit der Zeit offenbaren. Wir wissen nicht, wann das sein wird, also müssen wir empfänglich und offen bleiben für das Gute in schlechten Ereignissen. Dies ist nicht unbedingt leicht.

Wenn wir diese Maxime leicht abwandeln in »Eine Lektion verbirgt sich in allem« oder »Gute Lektionen verbergen sich in schlechten Erfahrungen«, können wir versuchen, aus jedem Ereignis, das uns begegnet, etwas mitzunehmen. Jede Erfahrung auf diesem Planeten lehrt uns etwas und es ist wichtig zu lernen, auf diese Lektionen zu hören.

Während ich für meinen Marathon trainierte, zog ich mir eine schwere Knieverletzung zu, die mich am Laufen hinderte. Das war damals eine Katastrophe und eine direkte Folge meines Übereifers. Sobald ich jedoch lernte, was es war und wie man damit umgeht, entwickelte ich eine wertvolle Yoga-Praxis, die mir half, mein Lauftraining auf die nächste Stufe zu heben. Ich lernte auch (auf die harte Tour), dass übermäßiges Training zu Verletzungen führt. Etwas Gutes hat sich direkt aus einer Situation ergeben, von der ich dachte, sie sei schlecht.

Ein weiteres persönliches Beispiel dafür, die richtigen Lehren zu ziehen, waren meine Angstzustände. Damals waren meine Ängste die schlimmste Sache der Welt und ich war am Boden zerstört. Jetzt aber sind sie der beste Lehrer geworden, den ich je hatte, und haben mich mehr über mich selbst und die Welt gelehrt, als ich mir je hätte vorstellen können. Etwas zunächst Schreckliches entpuppte sich als das größte Lernerlebnis in meinem Leben. Die Lektionen liegen vor euch, Leute!

Ich habe mir, inspiriert durch das Buch von Dr. Carol Dweck, eine dynamische Denkweise angeeignet, was mich sehr verändert hat. Ich kann jetzt viel besser mit Misserfolgen umgehen, da ich dadurch etwas Wunderbares lerne. Alle Lektionen, von denen ich hier spreche, sind direkte Erfahrungen, die ich beim Schreiben dieses Buches und bei der Bewältigung von Challenges gemacht habe. Zu lernen, mit den vielen Misserfolgen und Niederlagen auf meinem Weg umzugehen, war für mich eine tiefgreifende Veränderung. Mein altes Ich hätte ein Scheitern als Versagen gesehen. Jetzt sehe ich es als eine Chance. Der Unterschied ist kolossal.

Im Verlauf dieses Buches wirst du bemerkt haben, dass ich immer nach dem Lernerfolg gesucht habe. Jede Challenge hat einen Abschnitt »Was ich gelernt habe«, in dem ich über die spezifischen Lektionen aus der Bewältigung dieser Herausforderung nachgedacht habe. Das ist nicht etwas, das mir in die Wiege gelegt wurde, sondern ich musste mir das erst aneignen. Mit der Zeit bin ich besser darin geworden, die Lektionen in allem, was ich tue, zu erkennen. Halte die Augen offen und du wirst viele Lektionen an ungewöhnlichen Orten finden. Eine dynamische Denkweise ist wahrhaft transformierend.

Lektion 7: Jeder Mensch hat etwas, womit er zu kämpfen hat

Immer, wenn ich das Konzept für dieses Projekt vorstelle und das Thema Angst erwähne, bin ich von den Antworten anderer Menschen überrascht. Sie öffnen sich oft sofort und erzählen von Dingen, die sie persönlich erlebt haben. Die Tatsache, dass ich meine Sorgen und Ängste mitgeteilt habe, führt dazu, dass die Menschen bereit sind, mit mir über ihre Probleme und Sorgen zu sprechen. Das ist sehr aufschlussreich und hat mir gezeigt, dass ich mit meinen Gedanken nicht alleine bin. Tatsächlich haben die meisten Menschen etwas, mit dem sie zu kämpfen haben. Manche Menschen können das sehr gut verbergen, während es bei anderen extrem hell heraussticht – ein bisschen so, als ob dir jemand mit einer sehr starken Taschenlampe in die Augen leuchtet.

Das Wissen, dass die meisten Menschen ein »Problem« haben, ist eigentlich ziemlich beruhigend. Wir sitzen alle im selben Boot und müssen uns mit unseren unterschiedlichen Widrigkeiten und Verwundbarkeiten auseinandersetzen. Mancher hat ein schweres Los gezogen und muss früh lernen, mit schwierigen Zeiten klarzukommen, während andere das nie in den Griff kriegen. Niemand ist perfekt und wir alle haben unsere Schwächen, aber genau das macht uns so menschlich. Wir sind verletzlich und diese Verletzlichkeit mit anderen gemeinsam zu haben, macht uns letztlich stärker.

Nachdem ich mich Freunden und Familie gegenüber über meine Ängste geöffnet hatte, wurde alles einfacher. Leide nicht im Stillen. Niemals.

Lektion 8: Vorbilder im Umgang mit Widrigkeiten

Eine Liste mit »Vorbildern im Umgang mit Widrigkeiten« zu erstellen ist eine hervorragende Übung. Dies kann eine Mischung aus Personen aus deinem Umfeld sein, die schwierige Situationen mit Bravour und Zuversicht meistern, bis hin zu Menschen, die du nicht persönlich kennst, aber von denen du weißt, dass sie Schwierigkeiten in ihrem Leben überwunden haben. Für mich gibt es eine ganze Reihe Vorbilder und ich finde es sehr inspirierend, Biografien über deren Triumph über widrige Lebensumstände zu lesen. Mein Verhalten an jenen zu orientieren, die mich inspirieren, war eine wunderbare Lektion, die mich dazu gebracht hat, viele der Menschen in meinem Leben in einem anderen Licht zu sehen.

Mein Vater ist einer der stoischsten Menschen, die ich kenne, und ich habe so viel daraus gelernt zu beobachten, wie er mit den Herausforderungen des Lebens umgeht. Bis ich anfing, mich mit Widrigkeiten zu beschäftigen, hatte ich seine innere Haltung gar nicht bemerkt. Vor kurzem hatte er eine Reihe von gesundheitlichen Problemen, denen er mit Würde, Tapferkeit und Stoizismus begegnete. Das herausragendste Beispiel ergab sich, als er bei einem Theaterstück Regie führte. Vaters Arbeit ist sehr abwechslungsreich, nachdem er den größten Teil seines Lebens als Schauspieler gearbeitet hat, übernimmt er heutzutage bei vielen Stücken die Regie. Am Abend vor der Aufführung dieses speziellen Stücks wurde einer der Schauspieler sehr krank und konnte nicht auftreten. Die einzige Lösung war, dass mein Vater den Schauspieler für ein paar Vorstellungen ersetzte. Während der ersten Abendvorstellung machte er eine abrupte Bewegung und vollkommen plötzlich verschwand die Sehkraft auf seinem linken Auge. Vor einem seiner Augen wurde es komplett schwarz. Ich kann mir nicht vorstellen, wie beängstigend das gewesen sein muss, aber er machte trotzdem weiter. Er beendete den ersten Abend (niemand hatte etwas von seinem Sehverlust mitbekommen) und ging umgehend zum Augenarzt, um herauszufinden, was passiert war. Der Arzt erklärte, bei meinem Vater habe sich die Netzhaut abgelöst und er müsse sie chirurgisch wieder befestigen lassen. Nach weiteren Untersuchungen stellte der Arzt fest, dass sich auch die Netzhaut des anderen Auges gelockert habe und deshalb bei diesem Eingriff ebenfalls befestigt werden müsse. Das ist eher selten, da die meisten Menschen mit einer Netzhautablösung jeweils nur ein Auge operiert bekommen. Die Operation wurde für die folgende Woche angesetzt und mein Vater wurde angewiesen, sich zu schonen. Hielt er sich daran? Nein. Er hat den anderen Schauspieler bis zu seiner Operation weiter vertreten, hat sich nicht beklagt und ist nicht in Selbstmitleid verfallen. Unglaublich. Ich hätte mit dieser Situation zu kämpfen gehabt und wäre durch den Verlust der Sehkraft wirklich erschüttert gewesen, aber für Dad war es nur ein »Ärgernis«. Er akzeptierte sein Schicksal und glaubte immer daran, dass es schon gut gehen würde. Er verschwendete keinen Gedanken an die Tatsache, dass es sechs Wochen (ja, sechs Wochen ohne Sehvermögen) dauern würde, bis sich beide Augen erholt hätten, und begann, Witze darüber zu machen, dass meine Mutter seine Krankenschwester sein würde.

Nach der Operation musste er wochenlang möglichst viel auf dem Rücken liegen, um den Heilungsprozess zu unterstützen. Er beklagte sich nie und konzentrierte sich immer auf die Zukunft (auf eine positive Art und Weise). Er nahm die Situation auf die leichte Schulter und schaffte es sogar zu lachen, als er Ketchup in seinen Schoß statt auf seinen Teller spritzte.

Seine Sehkraft war danach besser als je zuvor und seine Augen funktionieren jetzt großartig, aber zu sehen, wie er mit dieser Situation umging, war inspirierend und ich hoffe, dass ich mir diese Denkweise abschauen kann.

Sobald es hart auf hart kommt, bekommen wir einen echten Einblick, wie stark jemand mental ist. In manchen Menschen bringen schwierige Situationen das Beste zum Vorschein. Andere meistern es nicht so glamourös und drohen, unter dem Druck zusammenzubrechen. Die Menschen um dich herum bewusst zu beobachten, kann sehr nützlich sein und dir viele praktische Lektionen liefern. Wenn jemand, den du kennst, schlecht mit Druck, Schwierigkeiten und Widrigkeiten umgeht, solltest du aufhorchen. Nutze dieses Verhalten als Maßstab dafür, was du *nicht* tun solltest. Das wird sehr hilfreich sein, denn dir wird dadurch klar, welche Folgen ein solches Verhalten haben kann. Das allein sollte dich motivieren, nicht in diese Fußstapfen zu treten.

Andererseits kann es sehr inspirierend sein, Menschen in deinem Umfeld nachzueifern, die gut mit Schwierigkeiten umgehen. Frage diese Person, wie sie es geschafft hat, so souverän zu bleiben, wenn die Dinge nicht nach Plan liefen. Höre dir die Antwort genau an und schau, wie du dies in die Art und Weise einbringen kannst, wie du persönlich mit Schwierigkeiten umgehst. Das Wichtigste ist, sich daran zu erinnern, dass es immer Möglichkeiten und Raum zur Verbesserung gibt und man nie weiß, wer einem eine wegweisende Lektion erteilen wird.

Lektion 9: Füttere den richtigen Wolf

Ich denke, dass die wichtigste Veränderung in meinem Leben eintrat, als ich anfing, systematisch zu lesen. Indem ich mir die richtige Art von Inhalten zu Gemüte führte, änderte ich meine Einstellung zu den Dingen völlig. Ich begann zu lesen, um etwas für mich zu tun und meine Denkweise zu ändern. Sobald ich erkannte, das Lesen nicht nur der Unterhaltung dient, sondern einem höheren Zweck, wurde ich süchtig. Zu jedem Buch, das ich las, machte ich mir Notizen. Das hat mir eine riesige Fülle an Informationen beschert, die ich bei Bedarf immer wieder nachschlagen kann. Es sind alles Inhalte, die mich ansprechen, so dass ich es äußerst interessant und hilfreich finde, regelmäßig darauf zurückzugreifen.

Was du dir aneignest, wird die Art und Weise, wie du denkst, verändern, also sei bei der Auswahl sorgsam. Ich sage lesen, aber in Wirklichkeit kannst du positive Inhalte auch durch Hörbücher, Podcasts und Online-Videos konsumieren. Solange es positiv ist und dir hilft, dich weiterzuentwickeln, greif zu! Es gibt so viele Dinge in dieser Welt und es ist unglaublich, was die Technologie für uns als Zivilisation bewirkt hat. Geh auf Entdeckungsreise und du wirst staunen, was du finden kannst. Es gibt so viel mehr als Videos von Katzen, die Klavier spielen!

Ich habe vor einiger Zeit eine wunderbare Geschichte über die Entwicklung einer positiveren Denkweise gehört, die die Idee »Du bist, was du konsumierst« veranschaulicht. Die Geschichte beschreibt, wie gut/böse, positiv/negativ, Liebe/Hass und andere polarisierende Konzepte kultiviert werden.

Die Geschichte stammt von den amerikanischen Ureinwohnern und besteht aus einem kurzen Gespräch zwischen einem kleinen Jungen und seinem Großvater. Der kleine Junge beginnt den Dialog: »Großvater, warum gibt es das Böse in der Welt? Warum gibt es böse Menschen?« Sein Großvater antwortet (vielleicht mit einer seidenweichen, nach Morgan Freeman klingenden Stimme): »In jedem von uns stecken zwei Wölfe – ein guter Wolf und ein böser Wolf. Sie befinden sich in einem ständigen Kampf miteinander und versuchen immer, die Macht über denjenigen, in dessen Inneren sie sich befinden, zu gewinnen.« Der kleine Junge denkt eine Weile nach und fragt dann: »Aber Großvater, welcher Wolf gewinnt?« Sein Großvater überlegt nicht lange und antwortet: »Derjenige, den du fütterst.«

Die Vorstellung, dass man durch das Füttern der positiveren Emotionen in sich selbst beginnt, ein positiverer Mensch zu werden, ist großartig. Ich habe es am eigenen Leib erfahren und deshalb liebe ich diese Geschichte so sehr. Indem du ständig die richtigen Bücher liest, fütterst du den Teil von dir, der positiv, liebenswürdig und optimistisch ist. Ich war jemand, der sich lieber auf negative Gefühle, Ängste und Furcht konzentriert hat. Indem ich mich immer darauf fokussierte, wurde ich eins mit diesen Emotionen. Mein böser Wolf hatte die Oberhand gewonnen. Indem ich änderte, welchen Wolf ich fütterte, wurde mein Leben buchstäblich transformiert. Ich musste meine Denkweise ändern, um viele dieser Herausforderungen bewältigen zu können, und das hat letztlich einen tiefgreifenden Wandel bewirkt in meiner Art, die Welt zu sehen. Das Leben ist jetzt mehr ein Abenteuer als ein beängstigender Ort mit vielen schrecklichen Dingen, die passieren könnten.

Ich kann dir gar nicht sagen, welche Erleichterung ich empfand, als ich die negativen Faktoren aus meinem Leben löschte. Manche behaupten vielleicht, dass dies eine Art Selbstverleugnung sei, aber ich bin da ganz und gar anderer Meinung. Ich wähle sehr sorgfältig aus, worauf ich mich fokussiere, und ich werde immer nach dem Positiven suchen. Es gibt viele Möglichkeiten, eine Situation zu betrachten, und ich habe das Gefühl, dass es nur allzu leicht ist, den dunkleren, zynischen Weg einzuschlagen.

Wir leben in einer unglaublichen Welt, die voller Wunder, Chancen und aufregender Momente ist. Unseren Geist zu trainieren, das zu sehen, ist der beste Weg, um dauerhaftes Glück und eine positive Einstellung zu erreichen. Wenn wir die richtige geistige Nahrung zu uns nehmen, werden wir auch mental gesund und stark werden.

Lektion 10: Wie du die Härte des Lebens zu deiner Hängematte machst

All diese »Theorie« ist wertlos, wenn man sie nicht in die Praxis umsetzt. Das Verlassen unserer Komfortzonen ist nicht einfach, aber es ermöglicht uns ein enormes Wachstum. Ich bin jetzt aufgrund der Erfahrungen, die ich gesammelt habe, ein ganz anderer Mensch. Mich mit meinen Ängsten auseinanderzusetzen und dies als Möglichkeit zu nutzen, mental stärker zu werden, war für mich von großer Bedeutung.

Die meisten meiner Lektionen habe ich »in der praktischen Anwendung« gelernt, als ich all die Tools und Tricks, über die ich gelesen hatte, tatsächlich ausprobiert habe. Mich begeistert es, eine neue »Bewältigungsmethode« oder einen »Trick« zum Aufbau mentaler Stärke zu entdecken, um sie dann in der Praxis einzusetzen. Es macht großen Spaß und ich weiß nie, welche neue Idee bei mir tatsächlich funktioniert.

Es ist nun aber so, dass die meisten Menschen sehr unterschiedlich ticken. Die Challenges in diesem Buch sind sehr persönlich und haben es mir persönlich ermöglicht, mich vollauf zu motivieren. Ich bin mir sicher, dass es Überschneidungen gibt und dass sie auch dich herausfordern werden, aber zweifellos auf andere Weise als mich.

Wir alle betrachten die Dinge aus unterschiedlichen Blickwinkeln und haben unzählige Möglichkeiten, mit Dingen umzugehen. Ideen auszuprobieren macht so viel Spaß, weil wir dabei mehr über uns selbst lernen. Kürzlich erzählte ich einer Freundin, die ein echtes Problem damit hatte, in eine U-Bahn zu steigen, dass das Videospiel Tetris als Möglichkeit genutzt werden kann, mit Ängsten umzugehen. Indem man Tetris spielt, nutzt man die Seite des Gehirns, die Logik und logisches Denken erfordert, und schaltet so den emotionalen Teil des Gehirns, der die panischen Gefühle auslöst, aus. Die Forschung hat gezeigt, dass Menschen, die ein schweres Trauma erlebt haben, sich schneller erholen, wenn sie relativ bald nach dem Ereignis Tetris spielen (keine Ahnung, wie so etwas gemessen wird). Ich erwähnte dies beiläufig gegenüber meiner Freundin und ein paar Tage später schickte sie mir ihren Tetris-Highscore und erzählte mir, wie hilfreich dieser Trick war.

Das war wirklich interessant und zeigt uns, dass man nie weiß, welche noch so unbedeutend erscheinende Information hilfreich sein kann. Funktioniert das für jeden? Ich weiß es ehrlich gesagt nicht. Aber probiere es aus und du wirst vielleicht angenehm überrascht sein.

Es ist wichtig, dass du offen für neue Ideen bleibst. Wenn ich davon ausgegangen wäre, dass irgendetwas davon nicht funktionieren würde, hätte ich meine eigene negative Einstellung auf etwas übertragen, das mein Leben hätte verändern können. Wenn ich nicht hingegangen wäre und mich in der realen Welt mit diesen Challenges und Ideen auseinandergesetzt hätte, hätte ich mich nicht verändert. Die praktische Erfahrung war magisch. Sie vermittelt einem etwas ganz direkt, wenn man bereit ist, sich darauf einzulassen.

Die zwei wichtigsten Lektionen aus diesem ganzen Projekt sind für mich Nummer 9 und 10. Sie haben mir die größte Lernerfahrung beschert und mir dabei am meisten über mich selbst beigebracht. Füttere den richtigen Wolf, setze dich mit den großartigen und inspirierenden Angeboten auseinander und probiere all diese Ideen im wirklichen Leben aus. Du wirst in kürzester Zeit die Härte des Lebens zu deiner Hängematte machen und dein Leben wird nie mehr so sein wir früher (weil es natürlich besser geworden ist).

SCHLUSSGEDANKEN

Die Welt verändert sich schneller als jemals zuvor. Wohin wir auch schauen, überall sehen wir einen ständigen und unablässigen Wandel. Im Leben zu stehen bedeutet, diesen Wandel hautnah zu spüren. Wie wir damit umgehen, ist von großer Bedeutung und deshalb glaube ich, dass die Ideen in diesem Projekt für uns alle so relevant sind.

Angesichts des Fortschritts der Künstlichen Intelligenz, des rasanten Tempos der technologischen Entwicklung und der Möglichkeit, mit anderen Menschen weltweit zu kommunizieren, leben wir in einer wirklich aufregenden Zeit. Nahezu überall gibt es 24-Stunden-Convenience-Stores – es gab in der Geschichte der Menschheit noch nie einen besseren Zeitpunkt, um nachts um 1 Uhr eine Tüte Chips kaufen zu gehen. Wir können uns glücklich schätzen!

Ich mache hier Witze über Chips, aber unsere gesamte Zivilisation steht vor großen Herausforderungen. Auch wenn sich die Welt in aufregender Weise verändert und weiterentwickelt, liegen noch immer zahlreiche Hürden vor uns. Wir stehen vor ökologischen, humanitären und gesellschaftlichen Problemen, für deren Lösung wir uns gemeinsam einsetzen müssen. Ich bin zuversichtlich, dass wir das schaffen können, glaube aber, dass dies auf persönlicher Ebene beginnen muss. Bevor wir die Welt retten, müssen wir uns selbst retten. Du weißt doch, was in den Sicherheitsvideos in Flugzeugen empfohlen wird, die sich nie jemand ernsthaft anzusehen scheint: Erwachsene sollen immer erst sich selbst die Sauerstoffmaske aufsetzen, bevor sie ihren Kindern helfen. Nun, das ist es, was wir meiner Meinung nach tun müssen …

Bevor wir uns mit den vielen Problemen befassen können, mit denen wir als Gesellschaft konfrontiert sind, müssen wir uns darauf einstellen, für uns selbst ein paar Steine aus dem Weg zu räumen. Wir alle stehen vor Herausforderungen, also ist es geraten, dass wir uns auf sie vorbereiten. Wenn wir anfangen, über verschüttete Milch zu jammern (das bringt offenbar nichts), und schmollen, weil uns jemand vor dem Supermarkt den Parkplatz wegschnappt, werden wir kaum fähig sein, uns den größeren Problemen zu stellen, die uns als Gesellschaft bevorstehen. Wenn wir nicht einmal zu einem Kellner freundlich sein können, wie sollen wir dann zu Menschen freundlich sein, denen wir nicht einmal persönlich begegnen? Einfühlungsvermögen zu entwickeln ist wichtig und ich bin tief davon überzeugt, dass Einfühlungsvermögen aus einem besseren Verständnis für uns selbst resultiert. Freundlich zu anderen Menschen zu sein, auf kleine Irritationen nicht direkt wütend zu reagieren und unsere innere Stärke zu entwickeln, ist etwas, woran die Stoiker glaubten und was sie vor Tausenden von Jahren täglich praktizierten. Diese Erkenntnisse sind auch heute noch gültig und ich glaube, dass sie der Menschheit helfen können, gemeinsam in Frieden voranzukommen.

»Sei du selbst die Veränderung, die du dir wünschst für diese Welt.«
Mahatma Gandhi

Ich liebe dieses Gandhi-Zitat und wie es uns animiert, darüber nachzudenken, wie sich unser Handeln auf die gesamte Gesellschaft auswirkt. Wenn jeder die Verantwortung für sein Verhalten übernehmen und hart daran arbeiten würde, die beste Version seiner selbst zu sein, wäre die Welt ein anderer Ort. Um einen dauerhaften Wandel zu erreichen, müssen alle mitziehen. Wenn man mit gutem Beispiel vorangeht, weiß man nicht, wen man inspirieren wird, aber ich glaube, dass dies eine Kettenreaktion in Gang setzen kann. Die Entwicklung des eigenen Charakters ist anstrengend, kann aber einen Dominoeffekt auslösen. Wenn deine Oma mit dem Fallschirm aus dem Flugzeug springt oder sich ins Eisbad traut, wird ihre Lebensfreude ansteckend sein. Vielleicht fühlst du dich sogar inspiriert, es ihr gleichzutun. Ich bin überzeugt davon, dass all dies seinen Ursprung in unseren Einstellungen und unserer Mentalität nimmt. In einer Zeit, in der wir immer stärker global vernetzt sind, ist Selbstbewusstsein eine wesentliche Voraussetzung für eine klare und freundliche Kommunikation und kann bestimmen, in welcher Art von Zukunft wir leben werden.

Die Zukunft kann ein aufregendes Abenteuer sein, wenn wir uns auf diesen Aspekt konzentrieren. Es kann sehr leicht passieren, dass wir uns ängstlich fühlen, weil wir mit negativen Vorstellungen und Horrorgeschichten über das, was kommen könnte, bombardiert werden. Es gibt so viele negative Zukunftsszenarien! Aber das war schon immer so, nicht wahr? Wenn wir unsere Komfortzone verlassen, können wir lernen, uns für die Zukunft zu wappnen. Wer weiß schon genau, wie sie aussehen wird, zumal sie für jeden Einzelnen anders sein wird, aber wenn wir uns rechtzeitig darauf vorbereiten, haben wir ein System, um mit den Schwierigkeiten fertig zu werden, die uns erwarten.

Die Challenges und Philosophien in diesem Buch sind dazu da, dich auf das Chaos des Lebens vorzubereiten. Dich mit diesen Ideen auseinanderzusetzen und dich selbst anzutreiben, ein besserer, stärkerer Mensch zu werden, ist ein fortlaufender Prozess. Ich wünsche dir viel Glück auf diesem Weg und hoffe, dass diese Praxis dein Leben bereichern und dich widerstandsfähig machen wird! Wage das Unbekannte. Stelle dich dem Unbehagen.

CHALLENGE-INDEX

BUCHEMPFEHLUNGEN

Ich möchte an dieser Stelle nicht versäumen, einige meiner Lieblingsbücher zu empfehlen. Neben dem regelmäßigen Absolvieren von Challenges ist auch das ausgiebige Lesen extrem wichtig. Es gibt so viele fantastische Bücher, die dabei helfen, mentale Widerstandsfähigkeit aufzubauen, und einen ganzen Querschnitt durch alle Genres abdecken. Wenn du deinen Verstand mit der richtigen Lektüre fütterst, kannst du deine Lebenseinstellung ändern und eine Besonnenheit entwickeln, die den meisten Menschen nicht in die Wiege gelegt wurde.

Nachfolgend findest du eine Liste empfohlener Lektüre, die einige der in diesem Buch erwähnten Ideen weiter vertieft. Ich habe sie ausgewählt, weil ich sie alle für mich persönlich sehr nützlich fand. Viel Spaß damit!

Bücher über Buddhismus

Hagen, Steve: *Buddhismus kurz und bündig.* Goldmann Verlag, 2000
Skinner, Julian Daizan: *Practical Zen: Meditation and Beyond.* Singing Dragon, 2017
Watts, Alan: *Zen – Stille des Geistes.* Theseus Verlag, 2008
Treace, Bonnie Myotai: *Mit Zen durch das Jahr.* FinanzBuch Verlag, 2022

Bücher über Stoizismus

Aurel, Mark: *Selbstbetrachtungen*: In einer Neuübersetzung von Gregory Hays. FinanzBuch Verlag, 2020
Salzgeber, Jonas: *Das kleine Handbuch des Stoizismus.* FinanzBuch Verlag, 2019

Robertson, Donald: *Denke wie ein römischer Herrscher.* FinanzBuch Verlag, 2019

Robertson, Donald: *Stoizismus und die Kunst, glücklich zu sein.* FinanzBuch Verlag, 2021

Seneca: *Briefe an Lucilius.* Philipp Reclam jun. GmbH, 2020

Epiktet: *Handbüchlein der Moral und Unterredungen.* Kröner Verlag, 2020

Farnsworth, Ward: *Der praktizierende Stoiker.* FinanzBuch Verlag, 2021

Holiday, Ryan: *Dein Hindernis ist Dein Weg.* FinanzBuch Verlag, 2018

Irvine, William B.: *Eine Anleitung zum guten Leben.* FinanzBuch Verlag, 2020

Irvine, William B.: *Von der Herausforderung, ein Stoiker zu sein.* FinanzBuch Verlag, 2022

Van Natta, Matthew: *Stoizismus. Das besondere Buch für den angehenden Stoiker.* FinanzBuch Verlag, 2021

Van Natta, Matthew: *Stoizismus. Das 5-Minuten-Journal.* FinanzBuch Verlag, 2021

Bücher über Psychologie

Jeffers, Susan: *Selbstvertrauen gewinnen: die Angst vor der Angst verlieren.* Kösel-Verlag, 2017

Alred, Dave: *The Pressure Principle.* Penguin, 2017

Peters, Steve: *Das Chimp Paradox: Das Mind Management Modell für Selbstvertrauen, Erfolg und Glück.* C.H. Beck, 2020

Dweck, Carol: *Selbstbild: Wie unser Denken Erfolge oder Niederlagen bewirkt.* Piper Taschenbuch, 2017

Wilding, Christine: *Cognitive Behavioural Therapy.* Teach Yourself, 2015

Autobiografien und biografische Bücher

Frankl, Viktor: *… trotzdem ja zum Leben sagen: Ein Psychologe erlebt das Konzentrationslager.* Kösel-Verlag, 2009

Robbins, Christopher: *The Test of Courage: Michel Thomas: A Biography Of The Holocaust Survivor And Nazi-Hunter.* Apostrophe Books, 2012

Larson, Kay: *Where the Heart Beats: John Cage, Zen Buddhism, and the Inner Life of Artists.* Penguin, 2012

SCHAU DOCH MAL VORBEI

Der gesamte Prozess, ein Buch zu schreiben, war für mich eine faszinierende Erfahrung und ich habe jede einzelne Minute davon genossen.

Um das Buch zu promoten, habe ich begonnen, soziale Medien zu nutzen. Da ich ein zurückhaltender Mensch bin, fiel mir das anfangs sehr schwer. Ich hatte große Angst, mich in der Öffentlichkeit zu präsentieren, und habe mich unnötig gestresst. Aber genau darum geht es bei diesem Projekt und ich habe hart daran gearbeitet, meinen Widerstand zu brechen und mich der Herausforderung zu stellen. Ironischerweise genieße ich (genau) diesen Teil des Projekts jetzt sehr!

Ich habe online einige wunderbare Menschen kennengelernt und ein großartiges Feedback zu den Challenges erhalten. Ich finde es toll, Geschichten über Menschen zu hören, die ihre Komfortzone verlassen haben, und es ist sehr spannend zu hören, wozu die Leute in der Lage sind.

Es ist unglaublich hilfreich, wenn man sich austauschen und seine Erfahrungen mitteilen kann, und die sozialen Medien sind dafür hervorragend geeignet. Wenn du mein Buch liest, spreche ich im Grunde ein paar Stunden lang mit dir (ich hoffe, du hörst noch zu). Online jedoch kannst du mir antworten. Ich würde gerne wissen, wie du mit all dem klarkommst, also melde dich doch einfach mal.

Wenn du das Projekt auf visuelle und interaktive Weise verfolgen möchtest, besuche mein Instagram: *@dothingsthatchallengeyou* und meine Website/Blog: *www.benaldridge.com.*

So bleibst du immer auf dem Laufenden und kannst dir jede Menge Fotos anschauen (manche sind albern, manche nicht). Ich freue mich darauf, dich kennenzulernen.

Ben

DANKSAGUNG

Ich möchte mich bei den folgenden Menschen dafür bedanken, dass sie mir geholfen haben, meinen Traum, ein Buch zu schreiben, zu verwirklichen. Ihr seid alle fantastisch und ich kann euch nicht genug danken!

Mein wunderbarer Agent Robert Gwyn Palmer war mir während des gesamten Prozesses eine große Hilfe und ich bin sehr dankbar, ihn an Bord gehabt zu haben.

Watkins ist ein großartiger Verleger und ich habe die Zusammenarbeit mit dem Verlag sehr genossen. Alle waren sehr freundlich, hilfsbereit und engagiert – ohne sie hätte ich es nicht geschafft.

Jo Lal hat maßgeblich dazu beigetragen, dieses Projekt auf den Weg zu bringen, und ich bin wirklich sehr froh, dass sie mir mit Rat und Tat zur Seite stand.

Kate Latham war eine fantastische Lektorin und hat mir immer geholfen, meine Gedanken und Worte klar zu formulieren.

Meine großartigen Freunde haben mich bei diesem Projekt enorm unterstützt. Sei es durch ihre Begeisterung für das Buch, ihr Feedback zu meinen Ideen oder dadurch, dass sie mit mir gnadenlose Läufe, extreme Schwimmausflüge und verrückte Klettertouren unternommen haben – ich bin sehr dankbar, dass sie Teil meines Lebens sind.

Meine Eltern haben mich mit ihrer positiven Einstellung so reich beschenkt und ich kann mich wirklich glücklich schätzen, dass ich so tolle Vorbilder habe.

Und schließlich Helen ... sie war immer für mich da und ist ein wirklich wundervoller Mensch. Ohne sie wäre all dies nicht möglich gewesen. Sie hat mir den Glauben an mich selbst geschenkt und mir das Selbstvertrauen gegeben, trotz aller Hindernisse weiterzumachen. Sie ist eine wahre Stoikerin (auch wenn sie es wahrscheinlich nicht zugeben würde) und ich kann ihr nicht genug danken.